大学赤本シリーズ

486

関西大学

国語

3日程×3カ年

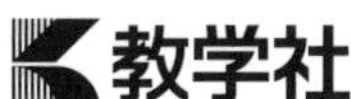

はしがき

おかげさまで、大学入試の「赤本」は、今年で創刊七十周年を迎えました。

これまで、入試問題や資料をご提供いただいた大学関係者各位、掲載許可をいただいた著作権者の皆様、各科目の解答や対策の執筆にあたられた先生方、そして、赤本を使用してくださったすべての読者の皆様に、厚く御礼を申し上げます。

以下に、創刊初期の「赤本」のはしがきを引用します。これからも引き続き、受験生の目標の達成や、夢の実現を応援してまいります。

本書を活用して、入試本番では持てる力を存分に発揮されることを心より願っています。

編者しるす

＊　＊　＊

学問の塔にあこがれのまなざしをもって、それぞれの志望する大学の門をたたかんとしている受験生諸君！　人間として生まれてきた私たちは、自己の欲するままに、美しく、強く、そして何よりも人間らしく生きることをねがっている。しかし、一朝一夕にして、この純粋なのぞみが達せられることはない。私たちの行く手には、絶えずさまざまな試練がまちかまえている。この試練を克服していくところに、私たちのねがう真に人間的な世界がはじめて開かれてくるのである。

人生最初の最大の試練として、諸君の眼前に大学入試がある。この大学入試は、精神的にも身体的にも、大きな苦痛を感ぜしめるであろう。あるスポーツに熟達するには、たゆみなき、はげしい練習を積み重ねることが必要であるように、私たちは、計画的・持続的な努力を払うことによって、この試練を克服し、次の一歩を踏みだすことができる。厳しい試練を経たのちに、はじめて満足すべき成果を獲得できるのである。

本書は最近の入学試験の問題に、それぞれ解答を付し、さらに問題をふかく分析することによって、その大学独特の傾向や対策をさぐろうとした。本書を一般の参考書とあわせて使用し、まとはずれのない、効果的な受験勉強をされるよう期待したい。

（昭和三十五年版「赤本」はしがきより）

目　次

掲載内容についてのお断り

・本書には、一般入試のうちの三日程分の「国語」を掲載しています。
・公募制推薦入試、ＡＯ入試、ＳＦ入試は掲載していません。
・関西大学の赤本には、ほかに左記があります。
『関西大学（文系）』
『関西大学（理系）』
『関西大学（英語〈3日程×3カ年〉）』
『関西大学（日本史・世界史・文系数学〈3日程×3カ年〉）』
『関西大の英語』（難関校過去問シリーズ）

TREND & STEPS

傾向と対策

問題の「傾向」を分析し、具体的にどのような「対策」をすればよいか紹介しています。まずは出題内容をまとめた分析表を見て、試験の概要を把握しましょう。

注意

「傾向と対策」で示している、出題科目・出題範囲・試験時間等については、二〇二四年度までに実施された入試の内容に基づいています。二〇二五年度入試の選抜方法については、各大学が発表する学生募集要項を必ずご確認ください。

掲載日程・方式・学部

- 一般入試のうち三日程分を掲載。

試験日が異なっても出題傾向に大きな差はないから過去問をたくさん解いて傾向を知ることが合格への近道

関西大学は、複数の日程から自由に受験日を選ぶことができる全学日程での実施となっています（ただし、総合情報学部は全学日程に加えて学部独自日程を実施）。

大学から公式にアナウンスされているように、**全学日程は試験日が異なっても出題傾向に大きな差はありません**ので、受験する日程以外の過去問も対策に使うことができます。

多くの過去問にあたり、苦手科目を克服し、得意科目を大きく伸ばすことが、関西大学の合格への近道といえます。

関西大学の赤本ラインナップ

Check!

総合版　まずはこれで全体を把握！（本書との重複なし）

✓『関西大学（文系）』
✓『関西大学（理系）』

科目別版　苦手科目を集中的に対策！

✓『関西大学（英語〈3日程×3カ年〉）』
✓『関西大学（国語〈3日程×3カ年〉）』
✓『関西大学（日本史・世界史・文系数学〈3日程×3カ年〉）』

難関校過去問シリーズ
最重要科目「英語」を出題形式別にとことん対策！

✓『関西大の英語〔第10版〕』

国語

年度		番号	種類	類別	内容	出典
2024	二月三日◐	〔一〕	現代文	評論	選択：内容説明、書き取り 記述：書き取り、内容説明（五〇字）	「ダ・ヴィンチ・システム」河本英夫
		〔二〕	古文	歴史物語	選択：内容説明 記述：口語訳	「大鏡」
	二月五日●	〔一〕	現代文	評論	選択：内容説明、書き取り	「心理学では現代の青年期をどのように理解しているか」大倉得史
		〔二〕	古文	日記	選択：内容説明	「讃岐典侍日記」藤原長子
	二月七日●	〔一〕	現代文	評論	選択：内容説明、書き取り	「賢い模倣、人間の文化、集合知」豊川航
		〔二〕	古文	物語	選択：内容説明	「うつほ物語」
2023	二月三日◐	〔一〕	現代文	評論	選択：内容説明、書き取り 記述：書き取り、内容説明（五〇字）	「日本文化入門」板垣俊一
		〔二〕	古文	物語	選択：内容説明 記述：口語訳	「源氏物語」紫式部
	二月五日●	〔一〕	現代文	評論	選択：内容説明、書き取り	「差別の哲学入門」池田喬・堀田義太郎
		〔二〕	古文	物語	選択：内容説明、和歌解釈	「住吉物語」

年度	日程	番号	分野	類別	内容	出典
2022	二月七日●	〔一〕	現代文	評論	選択：内容説明、書き取り	「家庭という時空」川上雅子
		〔二〕	古文	物語	選択：内容説明、和歌解釈	「狭衣物語」
	二月三日◑	〔一〕	現代文	評論	選択：内容説明、書き取り 記述：書き取り、内容説明（五〇字）	「リスク化される身体」美馬達哉
		〔二〕	古文	軍記物語	選択：内容説明、和歌解釈 記述：口語訳	「平家物語」
	二月五日●	〔一〕	現代文	評論	選択：内容説明、書き取り	「不可能なことだけが危機をこえる」大澤真幸
		〔二〕	古文	歌物語	選択：内容説明、和歌解釈	「平中物語」
	二月七日●	〔一〕	現代文	評論	選択：内容説明、書き取り	「リテラシーの地平」小柳正司
		〔二〕	古文	物語	選択：内容説明、和歌解釈	「源氏物語」紫式部

（注）●印は全問、◑印は一部マークセンス方式採用であることを表す。

傾向

現代文：傍線部なしの内容説明問題中心
古　文：有名な物語の内容把握をしておこう

一　出題形式は？

いずれの日程も、現代文一題、古文一題の大問二題の構成が続いている。試験時間は七五分である。

設問の形式は、全学日程1（二月三日実施分）がマークセンス方式による選択式と記述式の併用、全学日程2（二月五日・七日実施分）がマークセンス方式による選択式のみの出題である。ただし、記述式がある日程でも、ほとんどの設問がマークセンス方式による選択式で、記述式の設問は数問となっており、現代文では書き取りと五〇字の説明問題、古文では口語訳が記述式で出題されている。

二　出題内容はどうか？

○現代文

評論が例年出題されている。内容は文化論や社会論、言語論などである。設問は内容に関する説明問題が多い。ほかに書き取りも必出である。記述式のある日程では、字数制限（五〇字以内）が設けられた説明問題が出されている。

例年、本文に傍線が引かれていない内容説明問題が出題されるのが大きな特徴である。本文のポイントを文脈を追う形で問うていくという設問構成である。選択式問題の場合は、設問が問題にしている段落がどこなのかを発見し、選択肢と見比べ検討していくという解き方が正解への道筋である。記述式は、本文中から解答箇所を発見して、制限字数内にまとめればよい。その際、「あの要素もこの要素も入れよう」と無理をしないことが肝要である。

○古　文

物語が多く出題されており、人物の状況や心情を読み解く力が要求されている。有名出典からの出題が多く、平安時代の主な王朝物語の概要を押さえておくと読解に役立つだろう。二〇二二・二〇二三年度に出された『源氏物語』は、過去にも三年連続で出題されたことがある。『源氏物語』の内容くらいは知っているはずだという前提で問題が作られていたので、あらすじは押さえておきたい。

設問は、記述式のある日程では、口語訳の記述が一問出されるのが例年のパターンである。内容説明問題は、現代文同様に本文に傍線が引かれておらず、まず本文のどの箇所が問われているのかを探さなければならない。本文全体の内容を把握する力も必要である。なお、文法そのものを問う設問は、ここ数年はみられない。しかし、口語訳する際や内容の理解のためには助詞・助動詞や敬語などの知識が必要である。特に敬語は、登場人物どうしの関係や動作の主体をつかむ上でも重要である。また、いわゆる「重要単語」以外の教養的部分も問われる。

三　難易度は？

現代文の文章は抽象的な内容であることが多く、古文も長めで少々難解であることが多い。とはいっても、選択肢を丁寧に検討していけば、正解にたどり着くことはさほど大変ではないので、内容的には標準レベルといえる。時間配分は現代文四〇分、古文三〇分を目安にして、残った時間は見直しにあてるとよいだろう。

一　現代文

標準ないしやや難レベルの問題集で問題演習をするのがよい。選択式問題を中心に編集された問題集を二、三冊は解いておきたい。『入試現代文へのアクセス』（河合出版）のシリーズや『［私大編］現代文のトレーニング』（Z会）、『体系現代文』（教学社）などがよいだろう。設問を解くだけでなく、ポイントに線を引きながら本文を読む練習をしよう。

記述問題が出題される日程もあり、その対策も行う必要がある。要点を的確に絞り込んで記述することが求められるので、たとえば筆者の主張がよく出ている文を抜き出したり、ポイントとなる語句をまとめて要約したりするといった練習を繰り返すとよい。

また、最近社会で話題になっていることについての文章が出題されることもあるので、普段から新聞や雑誌などで経済

・社会・政治といった分野の記事を積極的に読んで、知識を蓄えることも大切である。

漢字は必出であるので、問題集を一冊は仕上げておきたい。同音のものを選ぶ選択式の漢字問題も出されるので、共通テストの過去問の漢字問題などもやっておくとよいだろう。

なお、本文に傍線が引かれていない設問形式は独特なので、関西大学の過去問で慣れておきたい。

古文

物語を中心に、中古や中世の有名な作品を素材として問題演習を積み重ねること。

長文の読解力を身につけるために、まずは辞書なしで人物関係や話の流れをつかむ練習をしよう。何度か読んで、ある程度人物関係や話の流れをつかんだあとで、わからない語は必ず辞書で調べて理解しておくこと。

口語訳は例年、基本古語と文法がポイントであるから、それらをしっかり押さえておきたい。特に反語や逆接の表現、陳述の副詞に注意したい。基本は逐語訳であるから、まずは逐語訳の練習を積もう。教科書などの文章を自力で訳してみることをすすめる。その場合、品詞分解をして一語一語の意味・用法を確認することも必要になる。文法的に正確な逐語訳ができることが基本である。また、敬語についてもしっかりと目を配り、丁寧に訳す習慣をつけておきたい。それができた上で日本語としてこなれた訳の練習に入るとよいだろう。

なお、過去問については、他の日程の問題もできるかぎり多く解いて、選択肢の吟味の仕方などを練習しておこう。

古典常識や有名な物語の概要なども知っておくと解釈の助けになる。特に、『源氏物語』や『落窪物語』などの有名出典に関しては、国語便覧やマンガなども利用して、あらすじを押さえておきたい。

ある程度基礎知識を押さえたら、多読を旨に読解力と古文独特の表現を身につけたい。『古文上達 読解と演習56』（Z会）などの問題集で演習を重ねるとともに、『大学入試 知らなきゃ解けない古文常識・和歌』（教学社）などで古典常識や和歌の解釈までしっかりと確認しつつ演習しよう。

関西大「国語」におすすめの参考書

- ✓『入試現代文へのアクセス』(河合出版)
- ✓『[私大編] 現代文のトレーニング』(Z会)
- ✓『体系現代文』(教学社)
- ✓『古文上達 読解と演習 56』(Z会)
- ✓『大学入試 知らなきゃ解けない古文常識・和歌』(教学社)

2024年度

問題と解答

二月三日実施分

問　題

（七五分）

一　次の文章を読んで、後の問いに答えよ。

進化の閉回路[*1]

進化論的に考えると、進化の枝は先端ではブンキ(あ)していく。そしてどんどん細い道筋に入っていく。そのとき学習能力があれば、他の枝の基本的な能力を読み解き、それを活用可能なかたちに置き換えることができれば、自分自身の選択肢を広げていくことができる。進化とは気が付いたときには、おのずと自分自身の選択肢が減っていく仕組みのことである。ひとたび出現したものは、自分自身の維持の方向にだけ推移していくために、新たな可能性を自動的に減らしていく方向に進んでいくからである。人間はつねに人間になり続けるという仕組みの中に、おのずと先端化していく構造を持ち合わせている。言ってみれば、人間はどこまでも先鋭的に狭く人間になり続けるのである。

人間（ホモ＝サピエンス）の歴史も、進化として見たとき、すでに細く限定され、次第にすぼんでいく閉回路の近くに来ている。比喩的に言えば、たとえば情報化が進めば情報化に寄与する方向にだけ現実性の変化のバイアスはかかる。情報化は急速でハンヨウセイ(い)があり、言ってみれば経済合理性に合致している。しかも過度に合致している。そのためその方向へのバイアスは、自然で合理的なものとなる。そしてそれ以外の現実性に対して、傍らを通り過ぎていくということが起きる。ここで起きていることは、特定の能力だけを過度に活用することである。これは進化論で言う「過形成」と同じタイプのものである。大鹿のツノが、さらに大きくなっていく場合に似ている。

特定の能力の活用だけに限定されれば、総体として能力一般の発現可能性は誰にとっても制約され、さらに能力の拡張も筋違いの回路に入っていく。進化のブンキ点の最先端にいたる能力をそれ単独で活用し続ければ、閉回路はさらに細く進行していく。人工知能の展開もそうした閉回路に進んでいく一つの隘路（あいろ）だと考えることができる。

能力の発現

個々人の能力の発現と、種もしくは種間の進化的な展開見通しにそれほど厳密なつながりが見いだせるわけではない。手掛かりになる原理が存在するとすれば、ヘッケル[*2]の「個体発生は系統発生を繰り返す」という個体と系統のつながりを示す原理であるとか、ハーバート・スペンサー[*3]の言うような「進化とは総体の差異の増大である」というような基軸を置いて考えてみるぐらいのことしかできない。いずれも人間の進化の可能性を考えるには、かろうじて目安になるかという程度のものである。

ヘッケルの場合、発生を考えるための㋒シヒョウとなる原理ではあるが、個体発生の延長上にさらに、新たなタイプの個体の出現や個体の展開可能性を考えていくための手掛かりとはなりにくい。というのも個体発生は系統発生の反復だからである。スペンサーの多様化という基準は、病的な変異も奇形の出現もすべてそれとしてみれば「多様化」には該当するのだから、基準そのものが大外[*4]から当たりすぎている。あまりにも外から適用される基準は、あらゆることに当てはまりすぎる。進化の基準を導くことは容易ではないが、衰退の道筋を想定することは、それよりも少し簡単な見通しをもつことができる。

特定能力の活用だけであれば、能力全般の活性化の可能性を抑えてしまうことは、ありそうな動向の一つである。このことは各種の動物の個体が、できるだけ早く成長した機能をもつことへとつながるように、成長過程を加速する場面に見られる。哺乳動物は生まれ落ちてただちに歩くことができるようになり、母乳を求めて自分で移動できるようになることを求められる。可能な限り早く成人になるということは、できるだけ早く特定の適応形態を獲得するということである。これを「特殊適応」と呼んでおく。

これに対して人間（ホモ＝サピエンス）に見られる傾向は、自然界の掟（おきて）を破るようなところがある。つまり特殊適応を可能な限り先送りして、自分自身を可能性の宝庫に留め続けることである。特定の技能に特化することは、こうした自分自身を可能性の宝庫に留めることをおのずと自分で(ア)ホウキしていることに近い。すると前進という仕組みの中に、一歩進めば新たな選択肢がさらに獲得されるという事態がなければ、前進とは狭隘化の別名ともなる。

自然哲学

そこで人工知能全盛の時代にこそ、「自然知能」の活用の仕方を再度回復しておくことが望まれる。そうした場面でなお、さらに人間の能力を異なる方向で選択肢を広げていくやり方があると考えられる。それが「自然知能」研究である。実際には、一八世紀末から一九世紀初頭にかけてすでにドイツとイギリスでは「自然哲学」というかたちで行われてきた企てが、こうした構想の前史となる。

シェリング[*5]は、初期の構想を「自然哲学」と呼び、意識をもった人間がすでに思い起こすことのできなくなった過去を「先験的過去」と配置していた。意識の対象として自然を知る場面以前に、すでにして捉えられている自然がある。それを、思い起こすことのできない過去だと呼んだのである。意識の出現以前に成立し、意識が出現することで思い起こせなくなっている過去こそ自然だというのである。この思い起こせない過去を思い起こすようにして経験の可能性の範囲を広げていく仕方が、「自然哲学」である。

シェリングは、精神の(イ)ヤクドウを渦巻や竜巻をモデルとして考えようとしている。自然の中にみずからの前史を見いだすところに、思い起こせない過去を直観するという仕組みが導入されている。意識は内部に多くの選択肢を含んだかなり優秀なシステムであるが、同時に自己安定化と自己正当化(一般には自己意識と呼ばれる)の仕組みを備えているために、渦巻や竜巻のように、自分自身の総体を作り替えていく仕組みはもはや失っている。

またダーウィン[*6]のような博物学のもとで植物や動物の知能を研究してきたものにとっても、多くの自然知能のアイディアが見られる。自然知能の研究は、基本的には人間とは異なるタイプの知能の研究であり、その知能が人間の選択肢を広げてくれれば、新たなタイプの現実性が形成される。

ダーウィンが関心をもった自然界の運動の一つが、つるまきの上昇運動である。螺旋(らせん)状に上るつるまきは、茎そのものが回転運動しているのか、回転運動は一定の幅で行われるのか、筒や樹に巻き付いたときに巻き付かれた筒や樹を引っこ抜くとどうなるのかなど、条件を変えて調べ上げている。一般的にはつるまきは、上昇して上っていく自分の体重を支える仕組みである。回転を付ける仕組みは、一般的に考えれば回転する部分の外側の細胞が増長し、内側の細胞が収縮することでカーブを作り出すことができる。外側の細胞と内側の細胞の成長速度の落差である。うまくカーブを作り出すことができれば、その後はそれを固定しなければならない。蔓(つる)が木製化して固化するのである。

螺旋状の回転運動は、おそらく人間の精神の中にはなく、言語的な定式化にもなじまない。こうした自然界に固有の運動のモードを取り出すことで、人間にとっての選択肢を広げていくことが自然哲学の課題となる。

職人の哲学

自然知能の開発では、実は職人的な能力が問われる。職人の能力こそ要なのだが、それがどのようなものなのかの考察がほとんどなされないままであった前史がある。科学技術は、人類的な普遍性をもつ。そのため時代を経て、あるいは国や文化を超えてきわめて理解しやすい。科学技術史の記述では、成功し、普遍化された技術と、科学法則が中心となって議論される。そのため職人の技能や関心の向け方に、多くの場合、注意が向くことはなかったのである。

科学法則の基本は、「仮設演繹法(えんえき)」である。理論的な仮説を立て、それがどのように個々の場面で吟味されるかというかたちで論じられることが多い。また科学的な理論仮説とは別建てで、自然観と呼ばれるほどの大枠が持ち出されることもある。有機的自然観、機械的自然観というような「観」の付く大枠が持ち出されて議論されるのである。これが科学の読み取りである。学校教育の現場でこうした教え方をするために、それに慣れ切った思考回路でもある。

それに対して、職人の哲学は、言語と視覚に(え)イソンする理論知(観照知)とは異なり、身体、身体行為、道具等々が不可分にかかわる知の形態だと考えて進んでいく。世界の多様性、人間の多様性に対応していくためには、それじたいで多様化する仕組みを備えた知でなければならない。その一つのやり方が「職人の哲学」である。

言語は、人類の行った最大の発明の一つであり、ホモ＝サピエンスの最大の特徴でもある。誰しも言語についてはそれを受容したり、拒否したりする選択肢はない。気が付いたときには、すでに身についている。しかもやっかいなことにひとたび言語が身についてしまえば、言語が習得される以前には戻ることができない。小さな技能でも同じようなことが起きる。自転車に乗ることができるようになれば、もはや乗れなかった自分に戻ることができないのである。技能は、ひとたびそれが獲得されればみずからの過去を再編してしまう。

しかしこの言語の発明という内実は、言語そのものの仕組みによって大幅に制約を受けている。正直に言えば、この言語のおかげで、人間は自分の能力の展開可能性を大幅に制限されているのではないかと私は疑っている。

言葉は基本的に線形のかたちをしている。主語、述語、目的語、補語のように順次並んでいる。これは言語が音声言語で開始したことでいやおうなく出現した特質であり、時間経過の中に順次配置することによって言語の仕組みがかたち作られていることによる。そして言語は、その限りで線形にならざるをえない。音声の時系列的な差異の組み合わせが言語である以上、言語は半ば必然的に「線形」である。

経験や物事で線形に進行している領域はごくわずかである。思考回路で、感覚が動き、感情も情感も動いているとき、言語表現とともに動いているはずだが、言語的に汲み取ることのできる線形の領域は比較的狭い。そのため言語には、それを活用するたびに経験の範囲を狭めてしまうところがある。

一般に現在人間が手にしている理論的、科学的な自然観とは、要約しやすい議論のことである。そして学習しやすい議論のことである。あらかじめ学習のコストが下げられるように形成されているのが、理論知である。そのことは、マッハ[*7]の言う「科学は思考経済にしたがう」という言明にも表われており、ゲーテ[*8]が「因果性とはたんなる擬人観である」と言ったことにも表われている。そのとき「理解」とは粗い要約のことであり、理論的理解とは自分の枠内に、世界の現実を閉じ込めることでもある。こうした動向は言語的に定式化された規則や数学的に定式化された多くの規則に、そのまま当てはまっている。

それらに比べて、職人的な行為は、まったく別様な進み方をした。物を作ることはほとんど小さな偶然に付き纏われている。予想したような結果が出ないことはごく普通のことであり、予想外の素晴らしい結果が出ることもある。どのように作り慣れた工芸品でも、そのつど一回勝負である。理論知とはまったく異なる仕組みで経験は進んでいく。だがこれらはほとんど中心的なテーマとなることもなく、内実に注意が向くこともなかった。しかしおそらくこれでは(お)カクシン的な見落としが起きてしまう。

（河本英夫『ダ・ヴィンチ・システム―来たるべき自然知能のメチエ―』による）

注　＊1　閉回路＝本来は物理用語。電流が流れるための閉じた回路のこと。　＊2　ヘッケル＝ドイツの生物学者。（一八三四～一九一九）
＊3　ハーバート・スペンサー＝イギリスの哲学者。（一八二〇～一九〇三）　＊4　大外から当たりすぎている＝基準がおおざっぱであらゆることに当てはまるということ。「大外」は、本来は競馬の用語で、コースの各コーナーの最も外寄りのところを指す。　＊5　シェリング＝ドイツの哲学者。（一七七五～一八五四）　＊6　ダーウィン＝イギリスの博物学者。（一八〇九～一八八二）　＊7　マッハ＝オーストリアの物理学者・哲学者。（一八三八～一九一六）　＊8　ゲーテ＝ドイツの作家。（一七四九～一八三二）

問1　太線部㋐「ホウキ」、㋑「ヤクドウ」を漢字に改めよ。

問2　筆者は、進化として見たときの、人間の歴史をどのように述べているか。最も適当なものを選択肢から一つ選び、その記号をマークせよ。

a　人間の歴史は、進化として見たとき、学習能力によって、他の枝の基本的な能力を読み解き、それを活用可能なかたちに置き換えることができるものであり、自分自身の選択肢を広げていくことができるものであると述べている。

b　人間の歴史は、進化として見たとき、他の枝の基本的な能力を読み解き、それを活用可能なかたちに置き換えることで、自分自身の選択肢を減らしていくことができており、人間はつねに人間になり続けるという仕組みがあると述べている。

c　人間の歴史は、進化として見たとき、すでに細く限定され、次第にすぼんでいく閉回路の近くに来ており、しかも人間は情報化や経済合理性に過度に合致していて、どこまでも先鋭的に狭く人間になり続けると述べている。

d　人間の歴史は、進化として見たとき、新たな可能性を自動的に減らしていく方向に進んでおり、人間はつねに人間になり続けるという仕組みの中に、おのずと先端化していく構造を持ち合わせていると述べている。

e　人間の歴史は、進化として見たとき、すでに細く限定され、次第にすぼんでいく閉回路の近くに来ており、筋違いの回路だけを過度に活用して、どこまでも先鋭的に狭く人間になり続けると述べている。

問3　筆者は「特殊適応」についてどのように述べているか。最も適当なものを選択肢から一つ選び、その記号をマークせよ。

a　「特殊適応」とは、各種の動物の個体が、できるだけ早く成長した機能をもつことへとつながるように、成長過程を加速する場面に見られるものであり、特殊適応による個々人の能力の発現と、種もしくは種間の進化的な展開見通しにそれほど厳密なつながりが見いだせないと述べている。

b　「特殊適応」とは、特定能力の活用によって、能力全般の活性化の可能性を抑えてしまうことであり、人間は特殊適応を可能な限り先送りするが、哺乳動物は生まれ落ちてただちに歩くことができるようになり、母乳を求めて自分で移動できるようになることを求められ、一歩進めば新たな選択肢がさらに獲得されるという事態があると述べている。

c　「特殊適応」とは、特定能力の活用によって、能力全般の活性化の可能性を抑えてしまうことであり、各種の動物の個体が、できるだけ早く特定の適応形態を獲得するのに対し、人間は特殊適応を可能な限り先送りして、自分自身を可能性の宝庫に留め続けるという衰退の道筋にあると述べている。

d　「特殊適応」とは、各種の動物の個体が、できるだけ早く成長した機能をもつことへとつながるように、成長過程を加速する場面に見られるものであり、各種の動物の個体が、できるだけ早く特定の適応形態を獲得しようとするのに対して、人間は、特殊適応を可能な限り先送りして、自分自身を可能性の宝庫に留め続ける傾向にあると述べている。

e 「特殊適応」とは、各種の動物の個体が、できるだけ早く成長した機能をもつことへとつながるように、成長過程を加速する場面に見られるものであるが、人間が、特定の技能に特化することで、自分自身を可能性の宝庫に留めることをおのずと自分でホウキすることは、自然界の掟を破るようなところがあると述べている。

問4 筆者が述べる「自然哲学」とはどのようなものか。最も適当なものを選択肢から一つ選び、その記号をマークせよ。

a 「自然哲学」とは、一八世紀末から一九世紀初頭にかけてすでにドイツとイギリスで行われてきた企てであり、進化の狭隘化の中で、さらに人間の能力を異なる方向で選択肢を広げていく仕方のことである。

b 「自然哲学」とは、意識をもった人間がすでに思い起こすことのできなくなった「先験的過去」こそが自然で、これを思い起こすようにして経験の可能性の範囲を広げていく仕方のことである。

c 「自然哲学」とは、人工知能全盛の時代にこそ、活用の仕方を再度回復しておくことが望まれており、自己安定化と自己正当化の仕組みによって新たなタイプの現実性を形成する仕方のことである。

d 「自然哲学」とは、意識の出現以前に成立し、意識が出現することで思い起こせなくなっている過去を「先験的過去」と配置し、意識の対象として自然を知る場面以前に、すでにして捉えられている自然を意識する仕方のことである。

e 「自然哲学」とは、人間が渦巻や竜巻をモデルとして自然の中に精神のヤクドウの前史を見いだすことにより、自分自身の総体を作り替えていく仕方のことである。

問5 筆者が述べる自然哲学の課題とは何か。最も適当なものを選択肢から一つ選び、その記号をマークせよ。

a 自然哲学の課題とは、自然界に固有の運動のモードを取り出すことで、人間にとっての選択肢を広げていくことであり、例えばシェリングが渦巻や竜巻の中に精神のヤクドウの前史を見いだしたように、人間とは異なるタイプの「先験的過去」によって新たなタイプの現実性が形成されると考えている。

b　自然哲学の課題とは、自然界に固有の運動のモードを取り出すことで、人間にとっての選択肢を広げていくことであり、例えばシェリングが精神のヤクドウを渦巻や竜巻をモデルとしたように、自己安定化と自己正当化という「先験的過去」の仕組みを備えた意識を用いて、自分自身の総体を作り替えていく仕組みが必要であると考えている。

c　自然哲学の課題とは、自然界に固有の運動のモードを取り出すことで、人間にとっての選択肢を広げていくことであり、例えばダーウィンが関心をもったつるまきの上昇運動のように、条件を変えて調べ上げることによって、自分自身の総体を作り替えていく仕組みを言語的に定式化することが必要であると考えている。

d　自然哲学の課題とは、自然界に固有の運動のモードを取り出すことで、人間にとっての選択肢を広げていくことであり、例えば博物学のもとで植物や動物の知能を研究してきたダーウィンのように、人間とは異なるタイプの自然知能のアイディアから新たなタイプの現実性を形成することで「先験的過去」を直観することができると考えている。

e　自然哲学の課題とは、自然界に固有の運動のモードを取り出すことで、人間にとっての選択肢を広げていくことであり、例えばつるまきの上昇運動に見られる螺旋状の回転運動のような、人間とは異なるタイプの知能が人間の選択肢を広げてくれれば、新たなタイプの現実性が形成されると考えている。

問6　筆者は言語そのものの仕組みをどう考えているか。最も適当なものを選択肢から一つ選び、その記号をマークせよ。

a　言語は、誰しもそれを受容したり、拒否したりする選択肢はないというホモ＝サピエンスの最大の特徴をもつ。また、自転車に乗ることができるようになれば、もはや乗れなかった自分に戻ることができないように、技能は、ひとたびそれが獲得されればみずからの過去を再編してしまう。そのため、筆者は、言語は、時間経過の中に順次配置することによってかたち作られていて、線形にならざるをえないと考えている。

b　言語は、ひとたび身についてしまえば、習得される以前には戻ることができない。また、言語は、音声の時系列的な差異の組み合わせである以上、半ば必然的に「線形」である。そのため、筆者は、言語の発明という内実は、思考回路を活用するたびに経験の範囲を狭めてしまうところがあるという言語そのものの仕組みによって大幅に制約を受けていて、言語のおかげで、人間は自分の能力の展開可能性を大幅に制限されているのではないかと考えている。

c　言語は、ひとたび身についてしまえば、習得される以前には戻ることができず、人間みずからの過去を再編してしまう。また、言語は、音声の時系列的な差異の組み合わせである以上、半ば必然的に「線形」であるが、経験や物事で線形に進行している領域はごくわずかであるのに対し、思考回路で、感覚が動き、感情も情感も動いているときは、言語表現を活用している。そのため、筆者は、人間は自分の能力の展開可能性を大幅に制限されていると考えている。

d　言語は、ひとたび身についてしまえば、習得される以前には戻ることができない。また、言語は、時間経過の中に順次配置されて線形のかたちをしているが、経験や物事で線形に進行している領域はごくわずかであり、思考回路で、感覚が動き、感情も情感も動いていても、言語的に汲み取ることのできる線形の領域は比較的狭い。そのため、筆者は、言語を活用するたびに経験の範囲を狭めてしまうところがあると考えている。

e　言語は、誰しもそれを受容したり、拒否したりする選択肢はない。また、言語は、基本的に主語、述語、目的語、補語のように順次並んでいて、その限りで線形にならざるをえない。そのため、筆者は、感覚が動き、感情も情感も動いているとき、思考回路でも、言語表現でも、汲み取ることのできる領域は比較的狭く、自分の能力の展開可能性を大幅に制限されているのではないかと考えている。

問7　二重傍線部㋐㋑㋒㋓㋔のカタカナと同じ漢字を用いる語を選択肢から一つ選び、その記号をマークせよ。

㋐　ブンキ

a　人生の重要なキロに立つ。
b　ジョウキを逸する出来事があった。
c　私はチンキな古美術を手に入れた。
d　彼の意見はキジョウの空論に過ぎない。
e　大いにフンキして勉強する。

㋑　ハンヨウセイ

a　新入社員に上司としてモハンを示す。
b　最高裁が示したハンレイを探してみる。
c　流行歌はその時代の世相をハンエイする。
d　希望者に無料で食料をハンプする。
e　広く平等に接するハンアイの精神は大切だ。

㋒　シヒョウ

a　ボートは台風で波に流されたが、無事岸にヒョウチャクした。
b　次期学長がトウヒョウで選ばれた。
c　日本の政治家が、韓国の大統領府を訪ねてヒョウケイした。
d　ヒョウキの件について検討することになった。
e　今年セヒョウの高かった映画を見る。

㋓ イソン

a 今までの経験にイキョするのはもうやめた方がいい。
b 思いついたらイサイかまわず実行する。
c 警察のイシンをかけて犯人を逮捕する。
d 共に長く暮らしているとイシンデンシンで気持ちが通じるようになった。
e 裁判所の決定に対してイギ申し立てを行った。

㋔ カクシン

a 彼は陰謀を企て、会社の乗っ取りをカクサクした。
b 日本は、民主主義政治体制がカクリツしている。
c 古代の偉人らのカクゲンに学ぶ。
d 新しいＤＮＡ細胞を作るにはカクサンが必要である。
e 古い価値観を変えていくカクシン政権が樹立した。

問8 「職人の哲学」における知は、どのような仕組みをもつと筆者は述べているか、五十字以内で記せ。なお、句読点・符号も字数に含めるものとする。

二　次の文章は『大鏡』の一節で、当時関白であった藤原兼通（本文では「堀河殿」など）と、その弟で右大将の藤原兼家（本文では「東三条殿」「東三条の大将殿」など）とのやりとりを、古老の大宅世継(おおやけのよつぎ)と若侍が語り合う場面である。これまでに、世継は兼通のことを、冷酷な人であったと語ってきた。これを読んで、後の問いに答えよ。

（世継）「堀河殿、はては我うせたまはむとては、関白をば、御いとこの頼忠*1のおとどにぞ譲りたまひしこそ、世人いみじき僻事(ひがごと)とそしり申ししか」。

この向ひ居る侍の言ふやう、「東三条殿の官(つかさ)など取りたてまつらせたまひしほどのことは、ことわりとこそうけたまはりしか。おのれが祖父親(おほぢおや)は、かの殿の年頃の者にてはべりしかば、こまかにうけたまはりしは。この殿たちの兄弟(あにおとと)の御仲、年頃の官(つかさ)位(くらゐ)の劣り優(まさ)りのほどに、御仲悪(あ)しくて過ぎさせたまひし間に、堀河殿、御病重くならせたまひて、今はかぎりにておはしましほどに、東*2の方に、先追ふ音のすれば、御前にさぶらふ人たち、「誰(たれ)ぞ」など言ふほどに、「東三条の大将殿まゐらせたまふ」と人の申しければ、殿聞かせたまひて、「年頃なからひよからずして過ぎつるに、今はかぎりになりたると聞きて、とぶらひにおはするにこそは」とて、御前なる苦しきもの取り遣(や)り、大殿籠りたる所ひきつくろひなどして、入れたてまつらむとて、待ちたまふに、「はやく過ぎて、内へまゐらせたまひぬ」と人の申すに、いとあさましく心憂くて、「御前にさぶらふ人々も、をこがましく思ふらむ。おはしたらば、関白など譲ることなど申さむとこそ思ひつるに。かかればこそ、年頃なからひよからで過ぎつれ。あさましくやすからぬことなり」とて、かぎりのさまにて臥(ふ)したまへる人の、「かき起こせ」とのたまへば、人々、あやしと思ふほどに、「車に装束せよ。御前もよほせ」と仰せらるれば、もののつかせたまへるか、現心(うつしごころ)もなくて仰せらるるかと、あやしく見たてまつるほどに、御冠(かぶり)召し寄せて、装束などせさせたまひて、内へまゐらせたまひて、陣*3のうちは君達(きんだち)にかかりて、滝口*4の陣の方より、御前へまゐらせたまひて、昆明池*5の障子のもとにさし出でさせたまへるに、昼*6の御座に、東三条の大将、御前にさぶらひたまふほどなりけり。

この大将殿は、堀河殿すでにうせさせたまひぬと聞かせたまひて、内に関白のこと申さむと思ひたまひて、この殿の門を通りて、まゐりて申したてまつるほどに、堀河殿の目をつづらかにさし出でたまへるに、帝も大将も、いとあさましく思し召す。大将はうち見るままに、立ちて鬼の間＊7の方におはしぬ。関白殿、御前につい居たまひて、御気色いと悪しくて、「最後の除目行ひにまゐりてはべりつるなり」とて、蔵人頭＊8召して、関白には頼忠のおとど、東三条殿の大将を取りて、小一条の済時＊9の中納言を大将になし聞こゆる宣旨下して、東三条殿をば治部卿になし聞こえて、出でさせたまひて、ほどなくうせたまひしぞかし。心意地にておはせし殿にて、さばかりかぎりにおはせしに、ねたさに内にまゐりて申させたまひしほど、こと人すべうもなかりしことぞかし。

されば、東三条殿官取りたまふことも、Ⓐひたぶるに堀河殿の非常の御心にもはべらず。ことのゆゑは、かくなり。「関白は次第のままに」といふ御文思し召しより、御妹の宮＊10に申して取りたまへるも、最後に思すことどもして、うせたまへるほども、思ひはべるに、心つよくかしこくおはしましける殿なり」。

（『大鏡』による）

注　＊1　頼忠＝藤原頼忠。当時左大臣。　＊2　東の方＝兼家邸は兼通邸の東側にあった。　＊3　陣＝内裏の諸門を警備する衛士の詰め所。　＊4　滝口の陣＝清涼殿の北東にある。　＊5　昆明池の障子＝清涼殿に置かれた衝立障子。　＊6　昼の御座＝清涼殿にある帝の昼間の御座所。　＊7　鬼の間＝清涼殿南側にある部屋。　＊8　蔵人頭＝蔵人所の長官。蔵人は帝の側近くに仕え、殿上の諸事をつかさどる。　＊9　小一条の済時＝藤原済時。　＊10　御妹の宮＝村上天皇皇后安子。父は、兼通・兼家と同じ藤原師輔。

問1　世継は、世間の人々が堀河殿についてどのように言ったと語っているか。最も適当なものを選択肢から一つ選び、その記号をマークせよ。

a　堀河殿は、しまいには自分が殺されることになるだろうと思って、関白の職を、いとこの頼忠公に譲ったが、世間の人々は、たいそう因縁めいたことだとうわさしたことです。

b　堀河殿は、しまいには自分が殺されることになるだろうと思って、関白の職を、いとこの頼忠公に譲ったが、世間の人々は、ひどく道理に合わないことだとうわさしたことです。

c　堀河殿は、しまいには自分が殺されることになるだろうと思って、関白の職を、いとこの頼忠公に譲ったが、世間の人々は、ひどく道理に合わないことだと非難したことです。

d　堀河殿は、しまいには自分が死ぬだろうというときに、関白の職を、いとこの頼忠公に譲ったが、世間の人々は、ひどく道理に合わないことだと非難したことです。

e　堀河殿は、しまいには自分が死ぬだろうというときに、関白の職を、いとこの頼忠公に譲ったが、世間の人々は、たいそう因縁めいたことだとうわさしたことです。

問2　世継の語りに対して、若侍はどのように語り出したか。最も適当なものを選択肢から一つ選び、その記号をマークせよ。

a　東三条殿の官職を取り上げたときの事情を、もっともなことと私は承知していました。私の祖父が、あの堀河殿に長年お仕えしていた者でしたので、詳しくうかがっていたのですよ。

b　東三条殿の官職を取り上げたときの事情を、ひどいことと私は承知していました。私の祖父が、あの堀河殿に長年お仕えしていた者でしたので、詳しくうかがっていたのですよ。

c　東三条殿の官職を取り上げたときの事情を、もっともなことと私は承知していました。私の祖父が、あの東三条殿に長年お仕えしていた者でしたので、詳しくうかがっていたのですよ。

d　東三条殿が官職を奪ったときの事情を、ひどいことと私は承知していました。私の祖父が、あの東三条殿に長年お仕えしていた者でしたので、詳しくうかがっていたのですよ。

e　東三条殿が官職を奪ったときの事情を、もっともなことと私は承知していました。私の祖父が、あの堀河殿に長年お仕えしていた者でしたので、詳しくうかがっていたのですよ。

問3　お屋敷の東の方で先払いの声がしたとき、堀河殿はどうしたか。最も適当なものを選択肢から一つ選び、その記号をマークせよ。

a　「長年、兄弟の仲がうまくいかずにすごしてきたが、それも終わりにしようと私の気持ちが変わったと聞いて、見舞いにいらっしゃるのであろう」とお思いになって、とりあえずお側にある見苦しいものを片付け、最も奥の部屋をきちんと整えなどして、東三条殿を迎え入れようと、お待ちになっていた。

b　「長年、兄弟の仲がうまくいかずにすごしてきたが、私が危篤になったと聞いて、見舞いにいらっしゃるのであろう」とお思いになって、とりあえずお側にある見苦しいものを片付け、お休みになっている場所をきちんと整えなどして、東三条殿を迎え入れようと、お待ちになっていた。

c　「長年、連絡もたいしてしないですごしてきたが、それも終わりにしようと私の気持ちが変わったと聞いて、訪ねていらっしゃるのであろう」とお思いになって、とりあえずお側にある見苦しいものを片付け、お休みになっている場所をきちんと整えなどして、東三条殿を迎え入れようと、お待ちになっていた。

d　「長年、兄弟の仲がうまくいかずにすごしてきたが、私が死んでしまったと聞いて、弔問にいらっしゃるのであろう」とお思いになって、とりあえずお側にある見苦しいものを片付け、最も奥の部屋をきちんと整えなどして、東三条殿を迎え入れようと、お待ちになっていた。

e　「長年、連絡もたいしてしないですごしてきたが、私が死んでしまったと聞いて、弔問にいらっしゃるのであろう」とお思いになって、とりあえずお側にある見苦しいものを片付け、お休みになっている場所をきちんと整えなどして、東三条殿を迎え入れようと、お待ちになっていた。

問4　東三条殿の行動に対して、堀河殿はどのように思ったか。最も適当なものを選択肢から一つ選び、その記号をマークせよ。

a　「東三条殿は、急いで屋敷の門前を通り過ぎて、内裏へ参られました」と言うのを聞いて、堀河殿はたいそう腹立たしく、不愉快だとお思いになり、「側に控えている人々も、気の毒だと思っているだろう。内裏に私と一緒にいらっしゃるなら、関白の位を譲ることなど申そうと思っていたのに」とお思いになった。

b　「東三条殿は、急いで屋敷の門前を通り過ぎて、内裏へ参られました」と言うのを聞いて、堀河殿はたいそうあきれ、不愉快だとお思いになり、「側に控えている人々も、ぶしつけだと思っているだろう。ここにおみえになったなら、関白の位を譲ることなど申そうと思っていたのに」とお思いになった。

c　「東三条殿は、とっくに屋敷の門前を通り過ぎて、内裏へ参られました」と言うのを聞いて、堀河殿はたいそう腹立たしく、不愉快だとお思いになり、「側に控えている人々も、気の毒だと思っているだろう。ここにおみえになったなら、関白の位を譲ることなど申そうと思っていたのに」とお思いになった。

d　「東三条殿は、とっくに屋敷の門前を通り過ぎて、内裏へ参られました」と言うのを聞いて、堀河殿はたいそう腹立たしく、不愉快だとお思いになり、「側に控えている人々も、ぶしつけだと思っているだろう。内裏に私と一緒にいらっしゃるなら、関白の位を譲ることなど申そうと思っていたのに」とお思いになった。

e 「東三条殿は、とっくに屋敷の門前を通り過ぎて、内裏へ参られました」と言うのを聞いて、堀河殿はたいそうあきれ、不愉快だとお思いになり、「側に控えている人々も、みっともないと思っているだろう。ここにおみえになったなら、関白の位を譲ることなど申そうと思っていたのに」とお思いになった。

問5 東三条殿の行動を受けて、堀河殿はどのような行動をとったか。最も適当なものを選択肢から一つ選び、その記号をマークせよ。

a 堀河殿が「車の支度をせよ、帝の御前のようすを探れ」などとおっしゃるので、周囲の人々は、物の怪(け)に取りつかれたのか、それともうわごとをおっしゃっているのかと、不思議に思っていると、ご自身は冠や装束などをおつけになり、参内なさって、滝口の陣の方から入って、昆明池の障子のもとに出ていかれた。

b 堀河殿が「車の支度をせよ、帝の御前のようすを探れ」などとおっしゃるので、周囲の人々は、物の怪に取りつかれたのか、それともうわごとをおっしゃっているのかと、不気味に思っていると、ご自身は冠や装束などをおつけになり、参内なさって、滝口の陣の方から入って、昆明池の障子のもとに子息たちをまず出させなさった。

c 堀河殿が「車の支度をせよ、前駆の者を参集させよ」などとおっしゃるので、周囲の人々は、物の怪に取りつかれたのか、それともうわごとをおっしゃっているのかと、不思議に思っていると、ご自身は冠や装束などをおつけになり、参内なさって、滝口の陣の方から入って、昆明池の障子のもとに出ていかれた。

d 堀河殿が「車の支度をせよ、前駆の者を参集させよ」などとおっしゃるので、周囲の人々は、物の怪に取りつかれたのか、それともうわごとをおっしゃっているのかと、不思議に思っていると、ご自身は冠や装束などをおつけになり、参内なさって、滝口の陣の方から入って、昆明池の障子のもとに子息たちをまず出させなさった。

e　堀河殿が「車の支度をせよ、前駆の者を参集させよ」などとおっしゃるので、周囲の人々は、物の怪に取りつかれたのか、それともうわごとをおっしゃっているのかと、不気味に思っていると、ご自身は冠や装束などをおつけになり、参内なさって、滝口の陣の方から入って、昆明池の障子のもとに子息たちをまず出させなさった。

問6　堀河殿が参内したときの御前の様子はどのようだったか。最も適当なものを選択肢から一つ選び、その記号をマークせよ。

a　東三条殿は、堀河殿がすでに亡くなったとお知らせなさって、天皇に、関白堀河殿の最期のようすを申し上げようとお思いになって、参内して申し上げていたところに、堀河殿が目を見開いて姿を現されたので、天皇も東三条殿も、とても恐ろしいとお思いになった。

b　東三条殿は、堀河殿がすでに亡くなったとお知らせなさって、天皇に、次の関白職について申し上げようとお思いになって、参内して申し上げていたところに、堀河殿が目を見開いて姿を現されたので、天皇も東三条殿も、とても恐ろしいとお思いになった。

c　東三条殿は、堀河殿がすでに亡くなったとお聞きになって、天皇に、関白堀河殿の最期のようすを申し上げようとお思いになって、参内して申し上げていたところに、堀河殿が目を見開いて姿を現されたので、天皇も東三条殿も、ひどく驚きなさった。

d　東三条殿は、堀河殿がすでに亡くなったとお聞きになって、天皇に、次の関白職について申し上げようとお思いになって、参内して申し上げていたところに、堀河殿が目を見開いて姿を現されたので、天皇も東三条殿も、ひどく驚きなさった。

e　東三条殿は、堀河殿がすでに亡くなったとお聞きになって、天皇に、次の関白職について申し上げようとお思いになって、参内して申し上げていたところに、堀河殿が目を見開いて姿を現されたので、天皇も東三条殿も、とても恐ろしいとお思いになった。

問7　若侍はこの除目に関わった人をどのように評しているか。最も適当なものを選択肢から一つ選び、その記号をマークせよ。

a　堀河殿は、強情な方で、いまいましさのあまり、参内して除目のことを奏請なさったところなど、他の人にはとてもまねできなかったと評している。

b　堀河殿は、強情な方で、焦燥感のあまり、参内して除目のことを奏請なさったところなど、他の人にはとてもまねできなかったと評している。

c　堀河殿は、強情な方で、嫉妬心のあまり、参内して除目のことを奏請なさったところなど、身分の高い人としてすべきことではなかったと評している。

d　東三条殿は、強情な方で、嫉妬心のあまり、参内して除目のことを奏請なさったところなど、他の人にはとてもまねできなかったと評している。

e　東三条殿は、強情な方で、焦燥感のあまり、参内して除目のことを奏請なさったところなど、身分の高い人としてすべきことではなかったと評している。

問8　若侍は、この一件をどのように語り終えたか。最も適当なものを選択肢から一つ選び、その記号をマークせよ。

a 「関白は順序どおりになるのがよい」というお墨付きの文を、ご自分から思いつかれ、御妹の宮にお願いして書いてもらったのも、最後に、思うままのことをすべてやりとげて御前から立ち去りなさったのも、つらつら考えてみると、堀河殿は責任感が強く機転がきくお方ですよ。

b 「関白は順序どおりになるのがよい」というお墨付きの文を、帝のお考えであったのに、御妹の宮にお願いして取り下げてもらったのも、最後に、思うままのことをすべてやりとげて御前から立ち去りなさったのも、つらつら考えてみると、東三条殿は冷徹でずるがしこいお方ですよ。

c 「関白は順序どおりになるのがよい」というお墨付きの文を、ご自分から思いつかれ、御妹の宮にお願いして書いてもらったのも、最後に、思うままのことをすべてやりとげて亡くなったのも、つらつら考えてみると、堀河殿は冷徹で頑固なお方ですよ。

d 「関白は順序どおりになるのがよい」というお墨付きの文を、帝のお考えであったのに、御妹の宮にお願いして取り下げてもらったのも、最後に、思うままのことをすべてやりとげて亡くなったのも、つらつら考えてみると、東三条殿は意志が堅固で機転がきくお方ですよ。

e 「関白は順序どおりになるのがよい」というお墨付きの文を、ご自分から思いつかれ、御妹の宮にお願いして書いてもらったのも、最後に、思うままのことをすべてやりとげて亡くなったのも、つらつら考えてみると、堀河殿は意志が堅固で聡明なお方ですよ。

問9　傍線部Ⓐについて、現代語訳せよ。

解　答

二月三日実施分

一

出典　河本英夫『ダ・ヴィンチ・システム―来たるべき自然知能のメチエ』〈第Ⅰ章　見果てぬ構想―ダ・ヴィンチ・システム　1　同時代的な問いのウイング〉（学芸みらい社）

解答

問1　㋐放棄〔抛棄〕　㋑躍動

問2　d

問3　d

問4　b

問5　e

問6　d

問7　あ―a　い―e　う―d　え―a　お―d

問8　言語と視覚に依存した理論知と異なり、身体と不可分で現実に対応して多様化し、自然知能を開発する仕組み。（五十字以内）

要旨

生物は進化に従い能力が限定され、他の能力の発現可能性は制約される。個体の成長においても特定能力の活用により、能力全般の可能性が抑えられ、特定の適応形態を獲得するが、人間はそうした特殊適応を先送りして可能性を保持する。現在、人工知能全盛の時代においては、自然知能の活用を再度回復し、人間の能力を異なる方向で選択し拡大するやり方、職人の哲学が必要とされる。言語による理論知は要約・学習のコストが抑えられた理解であり、世界の現実を単純化して、人間の能力の展開可能性を大幅に制限する。一方で職人的行為は偶然を含む経験であり、その哲学は身体と不可分の知の形態であり、世界と人間の多様性に対応する。

解説

人工知能全盛の時代に人間の精神のダイナミズムを保つための「自然知能」の必要性を説いた哲学の文章である。意識以前の「先験的過去」といった言葉は難解でイメージしづらいものであるが、最終的には〈自然、具体、身体〉と〈科学、抽象、論理〉といったなじみのある対比に論が落ち着いている。そうした対比を押さえる読解力をつけたい。

問2　「進化として見たときの、人間の歴史」については第一～三段落に述べられる。第一段落後半に、進化は「おのずと自分自身の選択肢が減っていく仕組み」であり、「新たな可能性を自動的に減らしていく」と述べられ、人間は「つねに人間になり続け……どこまでも先鋭的に狭く人間になり続ける」と続く。dが正解。a、「自分自身の選択肢を広げていくことができる」は誤り。第一段落前半のこの記述は、「そのとき学習能力があれば」という特別な状況での仮定の話である。b、第一段落前半にある通り、「他の枝の基本的な能力を読み解き、それを活用可能なかたちに置き換えること」は「選択肢を広げていくこと」につながる。誤り。c、「経済合理性」に過度に合致しているのは「人間」ではなく「情報化」である（第二段落前半）。e、筋違いの回路「だけ」と限定するのは誤り。

問3　「特殊適応」については第六・七段落に記述がある。第六段落に、「各種の動物の個体が……成長過程を加速する場面に見られる」、「できるだけ早く特定の適応形態を獲得する」とあり、第七段落に「人間」は自然界の掟を破り、特殊適応を「可能な限り先送りして……可能性の宝庫に留め続ける」とある。dが正解。a、「個々人の能力の発現」については第四段落に述べられているが、「特殊適応による」個々人の能力の発現とは述べられていない。b、「特殊適応」は第六段落に「能力全般の活性化の可能性を抑えてしまう」とあり、「新たな選択肢がさらに獲得される」は誤り。c、「可能性の宝庫に留め続ける」ことが「衰退の道筋」につながるとは述べられていない。e、第七段落より、「自然界の掟を破る」ようなこととは「可能性の宝庫」に留まることである。

問4　「自然哲学」については第九段落に「意識をもった人間がすでに思い起こすことのできなくなった過去」を「先験的過去」とし、これを思い起こすようにして「経験の可能性の範囲を広げていく仕方」とある。bが正解。a、「進化の狭隘化の中で、さらに……広げていく」という表現は第七段落終わりにあるように、「一歩進めば……選択肢が……獲得される」という前提がなければならないので、不適切。c、第十・十一段落より「新たなタイプの現実性を形成」するのは「人間とは異なるタイプの知能」であって、人間の意識の「自己安定化と自己正当化の仕組み」ではない。d、人間の可能性の拡大に言及していないので不適切。e、自然の中に「精神の躍動の前史」ではなく、第十段落「みずからの前史（＝第九段落「先験的過去」、意識以前）」を見いだすのである。

問5　「自然哲学の課題」は第十三段落に述べられており、そこにつながる第九～十二段落のシェリングとダーウィンの例を読み取る。第十一段落に「人間とは異なるタイプの知能」が「人間の選択肢を広げてくれれば、新たなタイプの現実性が形成される」とある。eが正解。a、自然の中に見たのは「みずからの前史」である。また、人間とは異なるタイプの「先験的過去」ではなく「知能」である（第十一段落）。b、第十段落「自己安定化と自己正当化」は「自分自身の総体を作り替えていく」ことにつながらない。c、第十三段落に「言語的な定式化にもなじまない」とある。d、第九段落にある通り「先験的過去」を直観することで「可能性の範囲を広げていく（＝新しい現実を形成する）」のであり、新たな現実の形成により先験的過去を直観するというのは順序が逆。

問6　「言語」については第十七～二十段落に述べられる。第十七段落に言語習得後は「以前には戻ることができない」、第十九段落に「時間経過の中に順次配置」され「線形にならざるをえない」、第二十段落に「言語的に汲み取ることのできる線形の領域は比較的狭い」ため、言語を活用するたびに「経験の範囲を狭めてしまう」とある。dが正解。a、「線形にならざるをえない」のは言語習得前に戻れないからではなく、音声由来ゆえ「時間経過の中に順次配置」されたためである（第十九段落）。b、「思考回路」ではなく「言語」を活用するたびに「狭めてしまう」のである（第二十段落）。c、「言語表現を活用している」のではなく「言語表現とともに動いている」（第二十段落）。e、「汲み取ることのできる領域」が狭いのは「言語表現」であり、「思考回路でも」は誤り。

問8　「職人の哲学」については第十六段落にまとめられている。「世界の多様性、人間の多様性に対応していく」「それじたいで多様化する仕組みを備えた知」とある。キーワードは「多様性」「多様化」である。それは「自然知能の開発」に必要な知であり（第十四段落）、人間の選択肢を広げるものである。また、第十六段落、最終段落で「理論知」とは異なると述べられる。「職人の哲学」が「身体」と不可分であるのに対し、「理論知」は「言語と視覚」に依存すると述べられている。これは「世界の現実」の多様性を捨て、「定式化」につながるものである（第二十一段落）。書き方としては「多様性」に応じて「多様化する」、「自然知能の開発」に必要な仕組みであることを押さえ、その上で「理論知」との対比を付け加えるとよい。

出典　『大鏡』〈太政大臣兼通〉

解答

問1　d

問2　a

問3　b

問4　e

問5　c

問6　d

問7　a

問8　e

問9　ただひたすら堀河殿の異常なお心のためというわけではありません。

全訳

（世継が）「堀河殿（＝兼通）が、とうとう自分がお亡くなりになるとなっては、関白（という地位）を、御いとこの頼忠の大臣にお譲りなさったことこそ、世間の人々は大変な間違いだと非難申し上げたよ」（と言う）。

この向かい合って座る侍が言うことには、「東三条殿（＝兼家）の官職などを取り上げ申し上げなさったときのことは、もっともなことだとお聞きした。自分の祖父は、かの殿（＝兼通）に長年お仕えした者でありましたので、詳細にお伺いしたよ。この殿たちのご兄弟仲は、数年来の官位の優劣争いの間に、ご関係が悪い状態で時を経なさったうちに、堀河殿は、ご病気が重くおなりになって、今はもう最期という状態でいらっしゃったときに、（兼通の家の）東の方（の兼家の家）に、先払いの声がするので、（兼通の）御前にお仕えする人々は、『誰だろう』などと言ううちに、『東三条の大将殿（＝兼家）が参上なさる（ようです）』とある人が申したので、殿（＝兼通）がお聞きになって、『数年来関係がよくない状態で過ごしたのに、今はもう最期になってしまったと聞いて、見舞いにいらっしゃるのであろうよ』ということで、お身回りにある見苦しいものは取り片付け、伏せっていらっしゃる場所を整えるなどして、（弟兼家を）お迎えしようと思って、お待ちになっていると、『（兼家様は）すでに（兼通邸は）通り過ぎて、内裏へ参上なさってしまった』とある人が申し上げるので、たいへんあきれはてて不愉快で、『（私の）御前に侍する人々も、（私を）ばかみたいに思っているだろう。（兼家が私のもとに見舞いに）いらっしゃったならば、関白の位などを譲ることなどを申し上げようと思っていたのに。このようであるからこそ、数年来関係が悪いままで過ぎたのだ。あまりにひどく腹立たしいことだ』と思って、（今まで）危篤状態で伏せっていらっしゃった人が、『（私を）抱え起こせ』とおっしゃるので、人々が、奇妙だと思う間に、（兼通は）『牛車に支度をしなさい。先払いの者を準備せよ』とおっしゃるので、悪霊でもとりつきなさったか、分別もなくおっしゃっているのかと、おかしいと拝見していたところに、御冠までお取り寄せになって、正式なご衣装なども身につけなさって、内裏へ参上なさって、（内裏警備の）詰め所より内側からはご子息たちによりかかって、滝口の陣の方から、（清涼殿にいらっしゃる帝の）御前へ参上なさって、昆明池の障子のところにお出でになったところ、（帝のいらっしゃる）昼の御座のところで、東三条の大将が、（帝の）御前に控え申し上げていらっしゃるときだった。

この大将殿は、堀河殿がもうお亡くなりになったとお聞きになって、帝に関白の位のことをお願い申し上げようとお思いになって、この殿（＝兼通）のお屋敷の門前を通って、（内裏に）参上してお願い申し上げているときに、堀河殿が目を大きく見開いてお出ましになったので、帝も大将も、たいへん驚いたこととお思いになる。大将は（兼通を）ちらっと見るとすぐ、立ち上がって鬼の間の方に移動なさってしまった。関白殿（＝兼通）は、（帝の）御前にかしこまってお座りになって、ご気分がひどく悪い様子で、『最後の除目（＝官吏の任免）を行いに参上したのでございます』と言って、蔵人頭をお呼びになって、（自分の次の）関白には頼忠の大臣（を任じ）、東三条殿の大将位を剝奪して、小一条の済時の中納言を大将にし申し上げる宣旨を下して、東三条殿を治部卿に格下げ申し上げて、（内裏を）退出なさって、まもなくお亡くなりになったのだよ。意固地でいらっしゃった殿様で、あれほど死に際でいらっしゃったのに、いまいましさのために内裏にまで参上して（除目について）申し上げなさった様子は、他の人にはできそうもないことだったよ。

だから、東三条殿の官位を剝奪なさることも、ただひたすら堀河殿の異常なお心のためではございません。事の原因は、こんな感じだ。『関白（への就任）は（親子兄弟の）順序の通りに』というお手紙を思いつきなさり、御姉妹の宮に申し上げて取り置きなさっていたことも、最後にお思いになることを実行して、お亡くなりになった様子も、（私が）思いますに、心が強く聡明でいらっしゃった御方だ」と。

解説

『大鏡』からの出題である。兼通と兼家は弟兼家が優位であったときもあり、不仲だったことから起こったエピソードである。最後の安子の遺言のくだりはわかりづらいが、兄弟の順でという言葉は兼通に有利に働くはずであることから考えて理解しよう。また、『大鏡』はその文章のほとんどが人々の語り（話し言葉）であるため、敬語が非常に多用されている。ぜひいくつかの文を読み通して読解練習をしておきたい。重要単語の知識が必要とされることが多いが、問2の人間関係や問5での古文常識、その他文脈判断などの力が問われる設問が混じる。

問1 最初の世継の発言を訳す。「うせ（うす）」は〝死ぬ〟。「消ゆ」「隠る」なども同様。助動詞「む」は「と」が接続しているため終止形。終止形「む」は推量、意志、適当のいずれか。いずれにしても未来のことを表す表現。この場合、自分の状況を客観的に推量していると考える。「たまは（たまふ）」は尊敬の補助動詞。〝（今にも）お亡くなりになりそうだということで〟となる。「いみじき（いみじ）」は〝はなはだしい〟。「僻事」の「僻（ひが）」は〝道理に合わない、間違った、ひねくれた〟の意味の接頭語。「ひが耳」「ひが覚え」「ひが目」などと使う。

問2 若侍の語りの最初の二文を訳す。「取りたてまつらせたまひし」の部分はa・b・cの「取り上げた」とd・eの「奪った」とで迷うが、奪うという表現は〝取り上げて自分のものとする〟意味であるため、堀河殿（＝兼通）が死ぬ間際の話であること、この後の展開から、「取り上げた」が適当とわかる。「ことわり」は「理」で〝道理、もっともなこと〟の意味。世継の「僻事」に対して反論している。若侍の祖父から聞いた詳しい事情は、この後の展開からも堀河殿（＝兼通）の側の事情である。よって正解はa。出典である『大鏡』は天皇や大貴族の逸話を人々が語るという形式で、敬語が多用されている。尊敬の補助動詞「たまふ」「おはす」「おはします」、謙譲の補助動詞「たてまつる」「申す」「聞こゆ」「参らす」、丁寧の補助動詞「侍り」「候ふ」、二重敬語「せたまふ」など、読み慣れておきたい。

問3 「殿聞かせたまひて」以下を訳す。「なからひ」は「仲らひ」で〝人間関係、間柄〟の意味。「かぎり」は〝限界、最大限、間、全部、最後、機会、だけ〟などの意味があるが、「今はかぎり」の形のときは〝これで最後、臨終間際〟の意味になる。「今は」だけでも〝臨終間際、危篤状態〟の意味になる。この前の部分にも「御病重くならせたまひて」とある。「とぶらひ」は動詞「とぶらふ」の名詞形。〝問う、尋ねる、訪ねる、探し求める〟の意味であるが、病人相手であれば〝見舞う〟、誰かの死後であれば〝弔問する、弔う〟の意味になる。「大殿籠（ごも）り（大殿籠（ごも）る）」は〝お休みになる〟の意の尊敬語。

問4 「はやく過ぎて、内へまゐらせたまひぬ」以下を訳す。「はやく」は〝すでに、以前〟の意の副詞。「をこがまし」

は〝ばかげている、みっともない〟。「をこ」は「痴」で〝馬鹿、まぬけ〟の意。「をこなり」「をこめく」などの表現もある。「おはしたらば」は尊敬語「おはす」〝いらっしゃる〟の連用形＋完了・存在の助動詞「たり」未然形＋仮定の接続助詞「ば」となる。この場合、東三条殿（＝兼家）が自分の家に来るのを待っていたのだから、「ここにおみえになったなら」が正解。見舞いに来てくれたなら仲直りして関白の位も譲ったのに、という心情。

問5　病を押して支度し、参内する場面である。「車に装束せよ」以下を訳す。「御前」は〝貴人の御前〟の意味のときが多いが、この場合の「前」は「まへ」ではなく「さき」のことで、〝前駆、先払い〟のことである。貴人が公式に移動する際には牛車に乗り、進行方向の人払いをする者たち、随身（ずいじん）という公の護衛を従えていた。また、参内するならば烏帽子ではなく冠をかぶり、束帯と呼ばれる正式な衣装を身につける。「あやしく（あやし）」は〝不思議だ、奇妙だ、いやしい〟の意。「さし出でさせたまへる」は〝出なさった〟と訳す。「さし」は動詞の上につく接頭語で特に訳さずとも問題ない。「うち」「かき」「たち」も同様。「させ」は尊敬の補助動詞「たまへ（たまふ）」の上について敬意を強める尊敬の助動詞「さす」の連用形。使役の意味になるときもあるが、どうしても使役に解釈する必要がある場合以外は尊敬と考えてよい。ここは堀河殿に対する二重尊敬表現である。動詞末尾のエ段音に続く「る」は存続・完了の助動詞「り」の連体形。動詞末尾がア段音に続く「る」は受身・尊敬・自発・可能の助動詞「る」終止形。

問6　第三段落「この大将殿は」以下を訳す。「聞かせたまひて」の「せ」は尊敬の助動詞「す」の連用形で、「せたまひ」は二重尊敬である。使役の意味にとると、〝聞かせる〟という表現になり、帝に対してであれば敬語を使用していないことになり不自然。「内」は〝内裏〟のほか〝帝〟の意味もある。東三条殿は堀河殿には会っていないので「関白のこと」は「最期のようす」ではなく「次の関白職」に誰がなるかということである。「あさましく（あさまし）」は〝あきれたことだ、驚いたことだ、ひどい〟の意。

問7　第三段落最後の一文を訳す。「さばかりかぎりにおはせしに」とあり、「さばかり」は〝それほど、それだけ〟、「かぎり」は〝死に際、危篤状態〟、「におはせ（におはす）」は「にあり」の尊敬表現で〝でいらっしゃる〟、「し」は過去の助動詞「き」の連体形、「に」はこの場合逆接の意味の接続助詞である。〝それほど（あんなに）危篤状態でいらっしゃったのに〟の意味。この一文は堀河殿を評した言葉である。「ねたさ」は形容詞「ねたし」からできた名詞。「ねたし」は〝くやしい、いまいましい、腹立たしい〟の意。「こと人」は「異人」で〝別の人、他の人〟の意。「べうもなかり（べうもなし）」は「べくもなし」の音便。〝はずがない、～てはならない、できない〟の意味になる。「べく」はこの場合可能の助動詞「べし」の連用形である。「べし」には文法的意味は多いが、例えば「べくもあらず」などは〝はずがない〟もしくは〝できそうにない〟など意味が限定されるので、こうした表現は覚えておくとよい。

問8 最後の一文を訳す。「思し召しより（思し召しよる）」は「思ひ寄る」（〝思いつく〟）の尊敬表現。「思ひ～」で始まる動詞は「思ひ」が「おぼし」「おぼしめし」に替わることで尊敬表現になる。「思し出づ」「思し召し出づ」「思し嘆く」などはよく見るが、その他の表現にも慣れたい。「うせ（うす）」は〝死ぬ〟。「心つよく（心つよし）」は〝意志が強い、気が強い〟、「かしこし」は「畏し」であれば〝恐れ多い、恐ろしい、貴い〟、「賢し」であれば〝賢明だ、巧みだ、すばらしい〟の意。ここは賢明な人だったと褒めている。少しわかりにくいが、皇后であった妹安子が亡くなる前に遺言を書いてもらい、長年大事に所持しておいて、摂政であった兄（伊尹）が亡くなったときに帝に披露して、兄弟の順の通りに兼通が関白職に就くことになったことを言う。先を見越して準備していた賢明さがあるということである。

問9 「ひたぶるに」は〝ただひたすら、一途に、一方的に〟の意。「非常（ひざう）」は〝普通ではない、とんでもない、思いがけない〟の意。世継が冒頭で述べた「いみじき僻事」を行うような心情を指す。「に」は断定の動詞「なり」連用形。〝である〟の意味になる「にあり」は、「あり」が丁寧の補助動詞「侍り」「候ふ」に替わることで〝でございます〟の意の丁寧表現になる。「も」は強意の係助詞。「にあり」「に侍り」「に候ふ」の「に」の下には強意や疑問の助詞が入ることが多い。傍線部前の〝東三条殿の官位を取り上げなさることも〟につながるように意識して訳そう。

二月五日実施分

問　題

（七五分）

一　次の文章を読んで、後の問いに答えよ。

青年期の中心テーマとしての「アイデンティティ」

「自分とは一体何なのか」――この不思議な問いとの(あ)カクトウが、青年期の中心テーマであることを指摘したのはエリクソン[*1]である。「不思議」というのは、青年期から十数年ほど経って一端（いっぱし）の社会人になった多くの大人たちは、この問いを日々の生活に直接かかわらないもの、もっと言えば何の役にも立たないものとみなすようになるからである。おそらくエリクソンは、その理由を大人たちがこの問題を「解決」したからだと考えた。彼は、青年はそれまで身に着けたさまざまな「同一化」（他者から「自分」を構成する材料として取り込んだ要素）を取捨選択し、首尾一貫した新たな形に「統合」することによって、「アイデンティティ」を形成すると考えたのである。

たしかに、現代でも多くの若者が、「自分というものがよくわからない」「何がしたいのかわからない」といった感覚を抱いており、どこかにありそうな「本当の自分」や「アイデンティティ」を模索しているように見える。筆者の担当する授業でも、「アイデンティティ」の話をすると学生たちが食い入るように聞こうとする姿がある。そういう意味では、これを青年期の中心テーマに据えたエリクソンのドウサツ(い)はたしかに鋭かったと言える。

だが、本当に「アイデンティティ」は、それまで身に着けたいろいろな要素を取捨選択し、首尾一貫した形に「統合」し直した「新たな自分」として得られるものなのだろうか。筆者はかつて何名かの友人協力者と語り合い、彼らの生きる「アイデンティティ問題」を質的に検討したことがある。先行きが見えなくて混乱し、立ち止まっている「アイデンティティ拡散」の状態から再び歩み始めるとき、そのような輝かしい「新たな自分」を見出した協力者はいなかった。むしろ、「まあこんな感じでいくしかないかな」といったダキョウ(う)の感覚や、「本当の自分など得られないのだ」といった諦めの感覚が、苦しい拡散状態を抜け出す際の契機となっていた。

このことから、「自分とは何か」を見失っている最中に思い描かれる「新たな自分」「本当の自分」と、最終的に得られる「自分」(何ということもない、それまでと同じような「自分」)には、どうもズレがあるようだということが示唆される。青年期の「発達課題」は「本当の自分」の確立である、などといった考えは適切でないと思われる。

「多元的な自己」を「新たなアイデンティティ」と見る見方

近年、エリクソンの「統合図式」に対して、現代社会においては状況に応じて自己のあり方を変化させるほうがより適応的であり、「アイデンティティ」の形がエリクソンの時代とは変わってきているという指摘がなされている。たとえば Côté[*2] は、状況の有利・不利に応じて変化する自己のほうが、現代社会により適応的であることを指摘している。辻[*3]や藤野[*4]も、現代青年にはエリクソンの想定していたような一元的な自己(状況にかかわらず変わらぬ自己)をもつ者のほかに、多元的な自己をもつ者も一定数いること、しかも彼らは従来の研究で指摘されてきたように必ずしも不安や抑うつ、神経症傾向にあるわけではなく、尺度で測定された「アイデンティティ得点」も比較的高い場合があることなどを明らかにしている。状況に応じてさまざまな「自分」を柔軟に使いこなしていく「新たなアイデンティティ」が生じてきたという見方が広がってきているのである。

目まぐるしく変動し続ける社会情勢の中で、価値観が多様化し、一人の人間が生涯にわたってさまざまな職業・役割につくことも多くなっている。インターネットやSNSを含めて多数の人とさまざまな形でコミュニケーションをとり、相手に応じて(場合によってはSNSのアカウントごとに)自分の「キャラ」を変える人も増えている。そうした社会状況を受けて「新たなアイデンティティ」が形成されてきたという言説は、一定の説得力を有するようにも見える。

だが、私見では、状況に応じて変幻自在に変化する「アイデンティティ」は、かつて小此木[*5]が唱えた「モラトリアム人間」と基本的に変わらない。「本当の自分」を確定することを先延ばしにする「モラトリアム人間」に対して、現代の「新たなアイデンティティ」では、「本当の自分」などはそもそも存在せず、より断片化されたさまざまな「自分」が、バラバラなまま束ねられている点に若干の違いはあるかもしれないが、いずれも「統合」された「本当の自分」なるものを相対化している点では共通している。そして、それらは、「本当の自分」を諦めるところにこそ「自分」の感覚が生じるのではないかという筆者の知見とも響き合うかに見える。

しかしながら、筆者はこうした近年の「アイデンティティ」の変化をめぐる言説よりも、むしろエリクソン理論で言われていたこと(言われようとしていたこと)は何だったのかを問うことのほうが、より重要だと考えている。そもそも、エリクソンが想定していたような一つの職業・身分と密接に結びついた一元的な自己を有している人(現代でもこうした人は一定数存在する)であっても、家庭や職場、対人関係によって振る舞いを変えることは、ごく自然なことのはずである(職場では厳しい上司が、家では妻に頭の上がらない子煩悩な父となり、友人と飲むときにはバカ騒ぎをする、など)。状況や相手に応じて振る舞いを変えなければ社会に適応できないのは当たり前であって、それを「多元的な自己=新たなアイデンティティ」などと見ることは、エリクソンの真に重要な発見をスポイル[*6]させてしまうことになるのではなかろうか。

青年期に「自分とは何か」という問いが浮上する理由

問題はどこにあるのか

私見では、エリクソンの最大のコウセキ㋓は、「自分とは何か」という問いが青年期の中心テーマとなること、「自分が不確かになること」から青年期の諸感覚を説明できることを明らかにしたことである。一方、自分が何者であり、どこに向かって進んでいるかについて特段の葛藤を有さない状態を彼が「アイデンティティ」と呼び、それがさまざまな矛盾する要素の「統合」によって得られるかのような図式を立てたところに、ここまで述べてきた混乱を招く要因があった。

本当は「自分とは何か」などという抽象的な問いに対して答えを見出すことは相当に難しいし、実際、この問いをめぐる葛藤はその答えを見出すことで収束するわけでもない。また、人間は状況や相手に応じて振る舞い方を変える存在であり、その各々の「自分」（態度や願望等）が矛盾しているといったことは往々にしてあるから、それらの矛盾を解消した首尾一貫性などはほとんど幻想に近いと言えるかもしれない。つまり、本当の問題は、そのような矛盾した「自分」のあり方が気になり、「自分とは何か」が切実な問いとして浮上してくるのはなぜなのかということ、逆になぜ青年期以外の年代では多くの場合それを問わずに済むのか、特段そのことに葛藤を覚えないのかということである。

複数の文化の狭間（はざま）に立たされた人が、みずからの拠って立つ文化（帰属する文化）は何なのかを問う場合や、みずからのセクシュアリティにある種の不確かさを覚える人が「ジェンダー・アイデンティティ」を問う場合のように、「自分」をめぐる問いが切実で、重要なものであることには疑いがない。ただし、「自分とは何か」という回答不能の問いに、必要以上にコウデイ㋔することは、しばしば人間を追い詰めもする。私見では、青年期とは発達的に見て、この問いがある意味「肥大化」しがちな時期なのである（誤解を招かないように断っておくと、「だからこの問いとカクトウする意味がない」ということではない）。

青年期になぜ「自分とは何かがわからない」という感覚が生じるのかを理解するためには、そもそも「自分」という感覚がどのような構造のもとに生じ、それが発達的にどのように変化していくのかを考えておかねばならない。

「自分」の形成と揺らぎ

「自分」とは、他者からの「お前は〇〇だよ」という映し返しの束である。他者から投げかけられる言葉やまなざし、態度が、言わば鏡の役割を果たし、人間はそれらに暗黙のうちに示唆されている性質、属性等を有した「自分」なるものがあると想定するようになる。逆に言えば、そのような「自分」として振舞っておけば、他者との不要なマサツを起こさずに済むということである（スタンフォード監獄実験[*7]で、「囚人」の役を担わされた学生は、すみやかに「囚人」としての振る舞いを身に着けることで、状況に適応した）。「自分」とは、日々の状況に対する慣習化された適応パターンでもある。

さまざまな他者からの映し返しがあるが、幼児期にそれらの中心をなすのはたいてい養育者であろう。養育者からの愛に満ちた映し返しや否定的な映し返しが、子どもの自己肯定感に強く影響するのはよく知られた事実である。一方、子ども時代の後期、思春期から青年期にかけて人間関係が広がってくると、教師や友人、恋人等のさまざまな他者からの映し返しの重要度も次第に高まってくる。養育者から教えられてきたのとはまったく異なる価値観や、刺激的・魅惑的な事柄の数々に出会い、そうした新たな観点から見たときの「自分」が、それまでの住処（すみか）であった無垢（むく）な「自分」（養育者から可愛がられる特権的存在としての「自分」など）のイメージを揺さぶる。

加えて、社会的に見れば、青年期は養育者から独立した一個の人格として、責任をもって判断することを求められだす時期でもある。進路問題、職業選択等、ことあるごとに「お前はどうしたいのか」を問われ、それに自分で答えを出すように求められる。ところが、これまでに培ってきた状況への適応パターンとしての「自分」は、この問題に答えられるようにはできていない。今や問題は、養育者や狭い範囲の他者たちとマサツを起こさないように生活することではなく、幼児期以来さまざまな危険から守ってくれた家庭から出て、未知なる社会にどう適応するかということだからである。どのような「自分」を打ち立てれば、社会という新たな状況、新たな対他関係の中でうまく対処できるのか、青年には皆目見当がつかないということがしばしばある。

その一方で、青年期は新たな「自分」になれるチャンスでもある。それまで周囲の他者からの映し返しに規定されることで諦めてきたさまざまな選択肢や、本来的な欲望（愛する人と性的関係をもちたいという欲望もその一つである）を実現することも今ならできるかもしれないという感覚が、青年を急き立てる。一部の青年は他者から植えつけられたのではない、自分自身の欲望の主体となるために、みずからそれまでの「自分」を打ち壊し、否認していこうとする。潜在的な欲望（より正確には、明確な輪郭をもたない欲動）がうごめきだし、それらを実現している輝かしい「本当の自分」が夢想されるようになる。

以上のように、概略としては、対他関係の広がりとそれに対する新たな適応パターンの確立の必要性、青年みずからそれまでの「自分」を打ち壊そうとする動き等が相まって、青年期に「自分とは何か」という問いが大きく浮上してくるのだと考えられる。

両義的存在としての人間主体と「即」の働き

青年期とは、大なり小なりそれまでの「自分」が通用しなくなる時期、他者との距離のとり方が不安定になる時期である。長年ともに生活を送ってきた他者（養育者など）から安定的な映し返しを受け、そこに安住していた状態から抜け出ることで、信頼に足る存在なのか否かが不透明なさまざまな他者と出会う。そして、「これこそまさに求めていたものだ」というような肯定的な映し返しを得られた気がして強烈に惹かれ合ったり、「(相手も自分も)こんな人だとは思わなかった」といった深い幻滅を味わったりする。

＊8 鯨岡は、人間主体のあり方を論じる中で、自己充実欲求と繋合希求欲求という二つの根源的な欲望を仮定している。自己充実欲求はみずからの思いを貫いて、自己を充実させようとする欲望であり、繋合希求欲求とは他者と繋がれ、ともにありたいと願う欲望である。この両者は「自分はこうしたいけれど、相手のことを考えるとそれはできない……」というように、しばしば葛藤を生じさせるが、鯨岡は人間が主体であるということの意味は、それらの両義性に折り合いをつけられるようになることであるという。この観点から見ると、逆に青年期とは他者のことなどお構いなしに自己充実を目指したり、みずからの思いを棚上げしてともかく他者と繋がれようとしたりと、この両義性が先鋭化し、これに振り回される時期だと言える。

だが、この二つの欲望は本来必ずしも相克的なもの、矛盾するものではない。みずからの思いを貫き、幸せを感じられるためには、他者がそんな自分を理解し、認めてくれることが必要であり、他者と真に繋がれるためには、自分と他者それぞれが主体となり、お互いの違いを認め合っていく相互的関係が必要である。自己充実欲求と繋合希求欲求は表裏一体の関係にあり、その両面が嚙み合っているとき、人は自由に自己表現をしつつ、他者と適度な距離感で繋がれるようになる。自己充実即ち繋合希求、繋合希求即ち自己充実――この「即」が実現されるとき、「自分」が何者であるか、どう振舞えばよいのかといった問い(立ち止まり、躊躇の表れ)は背景化され、自由度の高い生活が開けてくる。おそらくその「即」の実現は、矛盾する要素を「統合」する過程というよりは、二つの欲望のどちらも大切なものとして受け止めてくれる他者とのあいだで居心地のよい「自分(自らの分)」を見出す過程であるだろう。

本稿では、自己充実欲求と繋合希求欲求の両義性を一例として挙げたが、青年期にはこのほかにもさまざまな両義性が先鋭化する。それらが背景化する際には、一見矛盾する二つの欲望が「即」の働き――おそらく人間が本来的にもっている働き――によって一つになるという過程があると考えられる。それが何によって支えられ、いかに実現されるのかを問うていくことが重要であろう。

（大倉得史「心理学では現代の青年期をどのように理解しているか」による）
石垣琢磨編『若者たちの生きづらさ』日本評論社所収

注 ＊1　エリクソン＝エリク・ホーンブルガー・エリクソン。アメリカの発達心理学者。（一九〇二～一九九四）　＊2　Côté＝James E. Côté。カナダの社会学者。（一九五三～　）　＊3　辻＝辻大介。日本の社会学者。（一九六五～　）　＊4　藤野＝藤野遼平。日本の心理学者。（一九九三～　）　＊5　小此木＝小此木啓吾。日本の精神医学者。（一九三〇～二〇〇三）　＊6　スポイル＝損なうこと。台なしにすること。　＊7　スタンフォード監獄実験＝一九七一年にアメリカ・スタンフォード大学心理学部で行われた、刑務所を舞台にして、普通の人が特殊な肩書きや地位を与えられると、その役割に合わせて行動してしまうことを証明しようとした実験。　＊8　鯨岡＝鯨岡峻。日本の発達心理学者。（一九四三～　）

問1　筆者は、「アイデンティティ」に関するエリクソンの考え方について、どのように述べているか。最も適当なものを選択肢から一つ選び、その記号をマークせよ。

a　「アイデンティティ」は、青年がそれまで身に着けたいろいろな要素を取捨選択し、首尾一貫した形に「統合」し直した「新たな自分」として得られるものであるというエリクソンの考え方について、筆者はそのように「アイデンティティ」を捉えるエリクソンのドウサツはたしかに鋭かったと述べている。

b　「アイデンティティ」は、青年がそれまで身に着けたいろいろな要素を取捨選択し、首尾一貫した形に「統合」し直した「新たな自分」として得られるものであるというエリクソンの考え方について、筆者は「アイデンティティ拡散」の状態にある青年は、容易に「新たな自分」を見出すことはできないと述べている。

c　「アイデンティティ」は、青年がそれまで身に着けたいろいろな要素を取捨選択し、首尾一貫した形に「統合」し直した「新たな自分」として得られるものであるというエリクソンの考え方について、筆者は「アイデンティティ拡散」の状態を抜け出す際の契機となるのは、たしかにそうした「統合」の力であると述べている。

d　「アイデンティティ」は、青年がそれまで身に着けたいろいろな要素を取捨選択し、首尾一貫した形に「統合」し直した「新たな自分」として得られるものであるというエリクソンの考え方について、筆者は最終的に得られる「自分」はそのような輝かしい「新たな自分」ではないと述べている。

e　「アイデンティティ」は、青年がそれまで身に着けたいろいろな要素を取捨選択し、首尾一貫した形に「統合」し直した「新たな自分」として得られるものであるというエリクソンの考え方について、筆者はたしかにそのような輝かしい「新たな自分」を見出すことが青年期の「発達課題」であると述べている。

問2　近年の「アイデンティティ」の変化をめぐる言説について説明したものとして、最も適当なものを選択肢から一つ選び、その記号をマークせよ。

a　近年の「アイデンティティ」の変化をめぐる言説では、状況の有利・不利に応じて変化する自己のほうが、いつの時代においてもより適応的であると指摘されている。

b　近年の「アイデンティティ」の変化をめぐる言説では、現代社会では一元的な自己をもつ者は存在せず、多元的な自己をもつ者のみが存在すると指摘されている。

c　近年の「アイデンティティ」の変化をめぐる言説では、一元的な自己をもつ者は不安や抑うつ、神経症傾向にあるが、多元的な自己をもつ者はこうした傾向はないと指摘されている。

d　近年の「アイデンティティ」の変化をめぐる言説では、一人の人間が生涯にわたってさまざまな職業・役割につくことも多くなり、一つの職場で出会う相手に応じて自分の「キャラ」を変える人も増えていると指摘されている。

e　近年の「アイデンティティ」の変化をめぐる言説では、価値観の多様化やSNSを介したコミュニケーションなどにより、状況に応じてさまざまな「自分」を柔軟に使いこなす多元的な自己をもつ者も増えていると指摘されている。

問3　筆者は、エリクソン理論の重要性について、どのように述べているか。最も適当なものを選択肢から一つ選び、その記号をマークせよ。

a　筆者は、エリクソン理論の重要性は、一つの職業・身分と密接に結びついた一元的な自己を有している人であっても、家庭や職場、対人関係によって振る舞いを変えることがあることを明らかにしたことであると述べている。

b　筆者は、エリクソン理論の重要性は、「自分とは何か」という問いが青年期の中心テーマとなること、「自分が不確かになること」から青年期の諸感覚を説明できることを明らかにしたことであると述べている。

c　筆者は、エリクソン理論の重要性は、さまざまな矛盾する要素の「統合」によって「アイデンティティ」が得られることを明らかにしたことであると述べている。

d　筆者は、エリクソン理論の重要性は、矛盾した「自分」のあり方が気になり、「自分とは何か」が切実な問いとして浮上してくるのはなぜなのかを明らかにしたことであると述べている。

e　筆者は、エリクソン理論の重要性は、青年期は「自分とは何か」という問いが「肥大化」しがちな時期であることを明らかにしたことであると述べている。

問4　筆者は、「自分」の形成について、どのように述べているか。最も適当なものを選択肢から一つ選び、その記号をマークせよ。

a　筆者は、他者から投げかけられる言葉やまなざし、態度を鏡に映すことによって、それらに暗黙のうちに示唆されている性質、属性等を有した「自分」が形成されると述べている。

b　筆者は、他者との不要なマサツを起こさないために、他者からの「お前は○○だよ」という映し返しとして振舞うことによって、「自分」が形成されると述べている。

c　筆者は、「囚人」の役を担わされた学生がすみやかに「囚人」としての振る舞いを身に着けることで状況に適応したように、日々の状況に対してすみやかに適応することによって、「自分」が形成されると述べている。

d　筆者は、幼児期に養育者からの愛に満ちた映し返しや否定的な映し返しを受け、自己肯定感を高めることによって、「自分」が形成されると述べている。

e　筆者は、幼児期の養育者からの映し返しだけでなく、思春期から青年期にかけての教師や友人、恋人等のさまざまな他者からの映し返しによって、「自分」が形成されると述べている。

問5　筆者は、青年期に「自分とは何か」という問いが浮上する理由について、どのように述べているか。最も適当なものを選択肢から一つ選び、その記号をマークせよ。

a　青年期は、養育者から教えられてきたのとはまったく異なる価値観や、刺激的・魅惑的な事柄の数々に出会い、そうした新たな観点から見たときの「自分」が、それまでの「自分」のイメージを揺さぶる時期であるため、「自分とは何か」という問いが浮上すると述べている。

b　青年期は、養育者から独立した一個の人格として、責任をもって判断することを求められる時期であり、進路問題、職業選択等、ことあるごとに養育者から「お前はどうしたいのか」を問われ、それに自分で答えを出すように求められる時期であるため、「自分とは何か」という問いが浮上すると述べている。

c　青年期は、養育者や狭い範囲の他者たちとマサツを起こさないように心がけつつ、幼児期以来さまざまな危険から守ってくれた家庭から出て、未知なる社会にどう適応するかが問題になる時期であるため、「自分とは何か」という問いが浮上すると述べている。

d　青年期は、それまで周囲の他者からの映し返しに規定されることで諦めてきたさまざまな選択肢や、本来的な欲望を実現することを諦めなければならないという感覚によって、それまでの「自分」を否認していこうとする時期であるため、「自分とは何か」という問いが浮上すると述べている。

e　青年期は、他者から植えつけられたのではない、自分自身の欲望の主体となるために、明確な輪郭をもった潜在的な欲望がうごめきだし、それらを実現している輝かしい「本当の自分」が夢想されるようになる時期であるため、「自分とは何か」という問いが浮上すると述べている。

問6　青年期の自己充実欲求と繋合希求欲求について説明したものとして、最も適当なものを選択肢から一つ選び、その記号をマークせよ。

a　自己充実欲求はみずからの思いを貫いて、自己を充実させようとする欲望であり、繋合希求欲求とは他者と繋がれ、ともにありたいと願う欲望であるが、青年期は自己充実欲求が先鋭化し、繋合希求欲求が抑制される時期である。

b　自己充実欲求はみずからの思いを貫いて、自己を充実させようとする欲望であり、繋合希求欲求とは他者と繋がれ、ともにありたいと願う欲望であるが、青年期は自己充実欲求が抑制され、繋合希求欲求が先鋭化する時期である。

c 自己充実欲求はみずからの思いを貫いて、自己を充実させようとする欲望であり、繋合希求欲求とは他者と繋がれ、ともにありたいと願う欲望であるが、青年期はこの二つの欲求に折り合いをつけられるようになる時期である。

d 自己充実欲求はみずからの思いを貫いて、自己を充実させようとする欲望であり、繋合希求欲求とは他者と繋がれ、ともにありたいと願う欲望であるが、青年期はこの二つの欲求によって生じる葛藤が先鋭化する時期である。

e 自己充実欲求はみずからの思いを貫いて、自己を充実させようとする欲望であり、繋合希求欲求とは他者と繋がれ、ともにありたいと願う欲望であるが、青年期はこの二つの欲求の一方に振り回される時期である。

問7 筆者は、青年期の「自分とは何か」という問いが、どのようにして背景化されると述べているか。最も適当なものを選択肢から一つ選び、その記号をマークせよ。

a 筆者は、青年期の「自分とは何か」という問いは、自己充実欲求と繋合希求欲求に折り合いをつけ、その両者が噛み合うことによって背景化されると述べている。

b 筆者は、青年期の「自分とは何か」という問いは、自己充実欲求と繋合希求欲求の矛盾に気づき、そのいずれもが先鋭化しなくなることによって背景化されると述べている。

c 筆者は、青年期の「自分とは何か」という問いは、自己充実欲求と繋合希求欲求が表裏一体の関係にあることに気づき、それに振り回されなくなることによって背景化されると述べている。

d 筆者は、青年期の「自分とは何か」という問いは、自己充実欲求と繋合希求欲求が矛盾する要素を「統合」する過程を経ることによって背景化されると述べている。

e　筆者は、青年期の「自分とは何か」という問いは、自己充実欲求と繋合希求欲求のどちらも大切なものとして受け止めてくれる他者とのあいだで居心地のよい「自分」を見出す過程を経ることによって背景化されると述べている。

問8　二重傍線部ⓐⓘⓤⓔⓞのカタカナと同じ漢字を用いる語を選択肢から一つ選び、その記号をマークせよ。

ⓐ　カクトウ
- a　彼は、ハカクの出世を遂げて専務になった。
- b　僕は、将棋の試合でフカクの一敗を喫した。
- c　創立百三十周年を迎え、大学のエンカクシをまとめた。
- d　ペスト患者をカクリする。
- e　私は、宴会の余興で、景品をカクトクした。

ⓘ　ドウサツ
- a　官有物の払い下げにともない、ニュウサツによって業者を選定する。
- b　事件の容疑者をケイサツが取り調べる。
- c　多数決は往々にして少数意見をモクサツすることになる。
- d　庭で集合写真をサツエイする。
- e　二国間の政治的対立が激化し、貿易マサツが生じている。

㋒　ダキョウ
a　捜査のためにジッキョウケンブンを行う。
b　わざわざお越しいただきキョウシュクです。
c　彼の突然の訃報にキョウタンした。
d　彼女はギャッキョウにもめげず努力を続けた。
e　修学旅行の行先をキョウギして決める。

㋓　コウセキ
a　祖父がキセキに入ってもう五年になる。
b　私は、セキネンの念願だった博士号をついに取得した。
c　宝くじが当たるなんてまさにキセキの出来事だ。
d　私は、来月からボウセキ工場で働くことになった。
e　私は、大学をシュセキで卒業することになった。

㋔　コウデイ
a　薬のコウノウを調べる。
b　汚職をした大臣がコウテツされた。
c　起訴された被告人がコウチ所に移管される。
d　コウバイの急な坂道を登る。
e　政府はコウキの乱れを正した。

二　次の文章は、『讃岐典侍日記』の一節である。作者の讃岐典侍（藤原長子）は、堀河天皇に仕える女官であり、この場面は、いよいよ死期が近づき重篤な状態にある天皇を、懸命に看病している箇所である。これを読んで、後の問いに答えよ。

たれも寝も寝ずまもりまゐらせたれば、御けしきいと苦しげにて、御足をうちかけて、おほせらるるやう、「われぱかりの人の今日明日死なんとするを、かく目も見立てぬやうあらんや。いかが見る」と問はせたまふ。聞く心地、ただむせかへりて、御いらへもせられず。たへがたげにまもりゐるけはひのしるきにや、問ひやませたまひて、大弐の三位＊1、長押のもとにさぶらひたまふを見つかはして＊2、「おのれは、ゆゆしくたゆみたるものかな。われは、今日明日死なんずるは知らぬか」とおほせらるれば、「いかでたゆみさぶらはんずるぞ。たゆみさぶらはねど、力のおよびさぶらふことにさぶらはばこそ」と申さるれば、「何か。今たゆみたるぞ。今こころみん」とおほせられて、いみじう苦しげにおぼしたりければ、片時御かたはら離れまゐらせず、ただ、われ、乳母などのやうに添ひ臥しまゐらせて泣く。あな、いみじ、かくてはかなくならせたまひなんゆゆしさこそ、ありがたくつかうまつりよかりつる御心のめでたさ、など思ひつづけられて、目も心にかなふものなりければ、つゆも寝られず、まもりまゐらせて、ほどさへたへがたく暑きころにて、御障子と臥させたまへるとにつめられて、寄り添ひまゐらせて、寝入らせたまへる御顔をまもらへまゐらせて、泣くよりほかのことぞなき。いとかく何しになれつかうまつりけんと、くやしくおぼゆ。参りし夜より今日までのこと思ひつづくる心地、ただおしはかるべし。こはいかにしつることぞとかなし。おどろかせたまへる御まみなど、日ごろの経るままに、弱げに見えさせたまふ。

御殿ごもりぬる御けしきなれど、われは、ただまもりまゐらせて、おどろかせたまふらんに、みな寝入りてとおぼしめさば、ものおそろしくぞおぼしめす、ありつるおなじさまにてありけるとも御覧ぜられんと思ひて、見まゐらすれば、御目弱げにて御覧じあはせて、「いかにかくは寝ぬぞ」とおほせらるれば、御覧じ知るなめりと思ふも、たへがたくあはれにて、「三位の御もと＊3

より、『さきざきの御心地のをりも、御かたはらに常にさぶらふ人の見まゐらするがよきに、よく見まゐらせよ。をりあしき心地を病みてまゐらぬが、わびしきなり』」と申せど、えぞ続けやらぬ。

「せめて苦しくおぼゆるに、かくしてこころみん。やすまりやする」とおほせられて、御枕がみなるしるし[*4]の箱を、御胸のうへに置かせたまひたれば、まことにいかにたへさせたまふらんと見ゆるまで、御胸のゆるぐさまぞ、ことのほかに見えさせたまふ。御息も、たえだえなるさまにて聞こゆ。顔も見苦しからんと思へど、かくおどろかせたまへるをりにだに、ものまゐらせこころみんとて、顔に手をまぎらはしながら、御枕がみに置きたる御かゆやひる[*5]などを、もしやと含めまゐらすれば、すこし召し、また大殿ごもりぬ。

明けがたになりぬるに、鐘の音聞こゆ。明けなんとするにやと思ふに、いとうれしく。やうやう烏の声など聞こゆ。朝ぎよめ[*6]の音など聞くに、明けはてぬと聞こゆれば、よし、例の、人たちおどろき合はれなば、かはりてすこし寝入らん、と思ふに、御格子参り大殿油まかでなどすれば、やすまんと思ひて単衣を引き被くを御覧じて、引き退けさせたまへば、なほな寝そと思はせたまふなめりと思へば、起き上がりぬ。大臣殿の三位[*7]、「昼は御前をばたばからん。やすませたまへ」とあれば、おりぬ。待ちつけて、「われも、強くてこそ、あつかひ[*8]まゐらさせたまはめ」といふ。なかなか、かくいふからに、たへがたき心地ぞする。

日の経るままに、いと弱げにのみならせたまへば、このたびはさなめりと見まゐらするかなしさ、ただ思ひやるべし。一昨年の御心地のやうにあつかひやめまゐらせたらん、何心地しなんとぞおぼゆる。

（『讃岐典侍日記』による）

注　＊1　大弐の三位＝藤原家子。堀河天皇の乳母。　＊2　見つかはして＝目をおやりになって。　＊3　三位＝藤原兼子。讃岐典侍の姉。堀河天皇の乳母。　＊4　しるしの箱＝三種の神器の一つである八尺瓊勾玉を納めている箱。　＊5　ひる＝にんにくの類。薬として用いた。　＊6　朝ぎよめ＝朝の皇居の庭の清掃。　＊7　大臣殿(おほいどの)の三位＝藤原師子。堀河天皇の乳母。　＊8　あつかひまゐらさせたまはめ＝「あつかひまゐらせさせたまはめ」の変化した形。

問1　天皇が讃岐典侍に足をうちかけた際のやりとりとして、最も適当なものを選択肢から一つ選び、その記号をマークせよ。

a　天皇がおっしゃるには、「天皇という私ほどの人が、今日明日死のうとしているのを、このように分からないふりをしたままでいるのか。どう見ているのか」と、私に問いなさる。それを聞く心地は、ただ涙でむせかえるばかりであり、言い訳することもできない。

b　天皇がおっしゃるには、「天皇という私ほどの人が、今日明日死のうとしているのを、このように目にとめないでいてよいものであろうか。どう見ているのか」と、私に問いなさる。それを聞く心地は、ただ涙でむせかえるばかりであり、ご返事することもできない。

c　天皇がおっしゃるには、「天皇という私ほどの人が、今日明日死のうとしているのを、目を見ながら話をしないことがあろうか。どう見ているのか」と、私に問いなさる。それを聞く心地は、ただ涙でむせかえるばかりであり、ご説明差し上げることもできない。

d　天皇がおっしゃるには、「身分の低いお前のような人であっても、私が今日明日死のうとしているのを、このように分からないふりをしたままでいるのか。どう見ているのか」と、私に問いなさる。それを聞く心地は、ただ涙でむせかえるばかりであり、言い訳することもできない。

e　天皇がおっしゃるには、「身分の低いお前のような人であっても、私が今日明日死のうとしているのを、このように目にとめないでいてよいものであろうか。どう見ているのか」と、私に問いなさる。それを聞く心地は、ただ涙でむせかえるばかりであり、ご返事することもできない。

問2　天皇と大弐の三位とのやりとりとして、最も適当なものを選択肢から一つ選び、その記号をマークせよ。

a　天皇が「私は、ひどく弱ってしまったものだなあ。私は、自分が今日明日にでも死ぬであろうことを察したのだ」とおっしゃったので、大弐の三位は「どうして弱ってなどいらっしゃるでしょうか。弱っておいでではございませんが、私の力の及ぶことではないものですので」と申し上げられると、天皇は「いや、今は弱っているのだぞ。私の心の内を見せよう」とおっしゃった。

b　天皇が「私は、ひどく弱ってしまったものだなあ。お前は、私が今日明日にでも死のうとしているのが分からないのか」とおっしゃったので、大弐の三位は「どうして弱ってなどいらっしゃるでしょうか。弱っておいでではございませんが、私の力の及ぶことではないものですので」と申し上げられると、天皇は「いや、今は弱っているのだぞ。私の心の内を見せよう」とおっしゃった。

c　天皇が「お前は、ひどく気がゆるんでいるなあ。私は、自分が今日明日にでも死ぬであろうことを察したのだ」とおっしゃったので、大弐の三位は「どうにかして気がゆるまないようにせねば。気はゆるんでいないのですが、私の力の及ぶことではないものですので」と申し上げられると、天皇は「いや、今は気がゆるんでいたぞ。注意して様子を見ていよう」とおっしゃった。

d　天皇が「お前は、ひどく気がゆるんでいるなあ。お前は、私が今日明日には死なないと思い込んでいるのではないか」とおっしゃったので、大弐の三位は「どうして気がゆるんでおりましょうか。気はゆるんでいないのですが、私の力の及ぶことではないものですので」と申し上げられると、天皇は「いや、今は気がゆるんでいたぞ。お前の心の内を見てみよう」

とおっしゃった。

e　天皇が「お前は、ひどく気がゆるんでいるなあ。お前は、私が今日明日にでも死のうとしているのが分からないのか」とおっしゃったので、大弐の三位は「どうして気がゆるんでおりましょうか。気はゆるんでいないのですが、私の力の及ぶことではないものですので」と申し上げられると、天皇は「いや、今は気がゆるんでいたぞ。注意して様子を見ていよう」とおっしゃった。

問3　天皇に寝ずに寄り添っている讃岐典侍の様子として、最も適当なものを選択肢から一つ選び、その記号をマークせよ。

a　寝入りなさった天皇のお顔を見つめ申し上げて、ただ泣くばかりである。ほんとうに何のためにこれほど親しくお仕え申し上げてきたのかと、何もできないことが悔しく思われる。お仕えしはじめた夜から今日までのことを、次々に思いだす私の気持ちは、ぜひ推しはかってほしい。これはいったいどうしたことなのかと悲しく思われる。

b　寝入りなさった天皇のお顔を見つめ申し上げて、ただ泣くばかりである。ほんとうに何のためにこれほど親しくお仕え申し上げてきたのかと、何もできないことが悔しく思われる。お仕えしはじめた夜から今日までのことを、次々に思いだす私の気持ちは、ぜひ推しはかってほしい。これはもうどうしようもないことだと思うと悲しい。

c　寝入りなさった天皇のお顔を見つめ申し上げて、ただ泣くばかりである。ほんとうに何のためにこれほど親しくお仕え申し上げてきたのかと、何もできないことが悔しく思われる。お仕えしはじめた夜から今日までのことを、次々に思いだす私の気持ちは、簡単には推しはかれないだろう。これはもうどうしようもないことだと思うと悲しい。

d　寝入りなさった天皇のお顔を見つめ申し上げて、ただ泣くばかりである。ほんとうに何とかして楽にしてさし上げられないだろうかと、何もできないことが悔しく思われる。お仕えしはじめた夜から今日までのことを、次々に思いだす私の気持ちは、ぜひ推しはかってほしい。これはもうどうしようもないことだと思うと悲しい。

e　寝入りなさった天皇のお顔を見つめ申し上げて、ただ泣くばかりである。ほんとうに何とかして楽にしてさし上げられないだろうかと、何もできないことが悔しく思われる。お仕えしはじめた夜から今日までのことを、次々に思いだす私の気持ちは、簡単には推しはかれないだろう。これはいったいどうしたことなのかと悲しく思われる。

問4　寝ている天皇をひたすら見守っている際の讃岐典侍の様子として、最も適当なものを選択肢から一つ選び、その記号をマークせよ。

a　天皇が目を覚まされた時に、みな寝入っているなと思われたら、不機嫌になられるであろう、先程と同じ様子だなとご覧になっていただこうと思って、お見守り申し上げていると、視線を弱々しく合わせられて、「どうしてこのように寝ないでいるのか」とおっしゃるので、私の心をご存じなのだろうか、と思う。

b　天皇が目を覚まされた時に、みな寝入っているなと思われたら、不機嫌になられるであろう、先程と同じ様子だなとご覧になられるだろうと思って、お見守り申し上げていると、視線を弱々しく合わせられて、「どうしてこの周りの人々は寝てしまったのか」とおっしゃるので、私の心をご存じなのだろうか、と思う。

c　天皇が目を覚まされた時に、みな寝入っているなと思われたら、ぞっとなさるだろう、先程と同じ様子だなとご覧になられるだろうと思って、お見守り申し上げていると、視線を弱々しく合わせられて、「どうしてこの周りの人々は寝てしまったのか」とおっしゃるので、私の心をご存じであるようだ、と思う。

d　天皇が目を覚まされた時に、みな寝入っているなと思われたら、ぞっとなさるだろう、先程と同じ様子だなとご覧になっていただこうと思って、お見守り申し上げていると、視線を弱々しく合わせられて、「どうしてこのように寝ないでいるのか」とおっしゃるので、私の心をご存じであるようだ、と思う。

e　天皇が目を覚まされた時に、みな寝入っているなと思われたら、ぞっとなさるだろう、先程と同じ様子だなとご覧になられるだろうと思って、お見守り申し上げていると、視線を弱々しく合わせられて、「どうしてこのように寝ないでいるのか」とおっしゃるので、私の心をご存じなのだろうか、と思う。

問5　讃岐典侍は姉の三位からの伝言をどのように天皇に伝えたか。最も適当なものを選択肢から一つ選び、その記号をマークせよ。

a　「姉の三位のもとから、『今後、ご病気なさるようなときも、お側にいつもお仕えしている人がお世話申し上げるのがよいだろうから、あなたがよくお世話申し上げなさい。都合悪く病にかかって参上できないのは、何とも不誠実なことです』」と申し上げるが、最後まで言い続けることができなかった。

b　「姉の三位のもとから、『今後、ご病気なさるようなときも、お側でいつもお付きの人がお世話する必要があるだろうから、あなたがよくお世話申し上げなさい。都合悪く病にかかっていらっしゃるのは、何とも心細く思います』」と申し上げるが、最後まで言い続けることができなかった。

c　「姉の三位のもとから、『以前、ご病気なさったときも、お側にいつもお仕えしている人がお世話申し上げるのがよかったのだから、あなたがよくお世話申し上げなさい。都合悪く病にかかって参上できないのは、何ともやりきれません』」と申し上げるが、最後まで言い続けることができなかった。

d　「姉の三位のもとから、『以前、ご病気なさったときも、お側でいつもお付きの人がお世話する必要があったのだから、あなたがよくお世話申し上げなさい。都合悪く病にかかって参上できないのは、何とも情けないものです』」と申し上げるが、最後まで言い続けることができなかった。

e　「姉の三位のもとから、『以前、ご病気なさったときも、お側にいつもお仕えしている人がお世話申し上げるのがよかったのだから、あなたがよくお世話申し上げなさい。都合悪く病にかかっていらっしゃるのは、何とも不安に思われます』」と申し上げるが、最後まで言い続けることができなかった。

問6　しるしの箱を天皇の胸に置いた際の様子として、最も適当なものを選択肢から一つ選び、その記号をマークせよ。

a　天皇は「急に苦しく思われるので、こうして試してみよう。心を落ち着けなければ」とおっしゃって、枕元にあるしるしの箱を胸の上にお置きになったところ、ほんとうにどのようにして苦しさを我慢していらっしゃるのだろうかと思われるまでに、胸の揺れ動く様子は、たいそうひどい状態でいらっしゃる。

b　天皇は「急に苦しく思われるので、密かに試してみよう。楽にもなろうか」とおっしゃって、枕元にあるしるしの箱を胸の上にお置きになったところ、ほんとうに何とかして病から回復なさってほしいと思われるまでに、胸の揺れ動く様子は、たいそうひどい状態でいらっしゃる。

c　天皇は「たいそう苦しく思われるので、こうして試してみよう。心を落ち着けなければ」とおっしゃって、枕元にあるしるしの箱を胸の上にお置きになったところ、ほんとうに何とかして病から回復なさってほしいと思われるまでに、胸の揺れ動く様子は、たいそうひどい状態でいらっしゃる。

d　天皇は「たいそう苦しく思われるので、こうして試してみよう。楽にもなろうか」とおっしゃって、枕元にあるしるしの箱を胸の上にお置きになったところ、ほんとうにどのようにして苦しさを我慢していらっしゃるのだろうかと思われるまでに、胸の揺れ動く様子は、たいそうひどい状態でいらっしゃる。

e　天皇は「たいそう苦しく思われるので、密かに試してみよう。楽にもなろうか」とおっしゃって、枕元にあるしるしの箱を胸の上にお置きになったところ、ほんとうに何とかして病から回復なさってほしいと思われるまでに、胸の揺れ動く様子は、たいそうひどい状態でいらっしゃる。

問7　天皇の息が絶え絶えであった際の様子として、最も適当なものを選択肢から一つ選び、その記号をマークせよ。

a　天皇のお顔からしてもご気分はお悪いであろうと思うが、このように目を覚ましていらっしゃる時だけでも、お食事を試してさしあげようとして、お顔に手を添えてお支えしながら、枕元にあったお粥（かゆ）やひるなどを、もしかしたらと口に含ませ申し上げると、わずかにお召しになって、またお眠りになった。

b　天皇のお顔からしてもご気分はお悪いであろうと思うが、このように目を覚ましていらっしゃる時だけは、ご無礼は許されるであろうと考えて、お顔に手を添えてお支えしながら、枕元にあったお粥やひるなどを、もしかしたらと口に含ませ申し上げると、かすかに私の名をお呼びになって、またお眠りになった。

c　私の顔は汗や涙で化粧も崩れてみっともない状態であろうと思うが、このように目を覚ましていらっしゃる時だけでも、お食事を試してさしあげようとして、顔に手をかざして隠しながら、枕元にあったお粥やひるなどを、もしかしたらと口に含ませ申し上げると、わずかにお召しになって、またお眠りになった。

d　私の顔は汗や涙で化粧も崩れてみっともない状態であろうと思うが、このように目を覚ましていらっしゃる時だけは、ご無礼は許されるであろうと考えて、顔に手をかざして隠しながら、枕元にあったお粥やひるなどを、もしかしたらと口に含ませ申し上げると、わずかにお召しになって、またお眠りになった。

e　私の顔は汗や涙で化粧も崩れてみっともない状態であろうと思うが、このように目を覚ましていらっしゃる時だけでも、お食事を試してさしあげようとして、お顔に手を添えてお支えしながら、枕元にあったお粥やひるなどを、もしかしたらと口に含ませ申し上げると、かすかに私の名をお呼びになって、またお眠りになった。

問8　夜が明けた際の讃岐典侍はどのようであったか。最も適当なものを選択肢から一つ選び、その記号をマークせよ。

a　朝の清掃の音を聞くにつけて、夜が明けたと思われるので、よし、いつものように、人々が起きたら、交代して少し寝よう、と思っていたところ、格子をあげ灯火をさげるなど、人々が起きた様子なので、では休もうと単衣を寝具として引き被っていたところ、それを天皇が御覧になり、単衣を引き払われたので、やはり寝てはならないとのご意向なのだと察し、起き上がった。

b　朝の清掃の音を聞くにつけて、夜が明けたと思われるので、よし、いつものように、人々が起きたのだから、交代して少し寝よう、と思っていたところ、格子をあげ灯火をさげるなど、朝の仕事も終ったようなので、では休もうと単衣を寝具として引き被っていたところ、それを天皇が御覧になり、単衣を引き払われたので、やはり寝ないことが自分の使命なのだと察し、起き上がろうとする。

c　朝の清掃の音を聞くにつけて、夜が明けたのだろうと思われるので、よし、いつものように、人々が起きたのだから、交代して少し寝よう、と思っていたところ、格子をあげ灯火をさげるなど、朝の仕事も終ったようなので、さあ休めると単衣を寝具として引き被っていたところ、それを天皇が御覧になり、単衣を引き払われたので、やはり寝てはならないとのご意向なのだと察し、起き上がった。

d　朝の清掃の音を聞くにつけて、夜が明けたのだろうと思われるので、よし、いつものように、人々が起きたら、交代して少し寝よう、と思っていたところ、格子をあげ灯火をさげるなど、人々が起きた様子なので、さあ休めると単衣を寝具として引き被っていたところ、それを天皇が御覧になり、体を引き離しなさったので、やはり寝なさいとのご意向なのだと察し、起き上がらなかった。

e　朝の清掃の音を聞くにつけて、夜が明けたのだろうと思われるので、よし、いつものように、人々が起きたら、交代して少し寝よう、と思っていたところ、格子をあげ灯火をさげるなど、人々が起きた様子なので、では休もうと単衣を寝具として引き被っていたところ、それを天皇が御覧になり、単衣を引き払われたので、やはり寝ないことが自分の使命なのだと察し、起き上がった。

問9　大臣殿の三位とのやりとりとその後の様子はどのようであったか。最も適当なものを選択肢から一つ選び、その記号をマークせよ。

a　大臣殿の三位が、「昼間は天皇のお世話はなんとか取り計らいましょう。お休みになってください」と言ったので、局（つぼね）に下がった。局では下仕えの者が待ち受けていて、「わたくしも、心身がしっかりしていればこそ、お世話申し上げることができるのです」と言う。たしかにその通りで、このように言われると、無理ができない気持ちになる。

b　大臣殿の三位が、「昼間は天皇のお世話はなんとか取り計らいましょう。お休みになってください」と言ったので、局に下がった。局では下仕えの者が待ち受けていて、「ご自身も、心身がしっかりしていればこそ、お世話申し上げることができるのです」と言う。かえって、このように言うものだから、こらえきれない気持ちがする。

c　大臣殿の三位が、「昼間は天皇のお世話はきちんと手配しております。お休みになってください」と言ったので、局に下がった。局では下仕えの者が待ち受けていて、「わたくしも、心身がしっかりしていればこそ、お世話申し上げることができるのです」と言う。かえって、このように言うものだから、こらえきれない気持ちがする。

d　大臣殿の三位が、「昼間は天皇のお世話はきちんと手配しております。お休みになってください」と言ったので、局に下がった。局では下仕えの者が待ち受けていて、「ご自身も、心身がしっかりしていればこそ、お世話申し上げることができるのです」と言う。たしかにその通りで、このように言われると、無理ができない気持ちになる。

e　大臣殿の三位が、「昼間は天皇のお世話はきちんと手配しております。お休みになってください」と言ったので、局に下がった。局では下仕えの者が待ち受けていて、「わたくしも、心身がしっかりしていればこそ、お世話申し上げることができるのです」と言う。たしかにその通りで、このように言われると、無理ができない気持ちになる。

問10　この文章の末尾で述べられている内容として、最も適当なものを選択肢から一つ選び、その記号をマークせよ。

a　日がたつにつれて、大変弱々しくおなりになるので、この私の悩みは尽きることはないと思われる、その私の悲しさは、すぐにでも天皇にお伝えしたい。一昨年のご病気のように、療養のお世話をやめるほどご回復なさったとしたら、どのような気持ちがするのだろうかと思われる。

b　日がたつにつれて、大変弱々しくおなりになるので、この私の悩みは尽きることはないと思われる、その私の悲しさは、とにかく思いをめぐらせてみてほしい。一昨年のご病気のように、お世話をして病を癒やし申し上げたとしたら、もう何があっても乗り越えていけるだろうと思われる。

c　日がたつにつれて、大変弱々しくおなりになるので、今回はいよいよ最期であるのだと拝察する、その私の悲しさは、すぐにでも天皇にお伝えしたい。一昨年のご病気のように、お世話をして病を癒やし申し上げたとしたら、どのような気持ちがするのだろうかと思われる。

d　日がたつにつれて、大変弱々しくおなりになるので、今回はいよいよ最期であるのだと拝察する、その私の悲しさは、とにかく思いをめぐらせてみてほしい。一昨年のご病気のように、療養のお世話をやめるほどご回復なさったとしたら、もう何があっても乗り越えていけるだろうと思われる。

e　日がたつにつれて、大変弱々しくおなりになるので、今回はいよいよ最期であるのだと拝察する、その私の悲しさは、とにかく思いをめぐらせてみてほしい。一昨年のご病気のように、お世話をして病を癒やし申し上げたとしたら、どのような気持ちがするのだろうかと思われる。

二月五日実施分

解答

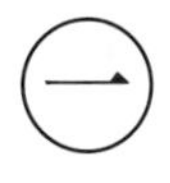

出典　大倉得史「心理学では現代の青年期をどのように理解しているか」（石垣琢磨編『若者たちの生きづらさ―不確実なこの社会でいかに伴走するか』〈こころの科学　HUMAN MIND SPECIAL ISSUE 2023〉日本評論社）

解答

問1　d
問2　e
問3　b
問4　e
問5　a
問6　d
問7　e
問8　あ―a　い―b　う―e　え―d　お―c

要旨

青年期の中心テーマとしてのアイデンティティ形成への葛藤について、統合された自己の確立によって解決するとするのは問題があり、現代社会では多元的な自己の方が適応的とする言説はあまり意味がない。青年期は「自分とは何か」という問いが肥大化するが、その問いはなぜ生じてどう変化していくのかの理解がより重要である。問いは、対他関係の広がりと新たな適応パターンの確立必要性のため、また、それまでの自分を打ち壊し新たな自分を求める動きが起こるために生じる。そして自己充実欲求と繋合希求欲求をはじめとしたさまざまな両義性が先鋭化し、表裏一体のそれらが噛み合う「即」の働きで一つになる過程を問うことが重要なのだ。

解説

発達心理学を研究分野とする大倉得史の評論である。青年期におけるアイデンティティの形成について、アイデンティティとは何かから説き起こしつつ、「自分とは何か」という問いが起こる理由や、その問いが背景化していく過程について論じている。他者との関係において自己が形成されるという論調には触れたことがあるだろうが、そうした一般的考えをさらに深掘りしている。また、複数の人間の考えを紹介している文章では、それぞれの考えの共通点や相違点をしっかり押さえながら読み進める必要がある。問1・問3・問7などがそうした読解に関わってくるだろう。

問1　第三段落で、エリクソンの考えに対する反論として、「そのような輝かしい『新たな自分』を見出した協力者はいなかった」ことを挙げている。その結果、エリクソンの考えを第四段落で「適切でない」としている。dが正解。a、筆者が鋭いとするのは、エリクソンの統合図式に対してではなく、アイデンティティの模索を青年期の中心テーマに据えたことである（第二段落）。b、拡散状態からの脱却が難しいということは、第一段落に「カクトウ（格闘）」という表現がある通り、エリクソンの考えでも否定されない。c、「拡散状態を抜け出す際の契機」は妥協や諦めの感覚であるとしている（第三段落）。e、青年期の「発達課題」が「本当の自分」「新たな自分」の確立であるとする考えは「適切でない」と述べている（第四段落）。

問2　第五段落末に「状況に応じてさまざまな『自分』を柔軟に使いこなしていく『新たなアイデンティティ』が生じてきた」とあり、第六段落にも「目まぐるしく変動し続ける社会情勢の中で、……自分の『キャラ』を変える人も増えている」とある。eが正解。a、第六段落に「目まぐるしく変動し続ける社会情勢」「そうした社会状況を受けて」とあり、「いつの時代においても」は誤り。b、第五段落に「一元的な自己……をもつ者のほかに」とあり、存在しないとはされていない。c、第五段落に「多元的な自己」をもつ者は「必ずしも不安や抑うつ、神経症傾向」にあるわけではないとあるが、「一元的自己」をもつ者がそうした傾向にあるとは述べられていない。d、第六段落に「さまざまな職業・役割」に応じて自己を変えることには言及されているが、「一つの職場で出会う相手に応じて」とは述べられていない。

問3 第九段落冒頭に「エリクソンの最大のコウセキ（功績）は……青年期の諸感覚を説明できることを明らかにしたこと」とある。bが正解。a、エリクソンが想定したのは「一元的な自己を有している人」であって、そうした人であっても多元性を有していると考えるのは筆者の考えである（第八段落）。c、問1で見た通り、統合によるアイデンティティの獲得について筆者は疑問視している。d、第九段落でエリクソンの功績と問題を述べ、それに対する筆者の意見として第十段落で「本当は……」「本当の問題は……」と述べている。よって「切実な問い」が起こる原因に注目しているのは筆者であり、エリクソンではない。e、第十一段落に「私見では……」以下で筆者の考えとして「青年期とは……この問い（＝自分とは何か）がある意味『肥大化』しがちな時期」であると述べられており、エリクソンの考えではない。

問4 第十三段落冒頭に「『自分』とは、他者からの……映し返しの束である」とあり、第十四段落で「養育者」「教師や友人、恋人等のさまざまな他者」が発達段階に応じて挙げられている。eが正解。a、第十三段落に「他者から……態度が、……鏡の役割を果たし」とあり、その鏡に映すのは自分であって「他者」ではない。b、第十三段落「そのような『自分』として振舞っておけば、他者との不要なマサツを起こさずに済む」とあり、結果としてマサツがないのであって初めから目的としているのではない。c、第十三段落に「『自分』とは、日々の状況に対する慣習化された適応パターン」、第十五段落に「これまでに培ってきた状況への適応パターンとしての『自分』」とある。日々の状況に「すみやかに」適応するということではない。d、第十四段落には「自己肯定感に強く影響する」とあり、「高める」だけではなくマイナスの影響もある。

問5 第十四段落に養育者以外の「教師や友人、恋人等のさまざまな他者からの映し返し」の影響が高まり、「養育者から教えられてきたのとはまったく異なる……新たな観点から見たときの『自分』が、それまでの住処であった無垢な『自分』……のイメージを揺さぶる」とある。第十七段落にも同様のことがまとめられている。aが正解。b、第十五段落に「養育者から」という限定はない。c、第十五段落に「マサツを起こさないように生活することではなく」とあるので、摩擦回避を「心がけつつ」ということはない。d、第十六段落に「今ならできるかもしれないという感覚」によってそれまでの自分の否認に向かうと述べられている。e、第十六段落「自分自身の欲望の主体となる」とは、自分の欲望を自ら感じて実現しようとすることをいい、「欲望の主体となるために」「欲望がうごめきだし」とするのは誤り。

問6 第十九段落末に「青年期とは……この（＝自己充実欲求と繫合希求欲求の）両義性が先鋭化し（＝葛藤が激しくなり）、これに振り回される時期だ」とある。dが正解。a・b、前述の通り先鋭化するのは両欲求の葛藤であり、どちらか一方ではない。また一方が抑制されるという記述もない。c、第十九段落に、二つの欲求に「折り合いをつけられる」ことは「人間が主体であるということの意味」として述べられており、青年期は「逆に」「この両義性が先鋭化し、これに振り回される時期」とある。e、二つの欲求による葛藤が「先鋭化」するのであり、どちらか一方のみに振り回されるのではない。

問7 「背景化」するということは、フォーカスから外れて背後に埋没するということ、ここではすなわち両義性による葛藤が問題としてピックアップされなくなるということである。そしてその「背景化」の実現は、第二十段落に「この『即』が実現されるとき」、最終段落に「背景化する際には……『即』の働き……によって一つになるという過程がある」とある。そして「『即』の実現」については、第二十段落に「二つの欲望のどちらも大切なものとして受け止めてくれる他者とのあいだで居心地のよい『自分（自らの分）』を見出す過程である」と述べられている。eが正解。a、「折り合いをつけ」は第十九段落の鯨岡氏による表現であり、筆者は「二つの欲望は本来……矛盾するものではない」と考えている（第二十段落）。b、同じく「矛盾に気づき」が誤り。c、第二十段落で、二つの欲求は

「表裏一体の関係にあり、その両面が噛み合っているとき」を「即」の状態としているが、「振り回されなくなることによって」ではない。d、第二十段落で「『統合』する過程というよりは……」と否定している。

二

出典 『讃岐典侍日記』〈上巻〉

解答

問1 b

問2 e

問3 a

問4 d

問5 c

問6 d

問7 c

問8 a

問9 b

問10 e

全訳

誰も眠りもせず看病申し上げていると、(帝は) ご様子が大変おつらそうで、御足は (私に) ゆだねて、おっしゃることには、「(帝という) 私ほどの人間が今日明日にも死のうとしているのに、このように目にもとめないさまでいてよいだろうか。どう思うか」とお尋ねになる。(それを) 聞く (私の) 気持ちは、ただ (涙に) むせるほどになって、お返事もできない。こらえかねているように見つめている様子がはっきりわかるためか、(帝は) 質問をおやめになって、大弐の三位が、長押のところで控えていなさるのに目をおやりになって、「おまえは、ひどく気がゆるんでいるのだなあ。私は、今日明日にも死のうとしているのがわからないのか」とおっしゃるので、（大弐の三位は）「どうして気がゆるんでおりましょうか、そんなことはありません。ゆるんではいませんが、（私の）力がおよぶことでございますればともかく（そうではないのです）」と申し上げなさると、「いや。今ゆるんでいるぞ。今試してみよう」とおっしゃって、たいそう苦しくお思いでいらっしゃるご様子であったので、片時もおそばを離れ申し上げず、ただひたすら、私は、乳母などのように添い寝申し上げて泣く。ああ、つらい、このようにしてお亡くなりになるいまわしさよ、恐れ多くもお仕えしやすかった（帝の）御心のすばらしさよ、などと思い続けずにいられなくて、目も心に添うものであったので、少しも眠ることができず、見つめ申し上げて、（ご病気ばかりでなく）季節までもたえがたく暑いころで、御障子と伏せっていらっしゃる帝と（の間）に詰められて、寄り添い申し上げて、寝入っていらっしゃる（帝の）お顔を見つめ続け申し上げて、泣く以外のことはない。本当にこのように何で親しみ申し上げてきたのだろうかと、悔しく思われる。（御所に）参上した夜から今日までのことを思い続ける気持ちを、ただ察してほしい。これはどうしたことかと悲しい。目をお覚ましになった御目元などは、日数を経るうちに、弱々しそうに見えなさる。

お休みになったご様子であるけれど、私は、ただひたすら見守り申し上げて、お目覚めになるようなときには、みな寝入って（誰も見てくれていない）と（帝が）お思いになるとしたら、なんとなく恐ろしいとお思いになる（だろう）、（寝入りなさる前の）先程の様子（のまま）であるなあともご覧いただこうと思って、（寝ずに）拝見していると、御まなざしは弱々しげに目を見合わせなさって、「どうしてこんなに寝ないのか」とおっしゃるので、（私のことを）見ていてわかっていらっしゃるのであるようだと思うにつけても、たえがたいほど胸がしめつけられて、「三位の所から、『以前のご病気の際（のことを考えて）も、おそばに常に控えている人が看病申し上げるのがよいため、ちゃんと見守り申し上げなさい。（私は帝がご病気のときという）時期の悪い病気を病んで参上しないことが、情けないことだ』（とありました）」と申し上げるけれど、最後まで（言葉を）続けることができない。

「ひどく苦しく思われるので、こうして試みてみよう。楽になるだろうか」とおっしゃって、御枕元にある神器の入った箱を、御胸の上に置きなさったところ、本当にどれほど我慢なさっているのだろうと思われるくらい、御胸が揺れ動く様子は、あまりにひどく見えなさる。御息も、絶え絶えの様子に聞こえる。（私の）顔も見苦しいことであろうと思うけれど、このようにお目覚めになったときだけでも、お食事を差し上げてみようと思って、顔に手をあててごまかしながら、御枕元に置いてあるおかゆやにんにくなどを、もしかしたら（食べていただけるか）と（口に）含め申し上げると、少し召し上がり、またお休みになってしまった。

明け方になったところ、鐘の音が聞こえる。（夜が）明けようとしているのかと思うと、大変うれしく、だんだん鳥の声などが聞こえてくる。朝の清掃の音などを聞いていると、すっかり（夜が）明けたと聞こえるので、まあよい、いつものように、人々がそれぞれ目を覚ましなさったなら、交代して少し寝入ろう、と思っていると、御格子をお上げして大殿油をお下げするなどするので、休もうと思って単衣をかぶるなどするのを（帝が）ご覧になって、（単衣を）引きのけなさるので、やはり寝ないでくれとお思いのようだと思うので、起き上がった。大臣殿の三位が、「昼は（帝の）御前（の仕事）を工夫しよう。お休みなさいませ」と言うので、（自分の部屋に）下がった。（下仕えの者が私を）待ち構えていて、「ご自身も、（心身が）しっかりしていてこそ、（帝の）お世話をし申し上げなさることができるだろう」と言う。かえって、このように言うために、たえがたい気持ちがする。

日が経つにつれて、ひたすらひどく弱々しい感じになりなさるので、（以前は持ち直したが）今回はそのようである（＝もう治ることはない）ようだと拝見する悲しさは、ただ慮ってほしい。一昨年のご病気のようにお世話してお治し申し上げたとしたら、どんな気持ちがするだろう（嬉しいだろう）と思われる。

解説

死期が近づき、帝といえど周囲に当たらずにはいられなかった様子が描写されている。設問に対する参照箇所は順に見つかるので、選択肢と本文を照らし合わせて素早く見つけて訳していく。正誤判断のポイントは、該当箇所に何カ所か用意されており、その都度重要単語、文法、古文常識の知識に基づいて判断する。正誤判断のポイント以外の選択肢の表現は読解の助けになるようになっている。

問1　第一段落「御足をうちかけて……」以下を訳す。「われ」は、この後「死なんとする」とあるのでここは〝(天皇である) 自分〟の意。「ばかり」は〝だけ、くらい〟の意の副助詞。「かく」は〝このように〟の意の副詞。「見立て(見立つ)」は〝じっと見る、見送る、世話する、判断する〟などの意味があるが、後に作者が「たへがたげにまもりゐる (=じっと見つめている)」ことに気づいて詰問をやめたり、大弐の三位を「たゆみたる (=気がゆるんでいる)」ととがめていたりすることから、ここは〝目をかける、注目する〟くらいの意味にとれるとよい。「やう (様)」は〝様子〟。「ん (む)」は推量・意志・適当・婉曲の意味があるが、ここは相手の行動を問題にしているため、適当〝～てよい〟の意味。「んや」で反語となっており、〝～してよいのか〟と詰問の口調となっている。

問2　「大弐の三位、長押のもとに」以下の会話を訳す。「たゆみ (たゆむ)」は〝気がゆるむ、たるむ〟。「おのれ」は〝おまえ〟、「われ」は〝私〟。それぞれ逆に〝自分〟〝おまえ〟の意味もあるが、ここは死期が近づいた堀河天皇の発言であることを踏まえて判断する。「ゆゆしく (ゆゆし)」は〝恐れ多い、不吉だ、(不吉なほど) ひどい・すばらしい〟。「んずる」は推量・意志・適当・婉曲の助動詞「んず」の連体形。自分の近い未来を推量している。それに対する大弐の三位の言葉で「いかで」は〝どうして、どのように、なんとかして〟の意の副詞。「さぶらは (さぶらふ)」は本動詞の場合〝お仕えする、あります〟、補助動詞の場合〝～です〟の意の丁寧語となる。ここは補助動詞。「んずる」はここは推量の助動詞。帝に「どうして気がゆるんでいましょうか」と言い返している。「さぶらはねど」の「ね」は「ど」に続くので已然形で、已然形の「ね」は打消の助動詞。続く帝の言葉の中の「こころみ (こころみる)」は〝試す、試して様子を見る〟の意。

問3　第一段落後半の「寝入らせたまへる御顔」以下を訳す。「かく」は〝このように〟。「何しに」は〝何のために、どうして〟の意の連語。副詞の「何」と同じである。「なれ (慣る)」は〝慣れる、親しむ、古びる〟。「つかうまつり

（仕うまつる）」は〝お仕えする〟意の謙譲語。「けん（けむ）」は過去推量・過去の原因推量・過去の伝聞婉曲の助動詞。ここは「何しに」とあるので過去の原因推量の助動詞連体形である。「おしはかるべし」の「べし」は推量・意志・可能・当然・命令・適当の意の助動詞である。〝察してほしい〟という読者への要求である。「いかに」は〝どうして、どのように、どんなに〟の意味がある。「こはいかに」で〝これはどうしたことだ〟と混乱したときに使用する連語である。「しつる」が続いても同じ。「し」はサ行変格活用動詞「す」連用形、「つる」は完了の助動詞「つ」連体形。

問4　第二段落「おどろかせたまふらんに」以下を訳す。「ものおそろしく（ものおそろし）」は〝なんとなくおそろしい、こわい、驚嘆すべきだ〟の意味。「ご覧ぜられん」の「られ」は受身・尊敬・自発・可能の助動詞「らる」未然形。「ご覧ず」や「仰す」といった尊敬語についている際は尊敬の意味になり、二重尊敬をつくる。しかしここは目を覚ました帝に自分たちの様子を見てもらいたいということで、「られ」は受身の意味にとるのがよい。「ん（む）」は意志の助動詞終止形。「いかに」は前出。「かくは」の「は」は強意の係助詞であり、訳さなくてもよい。「寝ぬぞ」の「ぬ」は疑問文の文末にくる連体形の「ぬ」で、打消の助動詞であり完了の助動詞終止形ではない。「あめり・なめり・ためり・ざめり・かめり」が出てきたら「めり」の上に「ん」を補って読む連体形撥音便の無表記形。「ん」は元は「る」で、ここは「なるめり」であり、「なる」は断定の助動詞連体形、「めり」は推定・婉曲の助動詞終止形。〝であるようだ〟の意味。

問5　第二段落「三位の御もとより」以下を訳す。「さきざき」は〝以前〟と〝将来〟両方の意味がある。ただしここは重篤な状況で今現在の看病のしかたが問題であり、将来の病気を問題にするのは不適当。「見まゐらするがよきに」の「まゐらする（参らす）」は「奉る」と同じく元は〝差し上げる〟意で、ここは謙譲の補助動詞、「よき（よし）」は〝良い、優れている、美しい〟など褒める言葉、「に」は順接の接続助詞である。「まゐら（参る）」は謙譲語〝参上する〟、「ぬ」は下に「こと」を補う連体形で、打消の助動詞。「わびしき（わびし）」は〝辛い、情けない、みすぼらしい、もの寂しい〟の意味がある。

問6 第三段落「『せめて苦しくおぼゆるに」以下を訳す。「せめて」は〝強いて、切実に、ひどく、しきりに、せめて〟の意。「かくして」の「かく」は〝このように〟、「して」はサ行変格活用動詞「す」の連用形＋接続助詞「て」で、「かくて」と同じく〝このようにして〟の意味になる。「やすまり（やすまる）」は〝落ち着く、安らかになる〟の意。「や」は疑問の係助詞。「いかに」は前出。「させたまふ」は尊敬の助動詞「さす」連用形＋尊敬の補助動詞「たまふ」で二重尊敬の表現。主語は帝である。「らん（らむ）」は現在推量・原因推量・伝聞・婉曲の助動詞である。目の前にないものや誰かの心情を推し量る場合には現在推量の用法となる。ここは帝の心情を推し量っている。

問7 第三段落「顔も見苦しからんと」以下を訳す。「顔」は「御」がついていないことから、作者自身の顔である。ここまで作者は寝ずに帝を見守り続けている。「だに」は〝①～でさえ、②せめて～だけでも〟の意の副助詞。意志や仮定の表現で使用される場合は②の意。「まゐらせ（参らす）」は前出〝差し上げる〟。「もの」は、直後に「御かゆやひるなど」とあることから、ここでは飲食物のこと。「こころみん」の「ん」は意志の助動詞「む」の終止形。「召し（召す）」は〝お呼びになる、お取り寄せになる、召し上がる、お召しになる〟の意味。〝招く〟という意味はあるが、名前を呼ぶというのは少しずれる。〝少し食事を召し上がり、お眠りになった〟という場面である。

問8 第四段落「朝ぎよめの音など聞くに」以下を訳す。「明けはてぬ」の「ぬ」は「と」に続く終止形。終止形の「ぬ」は完了の助動詞。「人たちおどろき合はれなば」について、まず「ば」に続く「な」は完了・強意の助動詞「ぬ」未然形。「なば」で〝～たならば〟の順接仮定条件になる。「れ」は未然形に接続しており、受身・尊敬・自発・可能の助動詞「る」の連用形。ここは人々に対する軽い敬意を表す。〝人々が互いに目を覚まし合いなさったならば〟となる。格子上げや明かり下げなどの様子から人々が起きたことがわかったので、交代して休もうとしている。ところが休もうとする作者がかぶった単衣を、帝が「引き退けさせたまへば」（＝引き退けなさるので）休めない。「させたまへ」は前出の二重尊敬。「な寝そ」は「な＋連用形＋そ」の禁止表現で〝寝ないでくれ〟である。「思はせたまふ」は

「せたまふ」が前出「させたまふ」と同じ二重尊敬。「なめり」も前出の連体形撥音便の無表記形〝〜であるようだ〟である。〝(帝は)やはり寝ないでくれとお思いであるようだ〟となる。

問9　第四段落「大臣殿の三位」以下を訳す。「たばからん」は「たばから(たばかる)」＋「ん」(意志の助動詞「む」終止形)で、〝工夫しよう〟の意味。作者は寝ずの看病で疲れ果てている状態。大臣殿の三位も下仕えの者も休むように言っている。「なかなか」は〝かえって、むしろ〟の意味の副詞。「たへがたき(たへがたし)」は〝こらえきれない、たえられない〟の意。いたわりの言葉をかけられて、今まではりつめていた気持ちが緩み、かえって悲しみがこらえきれなくなったのである。

問10　最終段落を訳す。「このたび」は〝今回〟で、以前はご病気が回復したことに対して今回は、の意味になる(問5および この後の「一昨年の御心地」参照)。「さなめり」は「さ(＝そのよう)＋なめり(＝であるようだ)」。「なめり」は前出。ますます「弱げに」なってゆく帝の様子から、死を予感している。「まゐらする」「まゐらせ」は前出の謙譲の補助動詞。「思ひやる」は〝(目の前にないもの・遠くのものを)推し量る、想像する、思う〟意。「思ひやるべし」は問3の「おしはかるべし」と同様の表現で、〝想像してください〟の意味になる。「心地」は〝気持ち、心、様子〟の他、〝気分が悪いこと、病気〟を意味する。「あつかひ(あつかふ)」は〝世話をする、噂する、もてあます〟、「やめ(やむ)」は下二段活用で〝終わらせる、治す〟の意味。四段活用の場合でも〝終わる〟の他〝おさまる、治る〟の意味があるので注意。「ん(む)」は文の途中で出てくる連体形の「む」なので婉曲・仮定の助動詞。最後の「心地」は〝気持ち〟の意味。

二月七日実施分

問　題

（七五分）

一　次の文章を読んで、後の問いに答えよ。

春になると台所へ放置したバナナの皮にショウジョウバエが集まってくる。生物学を志す身とはいえ、正直申せば少しウットウしいと思う。このハエが猿に似た架空の動物「猩猩（ショウジョウ）」に因（ちな）んでそう呼ばれる由来は、酒の匂いを好み目が赤いからだ。しかし、最近もうひとつの「猩猩らしさ」が明らかになった。実はこのショウジョウバエ、「猿まね」も得意なのだ。ショウジョウバエのメスは、他のメスがどのようなオスと交配しているのかを観察し、たとえば他の多くのメスが桃色のオスを選んでいるなら自分も桃色のオスを好んで選ぶようになる。そうやって他個体の選択をまねする傾向は、ショウジョウバエの集団のなかに「好みの偏り」を生じさせる。現代の動物行動学では、このハエのように他者を模倣したり、誰かから教えてもらったり、たまたま誰かが置いていった手がかりをもとに学び意思決定を下すこと、すなわち社会的学習に基づいて維持される行動を、動物の「文化」と定義する。この台所のショウジョウバエにも文化があるらしい。

ダーウィンの時代には、他個体を模倣できる動物はせいぜい霊長類に限られるだろうと考えられてきたし、ましてや文化は崇高な「人間らしさ」の象徴であり、生物学者が頭を悩ませる対象とは考えられていなかった。しかし今では、ショウジョウバエだけでなく、トゲウオやグッピー、シジュウカラ、あるいはザトウクジラに至る、さまざまな動物が社会的学習を行うことが知られていて、群れ特有の文化を持ちうることが実証されている。たとえばザトウクジラが唄う歌には個体群特有の(い)センリツがあり、まだ原因は明らかでないが、そのセンリツは南太平洋を西から東へと、まるで流行歌のように伝播(でんぱ)する。あるいは、エサ箱の扉を特定の方法で開けるよう訓練したシジュウカラの個体を野生個体群へと導入すると、その独特なエサ箱の開け方は群れ全体へと広まり、文化として根付く。このように、「猿まね」はもはや猿の特権ではなくなったし、文化は自然界においてさほど珍しいものではなくなった。

だが、動物の文化や模倣について知れば知るほど、人間文化との溝はかえって深まっていく。人間という大型類人猿が、地球上の至るところにまで生息域を広げ、個体群密度をここまで高めることが可能だったのは、人間が文化を持ったからだ。人間の文化とは、たとえば狩りのための道具を作る方法、イモを調理前に下処理して解毒する方法、食材の選び方、あるいは農耕や灌漑(かんがい)など、「食っていく」ために必要な技術や知識。または、誰と友好的につきあうべきか、誰と結婚してよいか、ルールを破った者に対してどう対応すべきか、といった、社会のなかで円滑に生きる方法や規範、法律。あるいは、絵画や演劇といった芸術も当然、人間の文化だ。人間の文化だって、社会的学習に基づいて維持される行動には変わりなく、「動物の文化」に含まれる一つの特殊な事例にすぎないはずだ。にもかかわらず、人間の文化と人間以外の動物がみせる文化との間に隔たりを感じるのは、人間の文化が累積するからだ。昔の人から受け継いだ知識に修正を加えたり複数の知恵を組み合わせたりしてイノベーションを生み出すと、そのイノベーションだったものが、今度は次の世代にとっての新たな知識の土台となる。一方、人間以外の動物においては、知識や技術レベルが世代を超えて積み重なり、*1オープンエンドに複雑化できる累積的文化は知られていない。

この差はどこから生まれるのだろうか。おそらく、人間の文化を支えるメカニズム、つまり人間の社会的学習やイノベーション、あるいは文化的情報の伝搬という現象そのものが備える性質のどこかに、そのヒントがあるに違いない。また、積み重なる文化のおかげで生活環境ががらっと変わってしまうなら、人間集団に働く自然選択は文化から影響を受けるに違いない。それは、遺伝的進化に、新しい道筋を作り出すかもしれない。そうした疑問に正面から切り込み、「人間性の進化的起源」、あるいは、なぜヒトだけが複雑な文化をもつのかという問題へ科学の光を当てることこそ、ここ五〇年の人間行動科学におけるフロンティアの一つだった。本稿では、その歩みのごく一部を駆け足で振り返り、人間文化と集合知について未解決な問題を浮かび上がらせてみたい。

賢い模倣

そもそも猿まねという言葉にはあまりいい印象がない。誰かのまねをしただけ、というのはクリエイティブであることが善しとされる価値観のなかでは批判の対象だ。猿まねとは要するにテストのカンニングだ。一生ケンメイ(う)こつこつ勉強したり、あるいは一夜漬けしたりして試験に臨まなくても、隣の受験者の回答をそっくり模倣できれば、楽して得点できる。模倣という言葉には、そういった、ずるを働くようなニュアンスがある。

だが実際、もし仮にあなたのクラスメイトが、軒並み勉強が得意で、試験にしっかり準備して臨むことが明らかである場合、カンニングは素晴らしい戦略だ（試験監督にバレる危険はないものとする）。ハナから勉強などせずとも、カンニングだけして暮らしていけば落第せず過ごせることになる。しかし、カンニングがいい戦略なのは他のクラスメイトたちにとっても成り立つ。カンニングすればいいやと、みんなが思うことだろう。だから、試験当日に蓋を開けてみれば、両隣の学生どちらもカンニング目当ての無勉強かもしれない。無勉強同士がカンニングし合ったところで、正解が虚空から降りてくる見込みは薄い。そうなれば、待っているのはクラス全員赤点という前代未聞の悲劇。ここまでモウソウ(え)を膨らませると、もともと賢い学生は思いを改め、やはり面倒でも勉強したほうが得策だと気づく。そうやって、カンニングした方が得か勉強した方が得か、それぞれに思い悩んで結論を出し、最終的にはクラスの何割かが勉強し、残りの何割かがカンニングをするという具合に落ち着くのである。

この、カンニングする者の頻度が少ないときにはカンニングの期待得点は高いが、大勢がカンニングする場合はうまくいかないという性質は、*2ゲーム理論の言葉では負の頻度依存性という。模倣行動が進化生物学的にみて適応的かどうかを考える際には、この負の頻度依存性が問題になる。動物の行動を、楽して誰かを模倣するか、それとも自ら試行錯誤するかの二種類に分けると、先のカンニングの例で見たように、模倣する者と試行錯誤する者の割合がどこかで落ち着くことになる。ゲーム理論によれば、その落ち着いた状態では、試行錯誤（勉強）で期待される利得と、模倣（カンニング）から期待される利得はちょうど釣り合う。試行錯誤で得られる利得は、周りにどれだけ模倣者がいようと変わらない。だから、利得がちょうど釣り合う状態においては、模倣しようとも、自分で試行錯誤したのと期待値的には変わらないということになる。模倣が文化の基礎だったことを思い出すと、このゲーム理論的な分析結果は「文化は個体群の適応度を上げない」ことを示唆するように思われた。いや、しかし、人間の生態学的繁栄は文化のおかげではなかったか。文化のおかげで適応度が上がり人類が繁栄したという観察と、この理論的結論は矛盾する。この矛盾を指摘した人類学者アラン・ロジャース*4に因み、これは「ロジャースのパラドックス（逆理）」と呼ばれた。

理論モデルと現実とが食い違うときには往々にして、モデルの仮定に修正すべき箇所がある。この場合もそうだった。ロジャースのモデルで仮定されていたのは、各個体がサイコロを振って、たとえば「一から四が出たら試行錯誤、五か六だったら模倣しよう」というような、運任せで出鱈目（でたらめ）な振る舞いを、各個体が採用するというルールだった。この素朴な仮定は、あまり自然ではない。矛盾の原因はここにありそうだ。

きちんと勉強して試験に臨むか、それともカンニングして臨むかどうかを、試験準備期間前にサイコロで決める学生はいない。では実際の学生がどうするかといえば、自分の興味に合っていて得意だと感じる科目なら進んで勉強に励み、逆に全然興味を持てず得意ではない科目に関しては匙（さじ）を投げカンニングしたくもなるものだ。仮に、クラスの全員がこの「不得意科目だけカンニングする戦略」を採ったとしよう。この場合、試験に自信のある学生ほど情報の「供給源」になりやすく、試験に自信のない学生ほど情報の「受給者」になりやすくなる。するとクラス全体の成績はどうなるだろうか。ロジャースモデルの仮定した「でたらめサイコロ戦略」と比べ、クラス全体の平均成績は上がるだろう。なぜかといえば、各科目の情報の供給源は、その科目が好きでたまらない成績上位者だからだ。その他の、本来ならば成績下位に甘んじる学生たちは、上位者たちの模範解答から恩恵を受け、好成績を収める。その結果、クラスの成績が「底上げ」されるという仕組みだ。

これとだいたい同じ理屈が、社会的学習一般にも当てはまる。個体によって、試行錯誤にかかる費用は異なるかもしれない。たとえば、広い森の中から良い餌場を探し出すという状況で、一部の個体はどの方角が良さそうかに関して確からしい情報を掴んでおり、残りの個体は有益な情報を持っていないとしよう。確からしい情報を掴んでいる個体は、試しにその方角へ行ってみて、餌場を試行錯誤で探そうとするだろう。一方、情報を持っていない個体が自力で餌場に辿り着く見込みは薄いので、他個体を模倣したくなる。このような、「試行錯誤のコストが高いときには模倣する」、あるいは「不確実なときには模倣する」という戦略を採用すると、カンニング学生の例と同じく、やはり個体群の平均適応度が上昇することが理論的に示されている。また理論だけではなく、多くの動物は実際、臨機応変に、「賢く」模倣をすることが知られている。たとえばトゲウオという小魚のメスは、妊娠すると卵を抱えて膨らむので目立つし、動きも㋔カンマンになるため、捕食者に狙われやすくなる。すなわち、妊娠という身体状態の変化によって開かれた場所で餌を探し回ることのコストが増加する。理論の予想通り、妊娠中のトゲウオのメスが餌を探す際は社会的学習へ大きく頼ることが実験で示されている。他にも、さまざまな動物で、こうした巧みで戦略的な模倣行動が実験的に観察されている。つまり動物は、状況やタイミングを見極め、「ここぞ」という場面で模倣を行うのだ。こうした戦略的模倣は各個体にとって利益となるばかりでなく、ロジャースのパラドックスを解消し、集団全体の利益となることがある。いわば、社会的学習で互いに学び合う集団には「集合知(Collective intelligence)」が創発するのだ。

集団の知恵、集合愚、集合知

「ここぞ」という場面でのみ社会的学習で知識を仕入れるということは、裏を返せば、普段は自分の利益を高めるためにベストと信じる選択をしているということだ。最良と信じる行動を取ることは、膨大な選択肢の中からうまくいきそうな行動だけを「ふるい分け」することでもある。大勢の個体たちがそれぞれにふるい分けした行動を集約すれば、全体として、そこにハズレは少なくなるだろう。これは、「集団の知恵(Wisdom of Crowds)」、すなわち「みんなの意見は案外正しい」という効果だ。賢い模倣は、ここぞという困ったときにだけ、集約された集団の知恵を利用する側に回り、恩恵を受ける。

こうした「ここぞ」というときに模倣する戦略は、「いつ戦略(when 戦略)」と呼ばれている。一方、誰を模倣すべきかを巧みに見定める「だれ戦略(who 戦略)」も考えられる。たとえば狩猟採集において、優秀なハンターほど評判がよくなり、より注目され、より模倣される。これは「名声バイアス模倣」と呼ばれる。一般に、成功者の行動や、成功によって権威を得た人物の行動をまねれば、でたらめに振る舞うよりは上手くいく見込みは高まるはずだ。

あるいは、集団の多数派を占める行動を模倣する「多数派同調」も who 戦略の一つである。この戦略も、集団の知恵を巧みに利用する。集団のなかで、多くの個体が、各自の信じるベストな行動を取っているとしよう。環境から得られる情報には不確実さがあるから、なかには質の悪い選択肢を選んでいる個体も紛れていることだろう。しかし全体を合算してみれば、情報の不確実さは打ち消し合い、統計的には最も多くの個体が選ぶ選択肢が、最もよいものである見込みが高くなる。これも集団の知恵の効果だ。

だが、こうした適応的な社会的学習戦略は、いつもうまく働くわけではない。ゴルフのプレイ技術はゴルフの権威を見習うことで向上させることができるかもしれない。しかし、ゴルフの成功に直接は無関係だった事柄、たとえばファッションや生活スタイルを模倣しても、ゴルフが上手くなるわけではないだろう。またゴルフの技術といっても、素人からは、プロのスウィング動作やルーティーンのうちどの部分が本質的に重要で、どの部分は無視しても差し支えないのかが簡単には弁別できない。だから結局すべての動作を忠実にまねる。すると結果的に、あまり重要ではない行動や、場合によってはむしろ害にさえなりうる行動まで一緒に模倣してしまうかもしれない。

また、多数派が全体として間違えていることもありうる。この場合、多数派同調は、かえって間違いを増幅させるかもしれない。名声バイアスが、権威者から模倣者へと一方向へだけ流れる情報伝達だったのに対し、多数派同調は、現時点での模倣者が次の時点の多数派(模倣される側)に加わることで雪だるま式に、自らが自らを強化する正のフィードバックを生み出す。これが、群衆行動、あるいは「集合愚」とよばれる現象の原因の一つだと考えられている。多数派が特に間違いやすいのは、環境が変化した場合だ。互いに模倣し合う個体たちは、外的環境が変化しても素早く柔軟に対処できず、前の環境で上手くいっていた行動に固執してしまう。この現象は、あたかも物理的な慣性で動きが止まらなくなった物体を思わせるので、「文化的慣性」と呼ばれる。

このように、「集団の知恵」と「集合愚」は、コインの裏表のような関係だと考えられてきた。集団の知恵の恩恵を利用する賢い模倣、すなわち適応的な社会的学習戦略が、時に集合愚を生む。集団のメンバーの意見分布がもともと正しい方向へ偏っていれば、賢く模倣し合うことによって、正しさが増幅される。一方、意見分布がもともと間違った方向へ偏っていた場合には、互いに模倣し合うことで間違いが補強されてしまう。各個体のもともとの意見分布が、社会的学習を通じて流通し、「集約される」という従来の集団の知恵モデルのもとでは、このコインの裏表関係は必然的で、いかにも頑健に感じられる。

しかし、実際の集団意思決定は、もっと「時間的に深い」現象だ。すなわち、個体の価値観や意見分布は、社会的学習を通じて単に集約されるだけではなく、時間発展的にアップデートしていく。時間発展的なシステムのなかでは、各個体が、学習と模倣を織り交ぜながら、次の時点における意思決定の土台を逐次構築する。そのような、学習と模倣とが時間的に重なり合って進む集団意思決定では、単なる意見の集約モデルでは予測できなかった効果が発揮される。たとえば最近の研究で、多数派同調と試行錯誤学習が上手く噛(か)み合うと、たとえ個体たちにリスクを避けたがる傾向が備わっていたとしても、集団学習を行うことで長期的リターンの大きな高リスク行動を選択する可能性が上昇することが理論と実験で示された。つまり、時間発展的な社会的相互作用の下で創発する意思決定パフォーマンス、すなわち「集合知(Collective intelligence)」は、統計的な単なる意見の「寄せ集め」を越えた非線形効果[*5]を生み、ときに個体のバイアスを打ち消してしまう。そこにこそ、社会的学習し、集団で意思決定することの適応的意義が隠れているに違いない。文化の進化的起源は、多数決的な「集団の知恵」ではなく、もっとダイナミックな「集合知」として理解すべきなのだろう。

（豊川航「賢い模倣、人間の文化、集合知」による）

注　＊1　オープンエンド＝途中で変更や修正が可能で制限がないこと。　＊2　頻度＝出現度数。　＊3　ゲーム理論＝複数の主体が相互依存関係のもとで、いかなる行動をとるべきかを考察する理論。　＊4　アラン・ロジャース＝アメリカの人類学者。（一九五〇～　）
＊5　非線形効果＝物質に外力を与えた際の応答が直線的でなくなる現象。

問1　動物の「文化」について説明したものとして、最も適当なものを選択肢から一つ選び、その記号をマークせよ。

a　ショウジョウバエは、酒の匂いを好み目が赤いという特徴から、猿に似た架空の動物「猩猩(ショウジョウ)」に因んでそう呼ばれるが、現代の動物行動学では、このようにある動物が他の動物と似た行動をする現象を、動物の「文化」と定義している。

b　ショウジョウバエのメスは、他のメスがどのようなオスと交配しているのかを観察し、他の多くのメスが選んでいるのと同じオスを選ぶようになるが、現代の動物行動学では、このようにある動物が他個体の選択をまねする行動を、動物の「文化」と定義している。

c　ダーウィンの時代には、他個体を模倣できる動物はせいぜい霊長類に限られるだろうと考えられており、文化は崇高な「人間らしさ」の象徴であり、生物学者が頭を悩ませる対象とは考えられていなかったが、現代の動物行動学では、さまざまな動物が人間と同様の文化を持ちうることが実証されている。

d　ザトウクジラが唄う歌には個体群特有のセンリツがあり、そのセンリツは南太平洋を西から東へと、まるで流行歌のように伝播するが、現代の動物行動学では、このようにさまざまな動物が社会的学習によって、群れ特有の文化を持ちうることが実証されている。

e　エサ箱の扉を特定の方法で開けるよう訓練したシジュウカラの個体を野生個体群へと導入すると、その独特なエサ箱の開け方は群れ全体へと広まるが、現代の動物行動学では、このように人間が訓練した個体の行動を他の個体がまねする現象を動物の「文化」と定義している。

問2　筆者は、人間の文化と動物の文化の違いについて、どのように述べているか。最も適当なものを選択肢から一つ選び、その記号をマークせよ。

a　筆者は、人間の文化とは、「食っていく」ために必要な技術や知識、社会のなかで円滑に生きる方法や規範、法律、絵画や演劇といった芸術のように、社会的学習に基づいて維持される行動であり、「動物の文化」に含まれる一つの特殊な事例にすぎないと述べている。

b　筆者は、人間の文化とは、「食っていく」ために必要な技術や知識、社会のなかで円滑に生きる方法や規範、法律、絵画や演劇といった芸術のように、社会的学習に基づいて維持される行動であるが、動物の文化は、「食っていく」ために必要な技術や知識に限定され、社会的な規範や芸術性は認められないと述べている。

c　筆者は、人間の文化では、昔の人から受け継いだ知識に修正を加えたり複数の知恵を組み合わせたりしてイノベーションを生み出すと、そのイノベーションだったものが、次の世代にとっての新たな知識の土台となるが、人間以外の動物においては、イノベーションを生み出す文化は認められないと述べている。

d　筆者は、人間の文化には、昔の人から受け継いだ知識に修正を加えたり複数の知恵を組み合わせたりなどして、知識や技術レベルが世代を超えて積み重なり、オープンエンドに複雑化できる累積的文化という特徴があるが、人間以外の動物においては、そうした世代を超えて累積する文化は認められないと述べている。

e　筆者は、人間の文化と人間以外の動物がみせる文化との間には隔たりが感じられるが、その差は、人間の文化を支えるメカニズム、つまり人間の社会的学習やイノベーション、あるいは文化的情報の伝搬という現象そのものが備える性質によって生まれると述べている。

問3　ゲーム理論における負の頻度依存性について説明したものとして、最も適当なものを選択肢から一つ選び、その記号をマークせよ。

a　あるクラスで行われた試験において、勉強が得意で、試験にしっかり準備して臨むことが明らかな学生がいる場合、他の学生がカンニングをして落第せずに過ごせるというような現象を、ゲーム理論の言葉では負の頻度依存性という。

b　あるクラスで行われた試験において、学生の大多数がカンニング目当ての無勉強であって、無勉強同士がカンニングし合い、クラス全員赤点を取るというような現象を、ゲーム理論の言葉では負の頻度依存性という。

c あるクラスで行われた試験において、クラスの何割かの学生が勉強し、残りの何割かの学生がカンニングするというような現象を、ゲーム理論の言葉では負の頻度依存性という。

d あるクラスで行われた試験において、クラスの半数の学生が勉強し、残りの半数の学生がカンニングをしてバランスがとれるというような現象を、ゲーム理論の言葉では負の頻度依存性という。

e あるクラスで行われた試験において、クラスの大多数の学生が勉強し、カンニングする者の頻度が少ないときにはカンニングの期待得点が高いというような現象を、ゲーム理論の言葉では負の頻度依存性という。

問4 「ロジャースのパラドックス(逆理)」について説明したものとして、最も適当なものを選択肢から一つ選び、その記号をマークせよ。

a 動物の行動を、模倣と試行錯誤の二種類に分けると、模倣する者と試行錯誤する者の割合がどこかで落ち着くことになるが、その落ち着いた状態では、試行錯誤で期待される利得と、模倣から期待される利得は全く一致する。このゲーム理論的な分析結果は「文化は個体群の適応度を上げない」ことを示唆するが、この理論的結論は、文化のおかげで適応度が上がり人類が繁栄したという観察と矛盾する。

b 動物の行動を、模倣と試行錯誤の二種類に分けると、模倣する者と試行錯誤する者の割合がどこかで落ち着くことになるが、その落ち着いた状態では、試行錯誤で期待される利得のほうが、模倣から期待される利得よりも大きい。このゲーム理論的な分析結果は「文化は個体群の適応度を上げない」ことを示唆するが、この理論的結論は、文化のおかげで適応度が上がり人類が繁栄したという観察と矛盾する。

c 動物の行動を、模倣と試行錯誤の二種類に分けると、模倣する者と試行錯誤する者の割合がどこかで落ち着くことになるが、その落ち着いた状態では、模倣しようとも、自分で試行錯誤したのと期待値的には変わらないということになる。このゲーム理論的な分析結果は「文化は個体群の適応度を上げない」ことを示唆するが、この理論的結論は、文化のおかげで適応度が上がり人類が繁栄したという観察と矛盾する。

d　動物の行動を、模倣と試行錯誤の二種類に分けると、模倣する者と試行錯誤する者の割合は常に変動的であり、模倣する者の割合が高いと、自分で試行錯誤したのと期待値的には変わらないということになる。このゲーム理論的な分析結果は「文化は個体群の適応度を上げない」ことを示唆するが、この理論的結論は、文化のおかげで適応度が上がり人類が繁栄したという観察と矛盾する。

e　動物の行動を、模倣と試行錯誤の二種類に分けると、模倣する者と試行錯誤する者の割合は常に変動的であり、試行錯誤する者の割合が高いと、模倣したのと期待値的には変わらないということになる。このゲーム理論的な分析結果は「文化は個体群の適応度を上げない」ことを示唆するが、この理論的結論は、文化のおかげで適応度が上がり人類が繁栄したという観察と矛盾する。

問5　筆者は、動物の行動に見られる戦略的模倣について、どのように述べているか。最も適当なものを選択肢から一つ選び、その記号をマークせよ。

a　筆者は、各個体がサイコロを振って、たとえば「一から四が出たら試行錯誤、五か六だったら模倣しよう」というような、運任せで出鱈目な振る舞いを、各個体が採用するというルールによって行われるのが、動物の行動に見られる戦略的模倣であると述べている。

b　筆者は、自分の興味に合っていて得意だと感じる科目なら進んで勉強に励み、逆に全然興味を持てず得意ではない科目に関しては匙を投げカンニングをして、クラス全体の平均成績を上げるために集団で行動することを、動物の行動に見られる戦略的模倣であると述べている。

c 筆者は、確からしい情報を掴んでいる個体は試行錯誤をし、情報を持っていない個体は他個体を模倣するというように、「試行錯誤のコストが高いときには模倣する」、あるいは「不確実なときには模倣する」という戦略を採用するのが、動物の行動に見られる戦略的模倣であると述べている。

d 筆者は、個体によって、試行錯誤にかかる費用は異なることから、「試行錯誤のコストが高いときには模倣する」、あるいは「不確実なときには模倣する」という戦略を採用することにより、個体群の平均適応度が上昇するという理論を、動物の行動に見られる戦略的模倣であると述べている。

e 筆者は、妊娠中のトゲウオのメスが、開かれた場所で餌を探し回ることのコストが増加する状況において、社会的学習へ大きく頼ることが実験で示されていることから、捕食者に狙われやすくなる状況に限って他の個体の行動を模倣することが、動物の行動に見られる戦略的模倣であると述べている。

問6 筆者は、「集団の知恵」と「集合愚」について、どのように述べているか。最も適当なものを選択肢から一つ選び、その記号をマークせよ。

a 筆者は、統計的には最も多くの個体が選ぶ選択肢が、最もよいものである見込みが高くなるのが「集団の知恵」の効果であるが、こうした適応的な社会的学習戦略は、いつもうまく働くわけではなく、あまり重要ではない行動や害にさえなりうる行動まで一緒に模倣してしまうというような「集合愚」とよばれる現象が生じることもあると述べている。

b 筆者は、集団の多数派を占める行動を模倣する「多数派同調」が「集団の知恵」を巧みに利用して効果を上げるものであるのに対して、名声バイアスが権威者から模倣者へと一方向へだけ流れる情報伝達により、群衆行動、あるいは「集合愚」とよばれる現象を生み出すと述べている。

c 筆者は、集団の多数派を占める行動を模倣する「多数派同調」が、「集団の知恵」を巧みに利用して効果を上げるものである一方で、群衆行動、あるいは「集合愚」とよばれる現象を生み出すこともあることから、両者はコインの裏表のような関係であると述べている。

d 筆者は、互いに模倣し合う個体たちは、外的環境が変化しても素早く柔軟に対処できず、前の環境で上手くいっていた行動に固執してしまうため、「集団の知恵」の恩恵を利用する賢い模倣、すなわち適応的な社会的学習戦略が、環境の変化によって「集合愚」に変わる現象を「文化的慣性」と呼ぶと述べている。

e 筆者は、集団のメンバーの意見分布がもともと正しい方向へ偏っていれば、賢く模倣し合うことによって、正しさが増幅されて「集団の知恵」となるが、意見分布がもともと間違った方向へ偏っていた場合には、互いに模倣し合うことで間違いが補強されてしまい「集合愚」が生まれると述べている。

問7 筆者は、文化の進化的起源について、どのように述べているか。最も適当なものを選択肢から一つ選び、その記号をマークせよ。

a 筆者は、個体の価値観や意見分布は、社会的学習を通じて流通し、集約されることによって正しさが増幅されるものであることから、文化の進化的起源は、多数決的な「集団の知恵」ではなく、もっとダイナミックな「集合知」として理解すべきなのだろうと述べている。

b 筆者は、時間発展的なシステムのなかでは、各個体が、学習と模倣を織り交ぜながら、次の時点における意思決定の土台を構築し、単なる意見の集約モデルでは予測できなかった効果が発揮されることから、文化の進化的起源は、多数決的な「集団の知恵」ではなく、もっとダイナミックな「集合知」として理解すべきなのだろうと述べている。

c　筆者は、学習と模倣とが時間的に重なり合って進む集団意思決定では、意見の集約モデルと同様の効果が発揮されることから、文化の進化的起源は、多数決的な「集団の知恵」ではなく、もっとダイナミックな「集合知」として理解すべきなのだろうと述べている。

d　筆者は、多数派同調と試行錯誤学習が上手く噛み合うと、個体たちが集団学習を行うことで高リスクを避ける行動を選択する可能性が上昇することから、文化の進化的起源は、多数決的な「集団の知恵」ではなく、もっとダイナミックな「集合知」として理解すべきなのだろうと述べている。

e　筆者は、時間発展的な社会的相互作用の下で創発する意思決定パフォーマンスは、統計的な単なる意見の「寄せ集め」を越えた非線形効果を生み、ときに個体の意思決定を補強することから、文化の進化的起源は、多数決的な「集団の知恵」ではなく、もっとダイナミックな「集合知」として理解すべきなのだろうと述べている。

問8　二重傍線部㋐㋑㋒㋓㋔のカタカナと同じ漢字を用いる語を選択肢から一つ選び、その記号をマークせよ。

㋐　ウットウしい

a　芥川賞は新人作家のトウリュウモンとして知られている。
b　彼は、借金を返すためにソウトウ無理をして働いていたようだ。
c　私は、今年からトウゲイ教室に参加することになった。
d　戦国武将は、これから始まる城攻めにトウシを燃やしていた。
e　最近、スポーツ界では若手選手がトウカクを現してきた。

(い) センリツ
a ピアニストの彼は、センサイな人間だ。
b 上空をセスナがセンカイしている。
c 彼女はセンレンされた文章を書く。
d センザイイチグウのチャンスが到来した。
e 裁判官が被告人に無罪をセンコクする。

(う) ケンメイ
a 事件の捜査員が現場ケンショウを行っている。
b 彼は、毎日ケンスイをして腕力をきたえている。
c ノーベル賞を受賞した博士のケンショウ会が発足した。
d さびた刃物をケンマしてまた使えるようにする。
e 彼はオンケンな人柄で皆から好かれている。

(え) モウソウ
a 先生は、よりイッソウ努力するように生徒たちに伝えた。
b ソウネン期を迎え社会的責任が増してきた。
c 班の代表が班ごとの意見をソウカツする。
d 彼と私との貸し借りをソウサイすることにした。
e 火災をソウテイして避難訓練をする。

㊄　カンマン

a　彼はいつもカンヨウな精神をもって物事に対する。
b　諸事情をカンアンし、次年度の計画を立てる。
c　条約のヤッカンに違反する。
d　今までのカンレイにならって式典を進める。
e　末期がんの患者さんにカンワケアをおこなう。

二　次の文章は、『うつほ物語』の一節である。高基（たかもと）（本文では「おとど」）は、天皇の御子（みこ）であるが姓を賜って臣下に下り、今は大臣となって、市で商いをする徳町（本文では「市女」など）を妻としていた。高基は、蓄財して複数の蔵を持っていたが、物惜しみの激しい性格であり、このことを「ある人」が意見するところから次の文章が始まる。これを読んで、後の問いに答えよ。

かかるをある人、*1「御蔀のもとまで畑作られ、御前近き対にて、かくせしめられたること、あるまじきことなり。この御蔵一つを開きて、清らなる殿かい造らせたまへ。*2財には主避く、となむ申すなる。天の下、そしり申すことはべるなり」と申す。

（高基）「あぢきなきこと。*3この大将ぬしの、大きなるところによき屋を造り建てて、天の下の好き者どもを集めて、ものをのみ尽くすは、何の清らなることか見ゆる。そのものを貯（たくは）へて、市し、商はばこそかしこからめ。われかかる住まひすれども、民のために苦しみあらじ。清らする人こそ、朝廷（おほやけ）の御ために妨げをいたし、人のために苦しみをいたせ」などのたまふほどに、小さくて、病してほとほとしかりけるに、親大きなる願どもを立てたりけり、なくなりにけるときにいひ置きけれど、かかる財の王にて果たさず、その罪に、恐ろしき病つきて、ほとほとしくいますがり。市女祭り祓（はら）へせさせむとするときに、のたまふ、

「あたらものを。わがために塵ばかりのわざすな。祓へすとも打撒[*4]に米いるべし。籾にて種なさば多く生るべし。修法[*5]せむに五石いるべし。壇塗る[*6]に土いるべし。土三寸のところより多くのもの出で来。棟の枝を一つに、実のなる数あり。果物に食ふによきものなり。胡麻[*8]は油をしぼりて売るに、多くの銭出で来。その糟、味噌代に使ふによし。粟、麦、豆、ささげ、かくのごとき雑役[*10]のものなり」とてせさせたまはず。

かくて、臥したまへるほどに、まうぼるもの[*11]、日に橘一つ、湯水まうぼらず、「いたづらに多くの橘食ひつ。核一つに木一樹なり、生ひ出でて多くの実なるべし。今は食はじ」とのたまふ。いささかなるものまうぼらで、日ごろ経ぬ。「ここのにはあらで、橘一つ食はむ」とのたまふ。五月中の十日ごろの橘、これはなべてなし。この殿の御園にあり。みそかに市女取りて参る。おとど、子、市女の腹に、五つばかりにてあり。母を怨じておとどに申す、「『ここの橘を取りてなむ参りつると申さむ』といひつれば、粟、米を包みてなむくれたる」といふ。弱き御心地に、胸つぶらはしきことを聞きたまひて、ものも覚えたまはず。市女、「いと人聞き悲し。このあこ、おのれと腹立ちて、制したまふこととて申したまふになむ」といふ。業にやあらざりけむ、御病怠りぬ。

かくて、市女の思ふほどに、高き人につきたれど、わが売り商ふものをこそ、わが身よりはじめて食ひ着れ。わがほどにあたらむ男をこそせめ、と思ひて、逃げ隠れぬ。市女のありて、知らせでとかくせしに馴らひて、侍の人々、ときどきもの申しければ、おとど、「朝廷に仕うまつればこそ、人のなきも苦しけれ。畑を作りて、一人二人の下衆を使ひてあらむ」とて、位を返したてまつりたまひ、例なきことのたまふ、「つきなき身にて、高き位用ゐるべからず。山賤[*12]らを従へて、田、畑を作らむ。この位を返したてまつりて、人国一つを賜はらむ」と申す。「さもいはれたり」とて、大臣の位をとどめられて、美濃国[*13]を賜ひつ。

（『うつほ物語』藤原の君による）

注 ＊1 御蔀（しとみ）＝柱と柱の間に設置した建具。雨戸のような機能を持つ。 ＊2 財（たから）には主避く（ぬしよく）＝財宝にはその主も場所を譲ることになるという当時のことわざ。 ＊3 この大将ぬし＝左大将源正頼（まさより）。栄華を極めていた。 ＊4 打撒（うちまき）＝魔除けに米をまくこと。 ＊5 修（す）法（ほふ）＝加持祈禱（かじきとう）。 ＊6 壇＝祓えを行うための壇。護摩壇のことか。 ＊7 棟（あふち）＝センダン科の落葉高木。護摩木に使ったのだろう。 ＊8 胡麻（うごま）＝護摩を焚（た）くのに必要なもの。 ＊9 ささげ＝豆の一種。 ＊10 雑役（ざふやく）のもの＝さまざまに役に立つもの。 ＊11 まうぼる＝食べるの尊敬語。 ＊12 山賤（やまがつ）＝山に住む身分の低い人。 ＊13 美濃国（みののくに）＝現在の岐阜県南部。

問1 「ある人」の言った内容として、最も適当なものを選択肢から一つ選び、その記号をマークせよ。

a 建物のすぐそばまで畑をお作りになるのは、とんでもないことです。蔵を一つ開いて、華麗な御殿を造らせなさいませ。世間の人々が悪口をいっていますよ。

b 建物のすぐそばまで畑をお作りになるのは、もってのほかのことです。蔵を一つ開いて、華麗な御殿を造らせなさいませ。帝（みかど）に讒言（ざんげん）する人がでてきますよ。

c 敷地のすぐそばまで畑をお作りになるのは、言語道断です。蔵を一つ開いて、華麗な御殿を造らせなさいませ。帝に讒言する人がでてきますよ。

d 敷地のすぐそばまで畑をお作りになるのは、信じられないことです。蔵を一つ開いて、華麗な御殿を造らせなさいませ。世間の人々があきれはてていますよ。

e 建物のすぐそばまで畑をお作りになるのは、無神経なことです。蔵を一つ開いて、華麗な御殿を造らせなさいませ。世間の人々があきれはてていますよ。

問2　「ある人」の言ったことに対して高基はどのように答えたか。最も適当なものを選択肢から一つ選び、その記号をマークせよ。

a　高基は、「なんとむちゃくちゃなことを。左大将殿が広大な土地に立派な御殿を建てて贅沢な暮らしをしていることは、たしかに華麗なように見えます。けれども、その財をためて商売をした方が賢明なことでしょう。わたしはこんな住まいをしていますが、民に苦しみを与えたことはありません。華麗な暮らしをする人こそ、政治の妨げとなり、人々によって苦しめられることになります」と答えた。

b　高基は、「なんというい いがかりでしょう。左大将殿が広大な土地に立派な御殿を建てて贅沢な暮らしをしていることは、たしかに華麗なように見えます。けれども、その財をためて商売をした方が賢明なことでしょう。わたしはこんな住まいをしていますが、民に苦しみを与えたことはありません。華麗な暮らしをする人こそ、政治の妨げとなり、人々にも苦しみを与えます」と答えた。

c　高基は、「なんとした侮辱でしょう。左大将殿が広大な土地に立派な御殿を建てて贅沢な暮らしをしていることは、華麗なようになど見えません。それより、その財をためて商売をした方がまだましでしょう。わたしはこんな住まいをしていますが、民に苦しみを与えたことはありません。華麗な暮らしをする人こそ、政治の妨げとなり、人々によって苦しめられることになります」と答えた。

d　高基は、「なんとつまらないことを。左大将殿が広大な土地に立派な御殿を建てて贅沢な暮らしをしていることは、華麗なようになど見えません。それより、その財をためて商売をした方が賢明なことでしょう。わたしはこんな住まいをしていますが、民に苦しみを与えたことはありません。華麗な暮らしをする人こそ、政治の妨げとなり、人々にも苦しみを与えます」と答えた。

e　高基は、「なんとひどいことを。左大将殿が広大な土地に立派な御殿を建てて贅沢な暮らしをしていることは、たしかに華麗なように見えます。けれども、その財をためて商売をした方がまだましでしょう。わたしはこんな住まいをしていますが、民に苦しみを与えたことはありません。華麗な暮らしをする人こそ、政治の妨げとなり、人々にも苦しみを与えます」と答えた。

問3　高基が病気になった経緯として、最も適当なものを選択肢から一つ選び、その記号をマークせよ。

a　幼い頃に、高基が病気になってなかなか治らなかったときに、親は高基が助かるように神仏に願を掛けた。親が亡くなるときに遺言したが、このようなお金持ちなのに神仏にお礼をしなかったので、その罪のために恐ろしい病気になった。

b　幼い頃に、親が病気になってなかなか治らなかったときに、親は助かるように神仏に願を掛けた。親が亡くなるときに遺言したが、このようなお金持ちだから神仏への願いは終わりなく続き、その罪のために恐ろしい病気になった。

c　幼い頃に、高基が病気になっていよいよ死にかけたときに、親は高基が助かるように神仏に願を掛けた。親が亡くなるときに遺言したが、このようなお金持ちなのに神仏にお礼をしなかったので、その罪のために恐ろしい病気になった。

d　幼い頃に、親が病気になっていよいよ死にかけたときに、親は助かるように神仏に願を掛けた。親が亡くなるときに遺言したが、このようなお金持ちなのに神仏にお礼をしなかったので、その罪のために恐ろしい病気になった。

e　幼い頃に、高基が病気になっていよいよ死にかけたときに、親は高基が助かるように神仏に願を掛けた。親が亡くなるときに遺言したが、このようなお金持ちだから神仏への願いは終わりなく続き、その罪のために恐ろしい病気になった。

問4　高基が病気になった時、徳町はどうしたか、またそれに対する高基の対応はどうだったか。最も適当なものを選択肢から一つ選び、その記号をマークせよ。

a　徳町は、高基の罪を消すために神祭りや祓えをさせようとした。すると、高基は「ああ、もったいない。わたしのために何もするな。祓えをするには打撒の米が必要になる。その米を籾のまま種にすればたくさんの米が取れるはずだ」などといってさせなかった。

b　徳町は、高基の罪を消すために神祭りや祓えをさせようとした。すると、高基は「ああ、新しいことをするでない。わたしのために何もするな。加持祈禱に使う祭壇を塗るには土が必要になる。土が三寸あれば多くのものが取れる」などといってさせなかった。

c　徳町は、高基の罪を消すために神祭りや祓えをさせようとした。すると、高基は「ああ、もったいない。わたしのためにつまらないことをするな。加持祈禱に使う楝の枝には実の成るものもある。果物として食べるにはよいものである」などといってさせなかった。

d　徳町は、高基の罪を消すために神祭りや祓えをさせようとした。すると、高基は「ああ、もったいない。わたしのためにあてにならないことをするな。加持祈禱に使う胡麻は油を絞って売ったとしても、多くの資金が出ていくことになる。しかしその糟は味噌の代わりに使うことができる」などといってさせなかった。

e　徳町は、高基の罪を消すために神祭りや祓えをさせようとした。すると、高基は「ああ、新しいことをするでない。わたしのためにつまらないことをするな。加持祈禱に使う粟、麦、豆、ささげなどは、さまざまに役に立つものだ」などといってさせなかった。

問5　病に臥していた高基の様子として、最も適当なものを選択肢から一つ選び、その記号をマークせよ。

a　こうして高基は、横になっている間、召し上がるのは一日に橘一つだけで、湯水も飲まれない。高基は「無理をしてたくさんの橘を食べてしまった。種一つで木一本になり、たくさんの実がなるだろうに。しばらくは食べずにおこう」とおっしゃる。そして、簡単なものを食べるだけで、数日が経過した。

b　こうして高基は、横になっている間、召し上がるのは一日に橘一つだけで、湯水も飲まれない。高基は「無駄にたくさんの橘を食べてしまった。種一つで木一本になり、たくさんの実がなるだろうに。もう食べずにおこう」とおっしゃる。そして、ほんの少しのものも食べずに、数日が経過した。

c　こうして高基は、横になっている間、召し上がるのは一日に橘一つだけで、湯水も飲まれない。高基は「無駄にたくさんの橘を食べてしまった。種一つで木一本になり、たくさんの実がなるだろうに。しばらくは食べずにおこう」とおっしゃる。そして、簡単なものを食べるだけで、数日が経過した。

d　こうして高基は、横になっている間、召し上がるのは一日に橘一つだけで、湯水も飲まれない。高基は「無理をしてたくさんの橘を食べてしまった。種一つで木一本になり、たくさんの実がなるだろうに。もう食べずにおこう」とおっしゃる。そして、ほんの少しのものも食べずに、長い時間が経過した。

e　こうして高基は、横になっている間、召し上がるのは一日に橘一つだけで、湯水も飲まれない。高基は「無駄にたくさんの橘を食べてしまった。種一つで木一本になり、たくさんの実がなるだろうに。しばらくは食べずにおこう」とおっしゃる。そして、ほんの少しのものも食べずに、長い時間が経過した。

問6　高基は、どのように橘を求め、それに対して徳町はどうしたか。最も適当なものを選択肢から一つ選び、その記号をマークせよ。

a 高基は、自分の家にはないだろうが橘を一つ食べたいとおっしゃる。五月中旬には橘などどこにもない。ところが、この殿の庭にはあった。徳町はこっそりそれを取って食べさせた。

b 高基は、自分の家のものではない橘を一つ食べたいとおっしゃる。五月中旬には橘は滅多にない。けれども、この殿の庭にはあった。徳町は月末にそれを取って食べさせた。

c 高基は、自分の家にはないだろうが橘を一つ食べたいとおっしゃる。五月中旬には橘などどこにもない。ところが、この殿の庭にはあった。徳町は月末にそれを取って食べさせた。

d 高基は、自分の家のものではない橘を一つ食べたいとおっしゃる。五月中旬には橘などどこにもない。けれども、この殿の庭にはあった。徳町はこっそりそれを取って食べさせた。

e 高基は、自分の家にはないだろうが橘を一つ食べたいとおっしゃる。五月中旬には橘は滅多にない。ところが、この殿の庭にはあった。徳町はこっそりそれを取って食べさせた。

問7 橘の一件が引き起こしたことについて、最も適当なものを選択肢から一つ選び、その記号をマークせよ。

a 高基と徳町との間に生まれた五歳の子どもが、「『自分がここの家の橘を取って持ってきたんだよ、とお父さんに言いたい』とお母さんにいったら、粟や米を包んでくれたんだよ」というと、高基は、衰弱しているところに胸がつぶれそうなことを聞いて、正気をなくしてしまった。

b 高基と徳町との間に生まれた五歳の子どもが、「『自分がここの家の橘を取って持ってきたんだよ、とお父さんに言いたい』とお母さんにいったら、粟や米を包んでくれたんだよ」というと、高基は、もともと気弱なのに胸が一杯になることを聞いて、深く感動した。

c　高基と徳町との間に生まれた五歳の子どもが、「『お母さんはここの家の橘を取って持って来たんだよ、とお父さんにいつけるよ』とお母さんにいったら、粟や米を包んでくれたんだよ」というと、高基は、もともと気弱なのに胸が一杯になることを聞いて、正気をなくしてしまった。

d　高基と徳町との間に生まれた五歳の子どもが、「『お母さんはここの家の橘を取って持って来たんだよ、とお父さんにいつけるよ』とお母さんにいったら、粟や米を包んでくれたんだよ」というと、高基は、衰弱しているところに胸が一杯になることを聞いて、深く感動した。

e　高基と徳町との間に生まれた五歳の子どもが、「『お母さんはここの家の橘を取って持って来たんだよ、とお父さんにいつけるよ』とお母さんにいったら、粟や米を包んでくれたんだよ」というと、高基は、衰弱しているところに胸がつぶれそうなことを聞いて、正気をなくしてしまった。

問8　徳町は子どもの発言について何といい、また、高基の病はその後どうなったか。最も適当なものを選択肢から一つ選び、その記号をマークせよ。

a　徳町は、「なんとつらいことでしょう。この子は、わたしに腹を立てて、あなたが庭の橘を取ることを禁じていたにもかかわらず、わたしがそれを破ったとして、いったのでしょう」といった。また、高基の病は望みどおり橘を食べた甲斐(かい)があったのだろうか、病気は治った。

b　徳町は、「なんと外聞の悪いことでしょう。この子は、わたしへの腹いせに、あなたが庭の橘を取ることを禁じていたにもかかわらず、わたしがそれを破ったとして、いったのでしょう」といった。また、高基の病は望みどおり橘を食べた甲斐があったのだろうか、病気は治った。

c　徳町は、「なんとつらいことでしょう。この子は、わたしと相談もせずに、あなたが庭の橘を取ることを禁じていたにもかかわらず、わたしがそれを破ったとして、いったのでしょう」といった。また、高基の病は願を果たさなかった報いではなかったのだろうか、病気は治った。

d　徳町は、「なんと外聞の悪いことでしょう。この子は、自分が怒られると思って、あなたが庭の橘を取ることを禁じていたにもかかわらず、わたしがそれを破ったとして、いったのでしょう」といった。また、高基の病は願を果たさなかった報いではなかったのだろうか、病気は治った。

e　徳町は、「なんと外聞の悪いことでしょう。この子は、自分から腹を立てて、あなたが庭の橘を取ることを禁じていたにもかかわらず、わたしがそれを破ったとして、いったのでしょう」といった。また、高基の病は願を果たさなかった報いではなかったのだろうか、病気は治った。

問9　高基の病が治った後、どのようなことが起きたか。最も適当なものを選択肢から一つ選び、その記号をマークせよ。

a　徳町は、「お金持ちの人と結婚したけれど、わたしが商いをして得た収入で、わたしをはじめ皆に食べたり着たりさせたい。それならいっそ、自分の気持ちを理解してくれる男と結婚しよう」と思って、逃げ出して姿を隠してしまった。これまで徳町がいて、誰にも知られずにあれこれと世話をしていたのに慣れていた侍女たちは、ことあるごとに高基にものを催促するのだった。

b　徳町は、「身分の高い人と結婚したけれど、わたしが商いをして得た収入で、わたしをはじめ皆に食べたり着たりさせたい。それならいっそ、自分の身分にふさわしい男と結婚しよう」と思って、逃げ出して姿を隠してしまった。これまで徳町がいて、誰にも知られずにあれこれと世話をしていたのに慣れていた従者の男たちは、ことあるごとに高基にものを催促するのだった。

c　徳町は、「身分の高い人と結婚したけれど、わたしが商いをして得た収入で、わたしをはじめ皆が食べたり着たりしている。それならいっそ、自分の身分にふさわしい男と結婚しよう」と思って、逃げ出して姿を隠してしまった。これまで徳町がいて、高基には知らせずにあれこれと世話をしていたのに慣れていた従者の男たちは、ことあるごとに高基にものを催促するのだった。

d　徳町は、「お金持ちの人と結婚したけれど、わたしが商いをして得た収入で、わたしをはじめ皆が食べたり着たりしている。それならいっそ、自分の気持ちを理解してくれる男と結婚しよう」と思って、逃げ出して姿を隠してしまった。これまで徳町がいて、誰にも知らせずにあれこれと世話をしていたのに慣れていた従者の男たちは、ことあるごとに高基にものを催促するのだった。

e　徳町は、「身分の高い人と結婚したけれど、わたしが商いをして得た収入で、わたしをはじめ皆が食べたり着たりしている。それならいっそ、自分と同じように商売をしている男と結婚しよう」と思って、逃げ出して姿を隠してしまった。これまで徳町がいて、高基には知られずにあれこれと世話をしていたのに慣れていた侍女たちは、ことあるごとに高基にものを催促するのだった。

問10　徳町がいなくなった後、高基はどうなったか。最も適当なものを選択肢から一つ選び、その記号をマークせよ。

a　高基は、「朝廷に仕えているから使用人がいないと不便なのだ。畑を作り、少数の下男を使って暮らすことにしよう」と位を返上なさり、前例のないことをおっしゃる。「つまらない者が高位にあるべきではありません。山に住む身分の低い者とともに田畑を作ります。この位を返して、地方の一国を頂きたいものです」と申し上げる。「それもそうだ」ということで、大臣の位を解かれて美濃国を与えられた。

b 高基は、「朝廷に仕えているから使用人がいないと不便なのだ。畑を作るのに、少数の下男がいればいい」と位を返上なさり、前例のないことをおっしゃる。「つまらない者が高位にあるべきではありません。山に住む身分の低い者とともに田畑を作ります。この位を返して、地方の一国を頂きたいものです」と申し上げる。「そういうわけにはいかない」ということで、大臣の位に留められたまま美濃国を与えられた。

c 高基は、「朝廷に仕えているから妻のいないことも苦しいのだ。畑を作り、少数の下男を使って暮らすことにしよう」と位を返上なさり、前例のないことをおっしゃる。「つまらない者が高位にあるべきではありません。山に住む身分の低い者とともに田畑を作ります。この位を返して、どなたかの国を一つ頂きたいものです」と申し上げる。「そういうわけにはいかない」ということで、大臣の位に留められたまま美濃国を与えられた。

d 高基は、「朝廷に仕えているから使用人がいないと不便なのだ。畑を作るのに、少数の下男がいればいい」と位を返上なさり、前例のないことをおっしゃる。「つまらない者が高位にあるべきではありません。山に住む身分の低い者とともに田畑を作ります。この位を返して、どなたかの国を一つ頂きたいものです」と申し上げる。「それもそうだ」ということで、大臣の位を解かれて美濃国を与えられた。

e 高基は、「朝廷に仕えているから妻のいないことも苦しいのだ。畑を作り、少数の下男を使って暮らすことにしよう」と位を返上なさり、前例のないことをおっしゃる。「つまらない者が高位にあるべきではありません。山に住む身分の低い者とともに田畑を作ります。この位を返して、地方の一国を頂きたいものです」と申し上げる。「そういうわけにはいかない」ということで、大臣の位に留められたまま美濃国を与えられた。

二月七日実施分

解　答

一

出典 豊川航「賢い模倣、人間の文化、集合知」(『現代思想』二〇二三年一月号　青土社)

解答

問1 d
問2 d
問3 e
問4 c
問5 c
問6 c
問7 b
問8 ㋐―c　㋑―b　㋒―b　㋓―e　㋔―e

要旨

現代の動物行動学では、社会的学習(模倣)に基づき維持される行動を「文化」と定義する。人間の文化と動物の文化との差の原因の追究は人間行動学が切り拓いてきた分野である。人間は文化、模倣を基礎として生態学的に繁栄してきた。各個体は巧みで戦略的な模倣行動を行い、集団全体の利益とする。互いに社会的学習を行う集団には「集合知」が創発する。多数の個人の選択が集約された「集団の知恵」の恩恵を利用することは、多数派の間違いを増幅してかえって「集合愚」を生み出すこともあるが、実際には、各個体が時間発展的に価値観や意見をアップデートするため、集団意思決定が学習と模倣とを時間発展的に交錯させて進み、「集団の知恵」以上の効果が得られる。このダイナミックな「集合知」こそ、人間の文化の進化的起源である。

解説

人間や動物の行動について研究する豊川航の評論である。全体として具体例を多く挙げていて内容はわかりやすいが、一部意味の取りにくい専門用語が用いられている。

問1　第二段落「しかし」以下に注目。「今（＝現代の動物行動学）では」、「さまざまな動物が社会的学習を行う……群れ特有の文化を持ちうることが実証されている」とある。dが正解。a、模倣ではなく単に似ているだけの場合は「文化」ではない。b、動物の「文化」と定義されるのは、ある動物個体の選択をまねする行動ではない。行動が「群れ全体へと広まり」根付いたものを指す（第二段落）。c、「人間と同様の文化」ではなく、「群れ特有の文化」（第二段落）を持つのである。人間と動物の文化には格差がある（第三段落）。e、「人間が訓練した個体の行動」に限定するのは誤り。

問2　第三段落「にもかかわらず」以降が筆者の意見である。段落末の二文「昔の人から受け継いだ……累積的文化は知られていない」に注目する。dが正解。a、第三段落に「『食っていく』ために必要な技術や知識。……『動物の文化』に含まれる一つの特殊な事例にすぎないはずだ」とあるが、その後「にもかかわらず」以下で人間の文化と動物の文化の「違い」について筆者の主張が述べられている。b、「社会的な規範や芸術性は認められない」とは述べられていない。第一・二段落のハエやクジラの例を見ても「食っていく」ための知識に限定されるとは考えられない。c、人間と人間以外の動物の違いはイノベーションの有無ではなく、文化の「累積」、イノベーションが次の世代の「新たな知識の土台となる」ことである（第三段落）。e、第四段落前半に「この差はどこから生まれるのだろうか」と問題提起し、「人間の文化を支える……性質のどこかに、そのヒントがある」とある。「ヒントがある」とは《その中に理解の材料がある》ということであり、選択肢の表現は不正確。人間の文化と人間以外の動物の文化との違いの原因は、最終段落で「集合知」であると述べられている。

問3 第七段落に、「カンニングする者の頻度が少ないときにはカンニングの期待得点は高い」と説明がある。「頻度依存性」とは、ある性質の出現度数に結果（進化生物学的に言えば適応的かどうか）が依存している＝左右されることである。「負の」が付いているので、その出現度数の少なさに依存することになる。簡単にいうと、少数派が得をするということである。この言葉の理解は難しいが、本文に「少ないときには」「期待得点は高い」とあるので、そのまま判断すればよい。a～dはいずれもこの説明には合致しない。また、「模倣する者と試行錯誤する者の割合がどこかで落ち着く」（第七段落）のは、負の頻度依存性をもつ現象が経過とともに結果としてもたらした状態であり、c・dのように「負の頻度依存性」の説明にはならない。

問4 第七段落「動物の行動を、楽して誰かを模倣するか、それとも自ら試行錯誤するかの二種類に分けると」以下に注目する。「模倣する者と試行錯誤する者の割合がどこかで落ち着く」と続くので、d・eは不適切。その後「その落ち着いた状態では、試行錯誤（勉強）で期待される利得と、模倣（カンニング）から期待される利得はちょうど釣り合う」とあるので、cが正解。a、利得が「全く一致する」とするのは誤り。大きさが釣り合うのであって「全く一致」は言い過ぎである。b、「試行錯誤で期待される利得のほうが」「大きい」とするのは誤り。

問5 第十段落で「確からしい情報を掴んでいる個体」と「情報を持っていない個体」の行動例が挙げられ、「このような」以下に「戦略」について説明されている。ただし「個体群の平均適応度が上昇する」というのは戦略の結果であり戦略の内容ではない。cが正解。a、第八段落で「運任せで出鱈目な振る舞い」は「矛盾の原因」であり「修正すべき」としている。b、第九段落末に「その結果」とあるように、クラス全体の平均成績が上がるのは結果としてそうなっただけであり、その「ために」個人が行動しているわけではない。d、「個体群の平均適応度が上昇するという理論を」が誤り。第十段落終わりに「こうした戦略的模倣は……集団全体の利益となることがある」とある通り、平均適応度の上昇はあくまで模倣の結果の一つである。第十四段落にも「社会的学習（＝模倣）戦略は、いつもうまく働くわけではない」ともある。e、「捕食者に狙われやすくなる状況に限って」と限定されるものではない。

問6 第十三段落初めに「集団の多数派を占める行動を模倣する『多数派同調』」が集団の知恵を利用する戦略の一つとして紹介されている。第十五段落に「多数派が全体として間違えている」場合、多数派同調は「『集合愚』とよばれる現象の原因の一つだ」とされ、第十六段落で「『集団の知恵』と『集合愚』は、コインの裏表のような関係だ」とまとめられている。解答にはここが必要である。cが正解。a、「あまり重要ではない行動……まで一緒に模倣してしまう」とは第十四段落にあるが、「適応的な社会的学習戦略は、いつもうまく働くわけではない」ことの例であり、「集合愚」の説明ではない。b、第十五段落に「名声バイアスが……のに対し、多数派同調は……」とあり、「集合愚」につながる場合があるのは「多数派同調」の方である。d、第十五段落にある「文化的慣性」の説明になっているが、「集団の知恵」と「集合愚」の関係の説明にはなっていない。「多数派が特に間違いやすい」場合の説明である。e、「集団の知恵」とは第十一段落にある通り「みんなの意見」を集約したものである。第十六段落に「集団の知恵の恩恵を利用する……時に集合愚を生む」とある通り、正しさが増幅されたものだけが「集団の知恵」であるわけではない。

問7 最終段落に「集団意思決定」について「時間発展的なシステムのなかでは、各個体が、学習と模倣を織り交ぜながら、次の時点における意思決定の土台を逐次構築」し、「単なる意見の集約モデルでは予測できなかった効果が発揮される」とある。また最後に「文化の進化的起源」について「『集合知』として理解すべき」とまとめられている。bが正解。a、最終段落に「単に集約されるだけではなく」とあり、「集約されることによって」は誤り。c、同段落「意見の集約モデルでは予測できなかった効果が発揮される」とある。d、同段落に「高リスク行動を選択する可能性が上昇する」とある。e、同段落「……非線形効果を生み、ときに個体のバイアスを打ち消してしまう」とある。

出典 『うつほ物語』〈藤原の君〉

解答

問1 a
問2 d
問3 c
問4 a
問5 b
問6 d
問7 e
問8 e
問9 c
問10 a

全訳

このようであるのである人が、「蔀戸のそばまで畑をお作りになり、御前に近い建物で、このようにさせなさっていることは、あってはならないことだ。この御蔵の一つを開いて、美しく立派な御殿を造らせなさいませ。財宝にはその主も場所を譲る、と（世間では）申すと聞く。世の中で、（あなたを）非難申し上げることがあるのです」と申し上げる。

（高基が）「つまらないこと（を言う）。あの左大将様が、広い場所にすばらしい屋敷を建築して、世の中の風流人を集めて、ひたすら贅を極めているのは、どんな華麗なことと見えるというのか、いや華麗には見えない。その財物を貯えて、市場に出て、商売をしたならば賢明なことだろう。私はこのような住まいをしているが、民にとって苦しいことはないだろう。華麗な生活をする人こそが、政治の御ために妨げとなり、人にとって苦しいことをしているのだ」などとおっしゃるようで、（この高基が）小さい頃で、病気になって死にそうになったので、親はいくつも大きな願を立てたのだった、（しかし親が）亡くなってしまうときに（願立てで祈りが通じて高基の命が助かったことを神仏にお礼するよう）言い置いたけれど、（高基は）このような財産の支配者であるのに果たさず、その罪のために、恐ろしい病になって、死にそうでいらっしゃる。市女が（高基のために）祭事やお祓いをさせようとするときに、（高基が）おっしゃることには、「もったいないなあ。私のために少しの祈禱もするな。お祓いをするとしても魔除けにまくのに米がいるだろう。（それをまかずに）籾の状態で種にして植えたなら多く（米が）なるだろう。加持祈禱をするとしたら（お布施として）五石（の米）がいるだろう。護摩壇を塗るにも土がいるだろう。土三寸があるところから多くの作物ができる。（護摩木に使う）楝の木の枝は一本に、数多くの実がなる。果物として食うのによいものだ。胡麻は油をしぼって売ると、多くの儲けが出る。その絞りかすは、味噌の代わりに使うのによい。粟、麦、豆、ささげなどは、このようなさまざまに役に立つものである」と言って（加持祈禱などを）おさせにならない。

こうして、ふせっていらっしゃるうちに、お食べになるものが、一日に橘の実を一個（となり）、湯や水もお飲みにならず、「無駄に多くの橘を食べてしまった。種一つで木が一本だ、（その木が種から）生えてきて多くの実がなるだろう。もう食うまい」とおっしゃる。ほんのわずかなものも召し上がらないで、数日経った。（高基は）「ここのものではなくて、橘を一つ食べたい」とおっしゃる。五月中旬頃の橘の実、これは一般に実っていない。（しかし）この屋敷のお庭に（実は）ある。こっそりと市女は（実を）取ってきて（高基に）差し上げる。おとど（＝高基）には、子どもが（おり）、市女から生まれた者で、五歳くらいである。（この子が）母を恨んで高基に申し上げることには、『この家の橘を取って差し上げたと（父に）申し上げよう』と言ったところ、栗や、米を包んでくれた」と言う。弱っているお気持ちに、胸がつぶれるようなことをお聞きになって、（動揺して）正気を失いなさる。市女は、「たいへん外聞が悪い。この子は、自分から腹を立てて（あなたが）禁じなさることだと思って（告げ口）申し上げなさるのだろう」と言う。（願果たしをしなかったことの）報いのためではなかったのだろうか、ご病気はお治りになった。

こうして、市女が考えるには、身分高い人に嫁したが、自分が商売するもので（得た収入で）、自分を始め（家の皆が）食べたり着たりしている。（こんなことなら）自分の身分にふさわしい男を（夫に）しよう、と思って、逃げ出して身を隠してしまった。（それまでは）市女がいて、（高基に）知らせないであれこれと（世話を）していたことに慣れてしまって、従者の人々は、（市女がいなくて不都合が出て）ときどき（高基に）ものを催促申し上げたところ、高基は、「朝廷に出仕しているからこそ、人員が不足することも不都合なのだ。畑を作って、一人二人の下男を使って暮らそう」と言って、（朝廷に）位をお返し申し上げなさり、前例のないことをおっしゃる、「（私のような）つまらない身で、高い官位に用いてはならない。山に住む身分の低い者たちを従えて、田、畑を作り（暮らし）たい。この地位をお返し申し上げて、地方の国一国をいただきたい」と申し上げる。「もっともなことだ」ということで、大臣の位を解かれて、美濃国をお与えになった。

解説

『宇津保物語』からの出題。古文ではめったに見られないような現実的な人物が登場する。着眼箇所は順に設けられているので、選択肢と本文を照らし合わせながら、読解の助けになる選択肢の内容を使いつつ訳していく。選択肢の正誤判定ポイントはそれぞれいくつか用意されており、重要単語、文法、古文常識の知識に基づいて判断するものがほとんどである。主体や対象といった人物の判定なども問題になる。

問1　第一段落の発言を訳す。「御蔀」は注にある通り建物の雨戸のようなもの。「対」は「対の屋」のことで、当時の建物の棟を指す。「かく」は〝このように〟、「しめ」は使役の助動詞「しむ」の未然形、「られ」は尊敬の助動詞「らる」の連用形、「たる」は存続の助動詞「たり」の連体形である。〝このようにさせ（＝建物近くまで畑を作らせ）なさっていること〟となる。「あるまじき（あるまじ）」は〝する必要がない、あってはならない、生きていけない〟の意味。「そしり（そしる）」は〝非難する、悪く言う〟の意味。

問2　第二段落の高基の発言を訳す。「あぢきなき（あぢきなし）」は〝思い通りでない、つまらない、不快だ、はかない〟。相手の発言を評して言っている。「ものをのみ尽くす」の「もの」は何かをぼかして言う言葉で、食事の場面では食べ物を指すなど、文脈で何を指すか判断する。この場合は「よき屋」（＝立派な屋敷）を造築するなどを指して「ものをのみ尽くす」と言っており、またリード文の表現からも財物を貯えるか否かを問題にしているので、「もの」は財物または贅沢品を指すと考える。「のみ」は強調または限定の副助詞だが、ここは強調。「尽くす」は〝出し尽くす、最後までする、極める〟の意味。「何の」は〝どういう、どんな〟、「清らなる（清らなり）」は最高級の気品や華々しさをもった美しさを表す。「か」は疑問、反語の係助詞だが、ここは反語。「かしこから（かしこし）」は「畏し」ならば〝恐れ多い、貴い〟だが、「賢し」ならば〝賢明だ、立派だ、上手い、都合良い〟といった意味である。ここは後者。「め」は「こそ」の結びで已然形になっている推量の助動詞「む」。「苦しみをいたせ」の「いたせ」は「こそ」の結びで已然形になっている。命令形ではない。

問3　第二段落「小さくて」以下を訳す。「親」は「大きなる願どもを立て」て、快癒を祈り、亡くなる時に遺言したとあるので、病気になったのは幼少の高基である。「ほとほとしかり（ほとほとし）」は〝ほとんど～である、危うく～しそうだ、死にそうだ〟の意味。「かかる財の王にて果たさず」の「かかる」はリード文からも読み取れる通り、蓄財に心を奪われている様子を指す。願を立てるとは、願いを叶えるために神仏に祈り何らかの誓いを立てることで、願いが叶った際には参詣してお礼を申し上げるものとなっている。この参詣してのお礼を「願果たし」という。

問4　第二段落「市女祭り祓へせさせむとするときに」以下を訳す。「あたら」は形容詞「あたらし」の語幹で、〝もったいない〟の意味。「ものを」は詠嘆を表す終助詞。「塵ばかり」は〝ほんの少し〟の意味。「つゆ」「ちり」「つゆちり」いずれも〝少しも～〟の表現で用いられる。「ばかり」は〝～だけ、～くらい〟の意の副助詞。「わざ」は〝行い〟の意味で、特に〝仏事、神事、法要〟を指すことも多い。繰り返し使われる「べし」は推量の助動詞終止形。「せさせたまはず」の「させ」は「たまは（たまふ）」とともに用いられているので使役にも尊敬にもなりうる助動詞「さす」連用形だが、ここは市女に加持祈禱をさせなかったという話なので使役。

問5　第三段落「かくて、臥したまへるほどに」以下を訳す。「いたづらに（いたづらなり）」は〝つまらない、無駄だ、何もない、ひまだ〟の意味。「今は」は〝今となっては、もはや〟の意味。「今はと」の形になると〝もはやこれまで〟の意味になる。「じ」は打消推量・打消意志の助動詞で、ここは打消意志の終止形。「いささかなる（些かなり）」は〝ほんのわずかだ、ほんの少しだ〟の意味。「まうぼらで」は「まうぼる」未然形＋打消の接続助詞「で」の形で〝召し上がらないで〟の意味。「日ごろ」は〝数日、日常〟の意味。

問6　第三段落の高基の発言「ここのにはあらで」以下を訳す。「にはあらで」は断定の助動詞「なり」の連用形「に」＋強意の係助詞「は」＋ラ行変格活用動詞「あり」未然形＋接続助詞「で」で、〝ここのものではなくて〟の意味になる。《に＋助詞＋あり》の形の際、「に」は断定の助動詞連用形。《未然形＋で》は〝～ないで〟の意味。「なべて」は〝一般に、すべて、並一通り〟の意味。「みそかに（みそかなり）」は〝ひそかだ、こっそりとしている〟の意味。「参る」は〝参上する〟の意味の謙譲語だが、〝差し上げる、（何かを）して差し上げる〟の意味や〝召し上がる、なさる〟の尊敬語の意味もあるので注意する。

問7　第三段落「おとど、子、市女の腹に」以下を訳す。「橘を取りて」の主語は、この前の文に「みそかに市女取りて参る」とあるので市女（徳町）。父が自宅の橘以外の橘の実を食べたいと言っていたのに、自宅で取ってきた母の行為を、子は良くないと思い、「怨じて」父にいいつけている。「弱き御心地」は高基の心の状態であるが、第二段落の描写からしてももともと気弱とは言えない。病で弱っていると考えるべきだろう。「つぶらはしき（つぶらはし）」は「つぶる（＝つぶれる）」から来た形容詞で〝（心配や驚きで胸が）おしつぶされそうだ〟という意味である。「もの覚ゆ」で〝正気になる、物心がつく〟の意味。「ものも覚えず」と否定の形で〝正気でない、わけがわからない〟という意味でよく使われる。

問8　第三段落の終わり、「市女、『いと人聞き悲し』」以下を訳す。「人聞き」は〝世間への聞こえ、外聞〟の意味。「人聞きが悪い」は今でも使われる。「おのれと」は〝自然に、自分から〟の意味。「おのれ」のみでも〝おのずから〟の意味がある。「腹立ち（腹立つ）」は〝腹を立てる、けんかする〟の意味。「業」は「ごふ」と読み、〝悪業、（自らの行いの）悪い報い〟の意味。第二段落で願果たしを行わなかった（神仏に礼をしなかった）罪によって「恐ろしき病」にかかったとする記述を受けて、病が治ったことを「業にやあらざりけむ」と言っている。「にやあらざりけむ」は、断定の助動詞「なり」の連用形＋疑問の係助詞「や」＋ラ行変格活用動詞「あり」未然形＋打消の助動詞「ず」連用形＋過去の原因推量の助動詞「けむ」連体形で、〝悪い報いのためではなかったのだろうか〟と訳す。

問9　第四段落「市女の思ふほどに」以下を訳す。「高き（高し）」は特に〝評判が高い、声が高い、身分が高い〟意味で用いられることがある。リード文にある通り高基は天皇の御子であるため非常に身分が高い。「食ひ着れ」は「こそ」の結びで已然形になっている。意味は〝食べたり着たりしている〟でよい。「わがほど」の「ほど」は〝身分〟の意味。「高き人」でなく自分の身分にあった人と、と考えている。「ほど」は〝程度、長さ、広さ、時間〟の意味であるが、〝様子、身分〟の意味もあることは忘れないようにしよう。文中で使われる連体形の「む」は婉曲。「め」は「こそ」の結びで已然形となっている意志の助動詞「む」。「知らせで」は〝知らせないで〟だが、「わたしが商いをして得た収入で」皆の生活をまかなってきたということから、けちな高基には知らせないで、ということとわかる。「侍」は〝従者、武士〟の意味。

問10　第四段落後半「おとど」以下を訳す。「苦しけれ（苦し）」は〝苦しい、辛い〟〝不都合だ〟両方の意味がある。ここは従者たちが「ときどきもの申し」たことに対する言葉であり、「一人二人の下衆（＝下僕）を使ひてあらむ（＝使って暮らそう）」と続くので、「人のなき」は従者がいないことを指す。「む」は意志の助動詞。「使ひてあらむ」は直訳すると〝使っていよう〟。「人国」は〝地方（近畿以外）の国、他国〟の意味。「さもいはれたり」で〝もっともなことだ〟の意の表現である。「さ」は〝そのように〟の意味であるが、「さも」で〝いかにも、まったく〟、「さもあり」で〝いかにももっともだ〟の意味になる。「大臣の位をとどめられて」は「大臣の位を止（とど）められて」で、位を停止される、つまり任を解かれたということである。

////////////////// · memo · //////////////////

/////////////////// ・memo・ ///////////////////

2023年度

問題と解答

二月三日実施分

問　題

（七五分）

一　次の文章は、板垣俊一『日本文化入門　その基層から美意識まで』（武蔵野書院）の序文である。これを読んで、後の問いに答えよ。

　近代日本語としての「文化」は明治時代の翻訳語として新しく生まれた言葉である。これと似た言葉に同じく翻訳語として生まれた「文明」という言葉もある。この二語は大正時代までほぼ同じ意味で使用されていた。たとえば読売新聞の大正五年八月十八日の社説中には「自国の文化を擁護して＊1泰西文明を罵倒す」とか、「吾等（われら）は自己の文明を自覚する前に先（ま）づ吾等の文化を造り出（いだ）さゞる可（べ）からず」（インドの詩人＊2タゴールの来日にあたっての記事「自国文化の自覚とは何事ぞ」）とあるが、そこに使われている「文化」と「文明」とに明確な区別はなされていない。それゆえ日本文化はまた「日本文明」とも言われていた。ただし明治期の前半には「文明開化」の語が流行したように、「文明」あるいは同じ意味で「開化」という言葉がおもに用いられていた。これに対して「文化」の語が一般に広まったのは大正十年代（一九二〇年代）あたりからである。ふたたび新聞記事をとりあげると、東京朝日新聞の大正十一年一月八日付の、＊3内藤湖南が書いた評論「日本文化とは何ぞや」の書き出しは、「文化と云（い）ふ語は、近頃流行し、何ものにでも此（こ）の二字が附せらるると景気好（よ）く見えるかのやうである」云々（うんぬん）と始まっている。大正十一年一月に三回に分けて(あ)ケイサイされたこの評論の趣旨はほぼ次のようなものである。

　「国民」の自覚はまず最初に政治的に行われる。文化的思想的な自覚と独立は、その後に生じるものである。ところが、「日本人」には国民的自覚が生じると同時に、我が国には固有の日本文化なるものが歴史の最初からあったと信じるむきが、歴史家をはじめ多くの人々にある。しかし、文化とは文化的自覚のもとに自発的に形成されるものである。そのとき外来文化は、豆腐をつくるときの豆乳を固めるニガリのごときもので、自発的な文化形成のきっかけを与えてくれるものである。そのような文化形成がなされなければ外来文化に拘束されてそれに従属したままとなる。最近の日本文化は以前の中国文化の拘束からようやく脱しようとしているけれども、依然として西洋文化からの拘束を受けていて民族自発の文化はまだよく形成されていない。

内藤湖南は最後に、今後は日本文化に「順適なる発達を遂げしめ、世界の文化に貢献すべき一大勢力となすのが我々の責任である」と結ぶ。つまり、近代国家に対応した本当の意味での日本文化はまだ形成されていないというのが当時の彼の認識であった。さかのぼって前に引用した読売新聞の大正五年の社説でも、今の日本には他国に誇るべき何の文化も文明もない、我らの文化をこれから創り出すべきだと主張する点は同じである。

以上は新聞記事であるが、刊行された著書においてはどうであろうか。「日本文化」という語句を比較的はやく使った近代の著書に、「創造的文化主義」をとなえた昭和四年（一九二九）刊行の稲毛詛風*4の『日本文化の創造と教育』がある。著者の稲毛詛風は大正時代に「創造教育論」をとなえた学者で人名辞典に教育哲学者とされる人物であった。『日本文化の創造と教育』は、学校教育における文化創造の観点の大切さを説くのが主旨で、その主張はやはり右に引いた大正期の新聞紙上の意見の延長線上に位置づけることができる。

初期の日本文化論が、過去の文化を否定して、なぜこのように文化は新たに創り出されるべきものだと主張しているのだろうか。それは「文化」の意味のとらえ方にあった。つまり「文化」の語には翻訳語として生み出されて以来、「世の中が開けること」という意味が根強くあったからである。そしてその「世の中が開けること」は明治維新以来の日本の大きな課題だったから日本「文化」は、これからできあがるもので、今は論ずべきものがないと考えるのは当然の(い)キケツであった。

稲毛が右の書を刊行した昭和四年は、彼が言うとおり明治維新からすでに六十年が経過している。明治の時代はひたすら西洋の文化をとりいれた「開化」の時代だった。その後、大正モダニズムの時代を経て、稲毛詛風が右の書を刊行した昭和初期まで和洋混在したモダニズムの時代が続く。彼の目に「実際今日の日本文化は、真に混沌(こんとん)を極め雑多を尽くし」ていると映った時代である。『日本文化の創造と教育』はこのような時代状況の認識のもとに刊行されている。

同書で稲毛はまた言う、「今や我が国は多年に亘(わた)る外国文化の輸入乃至(ないし)模倣に行き詰りつゝある」と。その一方には第一次世界大戦(大正三〜七)後に、ドイツの哲学者オズワルト・シュペングラーが唱えた「西洋の没落」という観念があった。(シュペングラー著『西洋の没落』は大正十五年(一九二六)に日本語訳で批評社から出版されている。原著は一九一八〜二二の出版)稲毛もまた同書に、「思ふに、西洋文化の行き詰りは全き意味に於(お)ける行き詰りである」という。彼は大正末年から昭和初期の足かけ三年、ドイツに留学してもいた。明治維新後六十年にわたる西洋文化の輸入にそろそろ一段落をつけ、今度はそれを素材として新たな日本文化を創造しなければならない、との著者の主張は、こうした認識のもとになされている。＊5

それまで摂取してきた西洋の文化を素材として新たな日本文化を創造すべきだという主張は、内藤湖南の言うところよりも具体的である。江戸時代までの中国・インド・朝鮮からの文化輸入は、それを素材として長い時間をかけて、さらに新たな日本文化の創造につながっていた。一地域の文化の形成は、それ自体の内部からなされるのではなく、他の文化の影響のもとに形成されるものであることは、実際の日本文化の歴史を見ればよく分かる。

稲毛の日本文化論は著者のドイツ留学経験のあとで書かれたものであった。つまり、いったん自国の文化から離れてみることではじめてそれに対する反省意識が鮮明に生まれるわけで、自己の属する文化を論ずるためには、留学でなくともなんらかの形で他の文化との相対意識が必要であることを示している。稲毛の場合は欧州文化と日本文化との対比であったが、この対比は近代以降の日本文化論が持っていた一般的な構図ともいえる。

稲毛はまた日本文化を「国家文化」と言い換えている。この場合の「国家」とは、法律や軍隊と明確な領土を持った中央集権的な権力機構（政府）および国民意識を持った国内の人民によって構成される近代のいわゆる国民国家である。内藤湖南は、「国民」の自覚はまず最初に政治的に行われ、その次に文化的思想的な自覚が起こるといっているが、しかし新しく成立した日本の明治国家にとって国内の人民に「国民」意識を植え付けるためには上からの文化政策が必要だった。その「国民」意識の形成は、最初にまず「国語」という統一言語の制定によって基礎づけられた。「国家文化」とは、この近代の国民国家に対応した言葉である。国家はまた、学校教育の制度によって子どもたちに「国語」を学ばせ、それによって「国民」の再生産を行った。明治政府は、このような国民をたばねながら富国強兵の道を歩み、軍事的には、日清戦争の勝利（明治二八）、日露戦争の勝利（明治三八）、韓国併合（明治四三）、シベリア出兵（大正七）へと進んで行く。『日本文化の創造と教育』が著わされたのは、政府が労働問題や社会のさまざまな矛盾を権力によって押さえ込みながらますます国家主義化、軍国主義化を強め、中国侵略へと邁進（まいしん）して行った時代においてであった。そのような時代の中で稲毛は、これからの日本は「固陋な国家主義と(ア)サツバツな軍国主義を一擲して[*7]」、「創造的文化主義[*6]を以て外国に対しなくてはならない」と述べる。政治や軍事に対して文化の力を優先させた稲毛の主張は画期的である。「創造的文化主義」という言葉も、これからの国家の教育は、富国強兵に役立つ「国民」を作るためではなく、「次代の文化の創造者を育成するのが其（そ）の究極目的」でなければならないという意味であった。これは、当時の国家主義的な時代状況を差し引いて読めば、「世界文化」に貢献できるような人材の育成を目差せ、という意味になるであろう。

日本文化を「国家文化」と呼ぶその言葉には、文化がまずそれぞれの国の国民のアイデンティティ形成に深く関わっているという意味がある。その点で、文化はきわめて地域的なものであり、「世界文化」という言葉には違和感を覚えるが、稲毛には「文化は個別即普遍である」という文化観があった。個別的でもあり普遍的でもあるという矛盾したこの文化の性格は理屈で考えるよりも実例がよく示しているだろう。文化が異なる地域へ伝播（でんぱ）するのは、それが地域的なものであると同時に他へ普遍的に開かれているからにほかならない。

　以上、稲毛の日本文化論は、明治維新後西洋文化の輸入が六十年を経て(う)ホウワ状態を迎えたと認識された時代、また第一次世界大戦という大きな戦乱を経験した西洋の知識人が西洋の理性（それはまた文化でもある）に対する絶対的な自信を失った時代状況に向き合わざるを得なくなった日本の知識人から生まれたものであることが知れる。その論調は西洋文化に代わる日本文化の世界的な普遍性を目差すべきことを主張するが、その実、近代の国民国家における「国民」としてのアイデンティティ形成に(え)キヨするものであった。

　その後、昭和の時代は、太平洋戦争の敗戦に至るまで偏狭なナショナリズムが高まってゆく。それによって国民のアイデンティティは、天皇を神聖な存在として崇（あが）め、日本はすぐれた神の国だとする偏狭な日本文化論のなかで形成されていった。世界的な普遍性を持つ日本文化をつくるという発想は、「文化」の意味を「世の中が開けること」と取った明治の文明開化の延長線上に出てきたもので、そのような発想はもはや過去のものとなった。今日、和食がユネスコの世界無形文化遺産に登録されたのは、それが伝統的に形成された個別固有の文化だからである。つまりは個別であるものが普遍的な評価を得るところに文化の世界的な普遍性がある。

　本書のめざすところも、日本文化の個別性を知ることである。ひとくちに文化といってもその分野はたいへん広い。本書では、おもに日本の伝統文化、精神文化をとりあげて、先人の諸説を借りながら概説し、さらにささやかな私見を加えることにしたい。本書を執筆した動機は、日本の大学生に日本文化を講じるためであった。著者の念頭にある読者はおもに若い世代の人々である。戦後七十年、日本の社会は大きく変化した。とりわけ情報化時代の到来、農業などの一次産業の衰退、村落の消滅、単独世帯数の増大、さらに子どもの減少など、伝統的な文化が生きていた地域社会が急激に失われつつある。それゆえ、現代の若者にとって長く継承されてきた伝統文化は日常からますます(イ)ソエンなものとなった。そのうえ現代の若者は異文化との接触が日常的に起こる時代に住んでいる。このような現代において伝統的な日本文化を知ることは、各自のアイデンティティ形成に役立つところがあるかも知れない。ただし伝統的な日本文化であっても千古の昔から続いてきたものではない。それはある時代のなかで形成され、いずれは変化・消滅するものである。よって現代の社会変化のなかで伝統的な文化が消滅してゆくことはやむを得ないことでもある。また文化はイッチョウイッ㋔セキにして生み出されるものではなく、それゆえ貴重なものではあるが、伝統的な文化だからといってすべてを肯定する必要もない。そのなかには、本人が気付かずに自己の内なる文化として形を変えて生き残り、われわれの意識をいたずらに規制しているものもあるだろう。また失っては実にもったいない将来に残して行きたい独自のものもある。本書の読者にそんな日本文化の一端に気付いてもらえばさいわいである。

（板垣俊一『日本文化入門　その基層から美意識まで』による）

注　＊1　泰西＝西洋。　＊2　タゴール＝インドの詩人・思想家。（一八六一～一九四一）　＊3　内藤湖南＝日本の東洋史学者。（一八六六～一九三四）　＊4　稲毛詛風（そふう）＝日本の教育哲学者。（一八八七～一九四六）　＊5　オズワルト・シュペングラー＝ドイツの文化哲学者・歴史学者。（一八八〇～一九三六）　＊6　固陋（ころう）＝古い習慣や考えに固執して、新しいものを受け入れないこと。　＊7　一擲（いってき）＝一度にすべてを投げ捨てること。

問1　太線部㋐「サツバツ」、㋑「ソエン」を漢字に改めよ。

問2　筆者は、内藤湖南の評論「日本文化とは何ぞや」の趣旨をどのように捉えているか。最も適当なものを選択肢から一つ選び、その記号をマークせよ。

a　「国民」の自覚はまず最初に政治的に行われ、その次に文化的思想的な自覚と独立が生じるものであり、近代国家に対応した本当の意味での日本文化は、外来文化の影響を受けない自発的な文化形成でなければならず、そうでなければ外来文化に拘束されてそれに従属したままとなると捉えている。

b　近代国家に対応した本当の意味での日本文化はまだ形成されていないが、「日本人」には国民的自覚が生じると同時に、我が国には固有の日本文化なるものが歴史の最初からあったと信じるむきがあるため、「国民」の自覚は政治的に行われる必要があると捉えている。

c　最近の日本文化は、以前の中国文化の拘束からようやく脱しようとしているけれども、依然として西洋文化からの拘束を受けているのは、「国民」の自覚がまだ政治的に行われていないためであり、だからこそ外来文化の影響を受けない自発的な文化形成が求められていると捉えている。

d　文化的思想的な自覚と独立は、政治的に行われた「国民」の自覚の後に行われるもので、そのとき外来文化が自発的な文化形成のきっかけを与えてくれるが、最近の日本文化は、今もなお外来文化の拘束から脱しておらず、近代国家に対応した本当の意味での日本文化はまだ形成されていないと捉えている。

e　最近の日本文化は、依然として西洋文化からの拘束を受けていて民族自発の文化がまだよく形成されていないが、今の日本には他国に誇るべき何の文化も文明も全くないわけではなく、文化的思想的な自覚と独立によって、近代国家に対応した本当の意味での日本文化を再発見すべきであると捉えている。

問3　『日本文化の創造と教育』が刊行された当時の日本の時代状況に対する稲毛詛風の認識とその主張について、筆者はどのように考えているか。最も適当なものを選択肢から一つ選び、その記号をマークせよ。

a　「文化」の語には翻訳語として生み出されて以来、「世の中が開けること」という意味が根強くあったことに加え、「世の中が開けること」が明治維新以来の日本の大きな課題であり、日本「文化」はこれからできあがるものとされる時代状況であったため、稲毛詛風は過去の文化を否定し、学校教育における文化創造の観点の大切さを説いたと考えている。

b　明治の時代はひたすら西洋の文化をとりいれた「開化」の時代だったが、稲毛詛風が『日本文化の創造と教育』を刊行した昭和初期は、明治維新からすでに六十年が経過しており、近代国家に対応した本当の意味での日本文化が形成されていた時代状況であったため、稲毛詛風は学校教育における文化創造の観点の大切さを説いたと考えている。

c　明治維新からすでに六十年が経過し、明治のひたすら西洋の文化をとりいれた「開化」の時代から、大正モダニズムの時代を経て、昭和初期まで和洋混在したモダニズムの時代へと続いており、日本文化はいろいろと入り交じってまとまりのない時代状況になってきたからこそ、稲毛詛風は学校教育における文化創造の観点の大切さを説いたと考えている。

d　明治維新以来の日本の大きな課題であった「世の中が開けること」は、和洋混在したモダニズムの時代になってようやく達成されたが、稲毛詛風の目には「真に混沌を極め雑多を尽くし」ている時代状況と映ったため、大正期の新聞紙上の意見の延長線上に自らの主張を位置づけることによって、学校教育における文化創造の観点の大切さを説いたと考えている。

e　「真に混沌を極め雑多を尽くし」ている日本文化の本質を見極めることこそが、「文化」という語が翻訳語として生み出されて以来の、「世の中が開けること」という意味の解明につながると考えられていた時代状況であったため、稲毛詛風は「日本文化」という語句を比較的はやく使って、学校教育における文化創造の大切さを説いたと考えている。

問4　『日本文化の創造と教育』における稲毛詛風の主張と西洋文化との関わりについて、筆者はどのように述べているか。最も適当なものを選択肢から一つ選び、その記号をマークせよ。

a　もはや西洋文化は行き詰まっているという認識のもとに、一地域の文化の形成は、それ自体の内部からなされるのではなく、他の文化の影響のもとに形成されるものであり、明治維新後六十年にわたる西洋文化の輸入に一段落をつけ、今度はそれを素材として新たな日本文化を創造すべきだ、という主張を行ったと述べている。

b　一地域の文化の形成は、それ自体の内部からなされるのではなく、他の文化の影響のもとに形成されるものであるが、第一次世界大戦後には「西洋の没落」という観念があったため、西洋文化を素材とするだけでなく、中国・インド・朝鮮からの文化も素材とすることによって、新たな日本文化の創造が可能になる、という主張を行ったと述べている。

c　いったん自国の文化から離れてみることではじめてそれに対する反省意識が鮮明に生まれるが、ドイツ留学経験のある稲毛詛風は、西洋文化がまったく行き詰まりの状況にあるのを見聞したため、内藤湖南の言うところよりも具体的に、日本の内部から新たな文化が創造されるべきだ、という主張を行ったと述べている。

d　いったん自国の文化から離れてみることではじめてそれに対する反省意識が鮮明に生まれるが、シュペングラーが唱えた「西洋の没落」という観念に大きな影響を受けた稲毛詛風は、西洋文化の輸入に一段落をつけることによってのみ、新たな日本文化が創造され、自己の属する文化を論ずることが可能になる、という主張を行ったと述べている。

e　学校教育における文化創造を実現するには、いったん自国の文化から離れてみることではじめてそれに対する反省意識が鮮明に生まれるという、他の文化との相対意識が必要であったため、明治維新後六十年にわたる西洋文化の輸入を一段と活性化しつつ、それを素材として新たな日本文化を創造すべきだ、という主張を行ったと述べている。

問5　稲毛詛風の「国家文化」やそれをめぐる主張について、筆者はどのように述べているか。最も適当なものを選択肢から一つ選び、その記号をマークせよ。

a　稲毛詛風のいう「国家文化」における「国家」とは、法律や軍隊と明確な領土を持った中央集権的な権力機構（政府）および国民意識を持った国内の人民によって構成される近代のいわゆる国民国家であり、その「国民」意識を形成するための上からの文化政策として、政治や軍事に対して文化の力を優先させた教育を行い、「国家文化」を確立したうえで富国強兵に役立つ「国民」を再生産することが必要であると稲毛は主張したと述べている。

b　明治政府は、「国民」意識を植え付けるための上からの文化政策として、まず「国語」という統一言語の制定を行い、また学校教育の制度によって子どもたちに「国語」を学ばせることにより「国民」の再生産を行いながら、近代の国民国家として富国強兵の道を進んだのに対して、稲毛詛風は日本文化を「国家文化」と言い換え、これからの国家の教育は、政治や軍事よりも文化の力を優先させ、次代の文化の創造者の育成を究極目的としなくてはならないと主張したと述べている。

c　近代の中央集権的な国民国家の確立を目差した明治政府は、「国民」意識を形成するために「国語」という統一言語を制定したが、稲毛詛風のいう「国家文化」とはこの近代の国民国家に対応した言葉であり、学校教育の制度によって子どもたちに「国語」を学ばせ、それによって「国民」の再生産を行い、富国強兵に役立つ「国民」ではなく、「世界文化」に貢献できるような人材の育成を目差すべきだと稲毛は主張したと述べている。

d　「国民」の自覚はまず政治的に行われ、その次に文化的思想的な自覚が起こるように、これからの国家の教育は、富国強兵に役立つ「国民」を作るためではなく、次代の文化の創造者の育成を究極目的としなくてはならないのであり、稲毛詛風は日本文化を「国家文化」と言い換えることによって、国内の人民への「国民」意識の植え付けが可能になり、創造的文化主義をもって外国に対することができると主張したと述べている。

e　稲毛詛風のいう「国家文化」とは、近代の国民国家に対応した言葉であり、法律や軍隊と明確な領土を持った中央集権的な権力機構（政府）および国民意識を持った国内の人民によって、次代の文化の創造者を育成するのが、これからの国家の教育の究極目的であり、「世界文化」に貢献できるような人材の育成を目差すべきことを、ますます国家主義化、軍国主義化を強めつつある当時の時代状況の中にありながらも稲毛は主張したと述べている。

問6　日本文化と国民のアイデンティティのあり方について、筆者はどのように述べているか。最も適当なものを選択肢から一つ選び、その記号をマークせよ。

a　文化はそれぞれの国民のアイデンティティ形成に深く関わっており、稲毛詛風は「文化は個別即普遍である」という文化観にもとづいて、西洋文化に代わる日本文化の世界的な普遍性を目差すべきことを主張したが、その日本文化論は、やがて日本はすぐれた神の国だとする偏狭な日本文化論と結びつき、国民のアイデンティティを形成していったと述べている。

b　稲毛詛風には「文化は個別即普遍である」という文化観があり、地域的なものである日本文化は同時に西洋文化に普遍的に開かれていると捉えていたが、実際には、その主張は近代の国民国家における「国民」としてのアイデンティティ形成にキヨするものであり、日本はすぐれた神の国だとする偏狭な日本文化論の形成を促していったと述べている。

c　日本文化は、「文化」の意味を「世の中が開けること」と取った明治の文明開化の延長線上に出てきたものであり、太平洋戦争の敗戦に至るまで偏狭なナショナリズムが高まっていった時代状況のなかで、稲毛詛風は西洋文化に代わる新たな日本文化の創造を目差したことによって、近代の国民国家における国民のアイデンティティ形成にキヨしたと述べている。

d　文化はそれぞれの国の国民のアイデンティティ形成に深く関わっており、稲毛詛風は西洋文化に代わる日本文化の世界的な普遍性を目差すべきことを主張したが、その後、太平洋戦争の敗戦に至るまで偏狭なナショナリズムが高まることによって国民のアイデンティティは、偏狭な日本文化論のなかで形成されていったと述べている。

e　世界的な普遍性を持つ日本文化をつくるという稲毛詛風の発想は、「文化」の意味を「世の中が開けること」と取った明治の文明開化の延長線上に出てきたものであり、太平洋戦争の敗戦に至るまでに、文化はそれぞれの国の国民のアイデンティティ形成に深く関わっているというような発想はもはや過去のものとなったと述べている。

問７　二重傍線部ⓐⓘⓤⓔⓞのカタカナと同じ漢字を用いる語を選択肢から一つ選び、その記号をマークせよ。

ⓐ　ケイサイ

a　けんかをチュウサイする。
b　大きな会社にサイヨウされる。
c　年に一度のイベントをカイサイする。
d　この船のセキサイリョウは一〇〇トンだ。
e　たまっていたサイムを返済する。

ⓘ　キケツ

a　仏門にキエする。
b　事業がキドウに乗り出す。
c　キセイ概念にとらわれてはいけない。
d　定められたキリツを守る。
e　発売日がエンキされる。

㋒　ホウワ

a　将来のホウフを語る。
b　去年は米がホウサクだった。
c　日本がホウショクの国といわれて久しい。
d　疲れすぎてホウシン状態となる。
e　どうしていいのか分からずトホウにくれる。

㋓　キヨ

a　新しいキカクを立てる。
b　雑誌にエッセイをキコウする。
c　生活のキバンを固める。
d　交通安全をキガンする。
e　キバツなデザインの服を着る。

㋔　イッチョウイッセキ

a　真相をセキララにあばきたてる。
b　彼の運命はタンセキに迫った。
c　もはやセキジツの面影はない。
d　ジョウセキ通りにやれば成功するはずだ。
e　手料理をソクセキで作る。

問8　筆者は、現代において日本文化を捉える際に、日本文化のどのような性格を踏まえるべきと述べているか、五十字以内で記せ。なお、句読点・符号も字数に含めるものとする。

二　次の文章は、『源氏物語』「手習(てならい)」の一節である。いったんは入水(じゅすい)を決意した浮舟であるが、木の根元に倒れていたところを、比叡山延暦寺(ひえいざんえんりゃくじ)の横川(よかわ)に修行する高徳の僧都(そうず)が宇治を訪れた際に発見され、一命を取り留める。僧都の妹の尼が手厚く介抱したが、浮舟の意識はなかなか回復しなかった。妹の尼が、比叡山に戻っていた僧都の立場を心配しつつも下山を請うたので、僧都は下山して浮舟の回復を祈るために修法(ずほう)を始めるのだった。これを読んで、後の問いに答えよ。

朝廷(おほやけ)の召しにだに従はず、深く籠もりたる山を出(い)でたまひて、すずろにかかる人のためになむ行ひ騒ぎたまふと、ものの聞こえあらむ、いと聞きにくかるべし、とおぼし、弟子どもも言ひて、人に聞かせじと隠す。僧都、「いであなかま、*1大徳たち。*2われ無慚の法師にて、忌むことのなかに、破る戒は多からめど、女の筋につけて、まだそしりとらず、あやまつことなし。齢(よはひ)六十にあまりて、今さらに人のもどき負はむは、さるべきにこそあらめ」とのたまへば、「よからぬ人の、ものを便なく言ひなしはべる時には、仏法の瑕(きず)となりはべることなり」と、心よからず思ひつつ言ふ。「この修法のほどにしるし見えずは」と、いみじきことどもを誓ひたまひて、夜一夜加持したまへる暁に、人に駆り移して、何やうのものの、かく人をまどはしたるぞと、ありさまばかり言はせまほしくて、弟子の*3阿闍梨、とりどりに加持したまふ。月ごろ、いささかもあらはれざりつるもののけ、調ぜられて、「おのれは、ここまでまうで来て、かく調ぜられたてまつるべき身にもあらず。昔は行ひせし法師の、いささかなる世に恨みをとどめて、漂ひありきしほどに、よき女のあまた住みたまひし所に住みつきて、*4かたへは失ひてしに、この人は、心と世を恨みたまひて、われいかで死なむ、といふことを、夜昼のたまひしにたよりを得て、いと暗き夜、独りものしたまひしを取りてしなり。されど、観音とざまかうざまにはぐくみたまひければ、この僧都に負けたてまつりぬ。今はまかりなむ」とののしる。

「かく言ふは何ぞ」と問へば、憑(つ)きたる人、ものはかなきけにや、はかばかしくも言はず。

正身(さうじみ)の心地はさはやかに、いささかものおぼえて見まはしたれば、一人見し人の顔はなくて、皆、老法師、ゆがみおとろへたる者どものみ多かれば、知らぬ国に来にける心地して、いと悲し。ありし世のこと思ひ出づれど、住みけむ所、誰(たれ)と言ひし人とだに、たしかにはかばかしくもおぼえず。ただ、われは限りとて身を投げし人ぞかし、いづこに来にたるにか、とせめて思ひ出づれば、いといみじとものを思ひ嘆きて、皆人の寝たりしに、*5妻戸を放ちて出でたりしに、風はげしく、川波も荒う聞こえしを、独りもの恐ろしかりしかば、来し方行く末もおぼえで、*6簀子の端に足をさしおろしながら、行くべき方もまどはれて、帰り入らむも中空にて、心強くこの世に亡(う)せなむと思ひ立ちしを、をこがましくて人に見つけられむよりは、鬼も何も食ひて失ひてよ、と言ひつつ、つくづくとゐたりしを、いときよげなる男の寄り来て、「いざたまへ、おのがもとへ」と言ひて、抱く心地のせしを、宮と聞こえし人のしたまふとおぼえしほどより、心地まどひにけるなめり、知らぬ所にすゑ置きて、この男消え失(う)せぬ、と見しを、つひにかく本意(ほい)のこともせずなりぬる、と思ひつついみじう泣く、と思ひしほどに、そののちのことは絶えて、いかにもいかにもおぼえず、人の言ふを聞けば、多くの日ごろも経にけり、いかに憂きさまを、知らぬ人にあつかはれ見えつらむ、とはづかしく、つひにかくて生き返りぬるか、と思ふもくちをしければ、いみじくおぼえて、なかなか沈みたまへりつる日ごろは、うつし心もなきさまにて、ものいささか参るをりもありつるを、つゆばかりの*7湯をだに参らず。

「いかなれば、かくたのもしげなくのみはおはするぞ。うちはへぬるみなどしたまへることはさめたまひて、さはやかに見えたまへれば、うれしく思ひきこゆるを」と、泣く泣く、たゆむをりなく添ひゐてあつかひきこえたまふ。ある人びとも、あたらしき御さま容貌(かたち)を見れば、心を尽くしてぞ惜しみまもりける。心には、なほいかで死なむ、とぞ思ひわたりたまへど、さばかりにて、生きとまりたる人の命なれば、いと執念くて、やうやう頭もたげたまへば、もの参りなどしたまふにぞ、なかなか面痩せもていく。いつしかとうれしく思ひきこゆるに、「尼になしたまひてよ。さてのみなむ生くやうもあるべき」とのたまへば、「いとほしげなる御さまを、Ⓐいかでかさはなしたてまつらむ」とて、ただ頂ばかりをそぎ、五戒[*8]ばかりを受けさせたてまつる。心もとなけれど、もとよりおれおれしき人の心にて、えさかしく強ひてものたまはず。僧都は、「今はかばかりにて、いたはりやめたてまつりたまへ」と言ひおきて、上りたまひぬ。

（『源氏物語』手習による）

注　＊1　大徳＝修行を積んだ高徳の僧侶。ここでは僧侶たちへの敬称。　＊2　無慚＝戒律を破って恥じないこと。ここでは僧都が自らを卑下する。　＊3　阿闍梨＝手本となるべき高徳の僧。加持祈祷をおこなう導師。　＊4　かたへ＝浮舟の異母姉の大君をさす。　＊5　妻戸＝寝殿造りの建物の脇にある両開きの板戸。夜間用の出入り口。　＊6　簀子＝寝殿造りで廂のさらに外側にある縁側。　＊7　湯＝薬草などを煮出した煎じ薬。　＊8　五戒＝出家していない信者に与える五つの戒。

問1　僧都が浮舟のために修法を行うことに対し、周囲の人々はどのように思って対処したか。最も適当なものを選択肢から一つ選び、その記号をマークせよ。

a　朝廷のお召しにさえ従わず山に籠もっていたのに、その山を下り、むやみにこのような女人のために修法を行おうと忙しく立ち働きなさって、世間にうわさがたつようなことになっては、体裁が悪いことだろうと、尼もお思いになり、弟子たちもそう言って、このことを世の人に聞かせまいと隠している。

b　朝廷のお召しにさえ従わず山に籠もっていたのに、その山を下り、むやみにこのような女人のために修法を行おうと忙しく立ち働きなさると、朝廷からのお咎めがあった際には、弁解しにくいだろうと、尼もお思いになり、弟子たちもそう言って、このことを世の人に聞かせまいと隠している。

c　朝廷のお召しにさえ従わず山に籠もっていたのに、その山を下り、不本意にもこのような女人のために修法を行おうと忙しく立ち働きなさって、世間にうわさがたつようなことになっては、僧都に危険が及びかねないと、尼もお思いになり、弟子たちもそう言って、このことを世の人に聞かせまいと隠している。

d　朝廷のお召しにさえ従わず山に籠もっていたのに、その山を下り、不本意にもこのような女人のために修法を行おうと忙しく立ち働きなさると、朝廷からのお咎めがあった際には、弁解しにくいだろうと、尼もお思いになり、弟子たちもそう言って、このことを世の人に聞かせまいと隠している。

e　朝廷のお召しにさえ従わず山に籠もっていたのに、その山を下り、むやみにこのような女人のために修法を行おうと忙しく立ち働きなさって、世間にうわさがたつようなことになっては、僧都に危険が及びかねないと、尼もお思いになり、弟子たちもそう言って、このことを世の人に聞かせまいと隠している。

問2　修法の様子とその結果について、最も適当なものを選択肢から一つ選び、その記号をマークせよ。

a　「今回の修法ではもののけはあらわれないかもしれない」と思いながらも、なみなみならぬ願をおたてになって、一昼夜加持しておられたその暁に、もののけを人に移して、どのようなものが、このように人をたぶらかしたのだとその事情を白状させたくて、弟子の阿闍梨がそれぞれに加持をおこなった。すると、数ヶ月ものあいだ、わずかしか正体をあらわさなかったもののけが降参して語り出した。

b　「今回の修法ではもののけはあらわれないかもしれない」と思いながらも、なみなみならぬ願をおたてになって、一晩中加持しておられたその暁に、もののけを人に移して、何ほどのことがあって、このように人をたぶらかしたのだとその事情を白状させたくて、弟子の阿闍梨がそれぞれに加持をおこなった。すると、数ヶ月ものあいだ、少しも正体をあらわさなかったもののけが降参して語り出した。

c　「今回の修法の間に効験があらわれないなら」と、なみなみならぬ願をおたてになって、一昼夜加持しておられたその晩に、もののけを人に移して、何ほどのことがあって、このように人をたぶらかしたのだとその事情を聞いてあげようと、弟子の阿闍梨がそれぞれに加持をおこなった。すると、数ヶ月ものあいだ、わずかしか正体をあらわさなかったもののけが降参して語り出した。

d　「今回の修法の間に効験があらわれないなら」と、なみなみならぬ願をおたてになって、一昼夜加持しておられたその晩に、もののけを人に移して、何ほどのことがあって、このように人をたぶらかしたのだとその事情を聞いてあげようと、弟子の阿闍梨がそれぞれに加持をおこなった。すると、数ヶ月ものあいだ、少しも正体をあらわさなかったもののけが降参して語り出した。

e　「今回の修法の間に効験があらわれないなら」と、なみなみならぬ願をおたてになって、一晩中加持しておられたその晩に、もののけを人に移して、どのようなものが、このように人をたぶらかしたのだとその事情を白状させたくて、弟子の阿闍梨がそれぞれに加持をおこなった。すると、数ヶ月ものあいだ、少しも正体をあらわさなかったもののけが降参して語り出した。

問3　降参したもののけの語った内容について、最も適当なものを選択肢から一つ選び、その記号をマークせよ。

a　「この人は自分から世を恨みなさって、自分は死ぬことなど何でもない、ということを夜も昼もおっしゃっていたことに手がかりを得て、真っ暗な夜に、ひとりでいらっしゃったところを私がとりついたのです。しかし、観音様があれやこれやとお守りになったので、生きながらえ、そしてこの僧都の修法に負けることになってしまいました。今は後悔しています」と、恨み言を言った。

b「この人は自分から世を恨みなさって、自分をどうか殺してほしい、ということを夜も昼もおっしゃっていたことに手がかりを得て、真っ暗な夜に、ひとりでいらっしゃったところを私がとりついたのです。しかし、観音様があれやこれやとお守りになったので、生きながらえ、そしてこの僧都の修法に負けることになってしまいました。今は後悔しています」と、恨み言を言った。

c「この人は自分から世を恨みなさって、自分はなんとかして死にたい、ということを夜も昼もおっしゃっていたことに手がかりを得て、真っ暗な夜に、ひとりでいらっしゃったところを私がとりついたのです。しかし、観音様があれやこれやとお守りになったので、生きながらえ、そしてこの僧都の修法に負けることになってしまいました。今はもう退散します」と、大声をあげた。

d「この人は自分から世を恨みなさって、自分をどうか殺してほしい、ということを夜も昼もおっしゃっていたことに手がかりを得て、真っ暗な夜に、ひとりでいらっしゃったところを私がとりついたのです。しかし、観音様や様々な神様がお守りになったので、生きながらえ、そしてこの僧都の修法に負けることになってしまいました。今はもう退散します」と、大声をあげた。

e「この人は自分から世を恨みなさって、自分は死ぬことなど何でもない、ということを夜も昼もおっしゃっていたことに手がかりを得て、真っ暗な夜に、ひとりでいらっしゃったところを私がとりついたのです。しかし、観音様や様々な神様がお守りになったので、生きながらえ、そしてこの僧都の修法に負けることになってしまいました。今はもう退散します」と、大声をあげた。

問4　もののけが去った直後の浮舟について、最も適当なものを選択肢から一つ選び、その記号をマークせよ。

a　気分がさっぱりして、すこし意識もはっきりして周囲を見回すと、心を開いて話せそうな人は一人もおらず、知らない国に来た心地がして、とても悲しい。かつての暮らしのことを思い出そうとするけれど、住んでいた所や誰と親しくしていたのかもはっきりとはわからない。ただ、自分はもう最期と思って入水した人であり、それなのに、どこに来てしまったのかと、無理に記憶をたどった。

b　気分がさっぱりして、すこし意識もはっきりして周囲を見回すと、心を開いて話せそうな人は一人もおらず、知らない国に来た心地がして、とても悲しい。前世でのことを思い出そうとするけれど、住んでいた所や何という名前だったのかもはっきりとはわからない。ただ、自分はもう最期と思って入水した人であり、それなのに、どこに来てしまったのかと思いつつ、問いただされて記憶をたどった。

c　気分がさっぱりして、すこし意識もはっきりして周囲を見回すと、知っている人は一人もおらず、知らない国に来た心地がして、とても悲しい。前世でのことを思い出そうとするけれど、住んでいた所や誰と親しくしていたのかもはっきりとはわからない。ただ、自分はもう最期と思って入水した人であり、それなのに、どこに来てしまったのかと、無理に記憶をたどった。

d　気分がさっぱりして、すこし意識もはっきりして周囲を見回すと、知っている人は一人もおらず、知らない国に来た心地がして、とても悲しい。かつての暮らしのことを思い出そうとするけれど、住んでいた所や何という名前だったのかもはっきりとはわからない。ただ、自分はもう最期と思って入水した人であり、それなのに、どこに来てしまったのかと、無理に記憶をたどった。

e　気分がさっぱりして、すこし意識もはっきりして周囲を見回すと、知っている人は一人もおらず、知らない国に来た心地がして、とても悲しい。かつての暮らしのことを思い出そうとするけれど、住んでいた所や誰と親しくしていたのかもはっきりとはわからない。ただ、自分はもう最期と思って入水した人であり、それなのに、どこに来てしまったのかと思いつつ、問いただされて記憶をたどった。

問5　浮舟は、入水しようとしたときの経緯についてどのように回想しているか。最も適当なものを選択肢から一つ選び、その記号をマークせよ。

a　皆が寝静まってから、妻戸を開けて外へ出たものの、風が激しく川波も荒々しく音を立てていて、孤独で恐ろしかったので、今までのこともこれから先のことも頭になくて、どっちに行っていいかもわからず、死んでしまおうと強く決心したのに、何かの拍子に人に見つけられるより前に、鬼かほかの何かが私を食べ殺してしまうかもしれないと言いながら、うろうろとさまよっていた。

b　皆が寝静まってから、妻戸を開けて外へ出たものの、風が激しく川波も荒々しく音を立てていて、孤独で恐ろしかったので、今までのこともこれから先のことも頭になくて、どっちに行っていいかもわからず、死んでしまおうと強く決心したのに、みっともなくも人に見つけられるよりは、鬼でも何でも私を食べ殺してしまっておくれと言いながら、じっと思い詰めて座っていた。

c　皆が寝静まってから、妻戸を開けて外へ出たものの、風が激しく川波も荒々しく音を立てていて、孤独で恐ろしかったので、今までのこともこれから先のことも頭になくて、どっちに行っていいかもわからず、死んでしまおうと強く決心したのに、何かの拍子に人に見つけられるよりは、鬼でも何でも私を食べ殺してしまっておくれと言いながら、うろうろとさまよっていた。

d　皆が寝静まってから、妻戸を開けて外へ出たものの、風が激しく川波も荒々しく音を立てていて、孤独で恐ろしかったので、前世や来世のことも気になって、どっちに行っていいかもわからず、死んでしまおうと強く決心したのに、みっともなくも人に見つけられるより前に、鬼かほかの何かが私を食べ殺してしまうかもしれないと言いながら、うろうろとさまよっていた。

e　皆が寝静まってから、妻戸を開けて外へ出たものの、風が激しく川波も荒々しく音を立てていて、孤独で恐ろしかったので、前世や来世のことも気になって、どっちに行っていいかもわからず、死んでしまおうと強く決心したのに、みっともなくも人に見つけられるよりは、鬼でも何でも私を食べ殺してしまっておくれと言いながら、じっと思い詰めて座っていた。

問６　浮舟はどこまで記憶をたどることができたか。最も適当なものを選択肢から一つ選び、その記号をマークせよ。

a　たいそう美しい男性がよってきて、「さあくださいな、あなたの命を」と言って、自分を抱くように感じたので、宮とお話し申していた人がそうなさるのだろうと思ったときから、正気を失ってしまったようで、その男性は自分を見知らぬ所に座らせておいて、消えてしまったとみたのだが、自分はとうとう本心を打ち明けることもできないままになってしまったと思って、泣いていたと思うけれども、その後のことは詳しくは思い出せない。

b　たいそう美しい男性がよってきて、「さあくださいな、あなたの命を」と言って、自分を抱くように感じたので、宮とお話し申していた人がそうなさるのだろうと思ったときから、正気を失ってしまったようで、その男性は自分を見知らぬ所に座らせておいて、消えてしまったとみたのだが、自分はとうとう目的を果たして死んでしまうこともできないままになってしまったと思って、泣いていたと思うけれども、その後のことはどうしても思い出せない。

c　たいそう美しい男性がよってきて、「さあいらっしゃい、わたしのところへ」と言って、自分を抱くように感じたので、宮と申し上げた人がそうなさるのだろうと思ったときから、正気を失ってしまったようで、その男性は自分を見知らぬ所に座らせておいて、消えてしまったとみたのだが、自分はとうとう目的を果たして死んでしまうこともできないままになってしまったと思って、泣いていたと思うけれども、その後のことはどうしても思い出せない。

d　たいそう美しい男性がよってきて、「さあいらっしゃい、わたしのところへ」と言って、自分を抱くように感じたので、宮と申し上げた人がそうなさるのだろうと思ったときから、正気を失ってしまったようで、その男性は自分を見知らぬ所に座らせておいて、消えてしまったとみたのだが、自分はとうとう本心を打ち明けることもできないままになってしまったと思って、泣いていたと思うけれども、その後のことは詳しくは思い出せない。

e　たいそう美しい男性がよってきて、「さあいらっしゃい、わたしのところへ」と言って、自分を抱くように感じたので、宮とお話し申していた人がそうなさるのだろうと思ったときから、正気を失ってしまったようで、その男性は自分を見知らぬ所に座らせておいて、消えてしまったとみたのだが、自分はとうとう目的を果たして死んでしまうこともできないままになってしまったと思って、泣いていたと思うけれども、その後のことは詳しくは思い出せない。

問7　食事や薬湯を拒む浮舟に対して、お世話をしていた人々の様子として、最も適当なものを選択肢から一つ選び、その記号をマークせよ。

a　「どうしてこう心細そうにしていらっしゃるのですか。熱も下がってさっぱりなさったようにお見受けしますのを、うれしく思い申しておりますのに」と泣く泣く言って、尼君は絶えず困惑なさっている。僧都の弟子たちも、浮舟のもったいないようなお姿や顔立ちを見ると、このまま死なせるのが惜しく、一生懸命にお守りしようと思った。

b 「どうしてこう心細そうにしていらっしゃるのですか。熱も下がってさっぱりした感じにおなりになったのを、うれしく思い申しておりますのに」と泣く泣く言って、尼君は付ききりでお世話申し上げなさる。僧都の弟子たちも、もののけが去って一新した浮舟のお姿や顔立ちを見ると、このまま死なせるのが惜しく、一生懸命にお守りしようと思った。

c 「どうしてこう心細そうにしていらっしゃるのですか。熱も下がってさっぱりした感じにおなりになったのを、うれしく思い申しておりますのに」と泣く泣く言って、尼君は付ききりでお世話申し上げなさる。お側の女房たちも、もののけが去って一新した浮舟のお姿や顔立ちを見ると、このまま死なせるのが惜しく、精一杯介抱した。

d 「どうしてこう心細そうにしていらっしゃるのですか。熱も下がってさっぱりした感じにおなりになったのを、うれしく思い申しておりますのに」と泣く泣く言って、尼君は絶えず困惑なさっている。お側の女房たちも、もののけが去って一新した浮舟のお姿や顔立ちを見ると、このまま死なせるのが惜しく、精一杯介抱した。

e 「どうしてこう心細そうにしていらっしゃるのですか。熱も下がってさっぱりなさったようにお見受けしますのを、うれしく思い申しておりますのに」と泣く泣く言って、尼君は付ききりでお世話申し上げなさる。お側の女房たちも、浮舟のもったいないようなお姿や顔立ちを見ると、このまま死なせるのが惜しく、精一杯介抱した。

問8 五戒を受けた浮舟の様子と、僧都の対応はどのようであったか。最も適当なものを選択肢から一つ選び、その記号をマークせよ。

a 浮舟は、五戒だけでは不十分で物足りないけれど、元来はきはきしたところのない性格なので、さしでがましく無理に出家をお願いすることもおできにならない。僧都は、「今はこのくらいにしておいて、お大事になさってください」と浮舟に言い置いて、横川へお上りになった。

b　浮舟は、五戒だけでは不十分で物足りないけれど、元来はきはきしたところのない性格なので、さしでがましく無理に出家をお願いすることもおできにならない。僧都は、「今はこのくらいにしておいて、お大事にしてさしあげてください」と妹の尼に言い置いて、横川へお上りになった。

c　浮舟は、出家させてもらえるのを待ち遠しく思うけれど、もともと自己主張の強い性格ではあるものの、さしでがましく早く出家させてほしいとお願いするようなこともおっしゃることができない。僧都は、「今はこのくらいにしておいて、お大事になさってください」と浮舟に言い置いて、横川へお上りになった。

d　浮舟は、出家させてもらえるのを待ち遠しく思うけれど、元来はきはきしたところのない性格なので、さしでがましく早く出家させてもらえるようお願いすることもおできにならない。僧都は、「今はこのくらいにしておいて、お大事になさってください」と浮舟に言い置いて、横川へお上りになった。

e　浮舟は、出家させてもらえるのを待ち遠しく思うけれど、もともと自己主張の強い性格ではあるものの、さしでがましく早く出家させてほしいとお願いするようなこともおっしゃることができない。僧都は、「今はこのくらいにしておいて、お大事にしてさしあげてください」と妹の尼に言い置いて、横川へお上りになった。

問9　傍線部Ⓐを、指示語のさす内容をあきらかにして、現代語訳せよ。

二月三日実施分

解　答

一

出典　板垣俊一『日本文化入門　その基層から美意識まで』〈序〉（武蔵野書院）

解答

問１　㋐殺伐　㋑疎遠

問２　d

問３　c

問４　a

問５　b

問６　d

問７　あ―d　い―a　う―c　え―b　お―b

問８　いずれは変化・消滅してゆく性質のもので、閉鎖的で限定的な面もあるが、独自性や個別性をもっている。（五十字以内）

◆要　旨◆

大正期、内藤湖南は新聞に、近代国家に対応した本当の意味での日本文化はまだ形成されていないという趣旨の評論を書いた。昭和初期、稲毛詛風は明治維新後六十年にわたる西洋文化の輸入に一段落をつけ、西洋の文化を素材として新たな日本文化を創造すべきだと主張した。世界的な普遍性を持つ日本文化をつくるという稲毛の発想は、近代の国民国家における国民としてのアイデンティティ形成に寄与するものであったが、今日ではもはや過去のものとなった。現代の社会変化のなかで伝統的な文化が消滅してゆくことはやむを得ないが、将来に残して行きたい独自のものもあることに気付いて、日本文化の個別性を知ってもらいたい。

◀解　説▶

問2　設問の「内藤湖南の評論『日本文化とは何ぞや』の趣旨をどのように捉えているか」を手がかりとして本文中をみると、第一段落の末尾に「この評論の趣旨はほぼ次のようなものである」とあるので、この後の記述に着目する。第二段落冒頭に「『国民』の自覚はまず最初に政治的に行われる。文化的思想的な自覚と独立は、その後に生じるものである」、同三行目に「文化とは文化的自覚のもとに自発的に形成されるものである。そのとき外来文化は……自発的な文化形成のきっかけを与えてくれる」、同五行目に「最近の日本文化は……依然として西洋文化からの拘束を受けていて」とあり、第三段落二行目に「つまり、近代国家に対応した本当の意味での日本文化はまだ形成されていない」とあることから、dが正解。なお、aとcは「外来文化の影響を受けない自発的な文化形成」が不適。bは「『国民』の自覚は政治的に行われる必要がある」が不適。eは第三段落三行目に「今の日本には他国に誇るべき何の文化も文明もない、我らの文化をこれから創り出すべきだと主張する点は同じである」とあることから、不適。

問3　設問の「『日本文化の創造と教育』が刊行された当時の日本の時代状況に対する稲毛詛風の認識とその主張」を手がかりとして本文中をみると、第四段落三行目に「『日本文化の創造と教育』は、学校教育における文化創造の観点の大切さを説くのが主旨で」とあり、第六段落冒頭に「稲毛が右の書を刊行した昭和四年は、彼が言うとおり明治維新からすでに六十年が経過している。明治の時代はひたすら西洋の文化をとりいれた『開化』の時代だった。その後、大正モダニズムの時代を経て……彼の目に『実際今日の日本文化は、真に混沌を極め雑多を尽くし』ていると映った……このような時代状況の認識のもとに刊行されている」とあることから、cが正解。なお、aは第六段落に記されている「当時の日本の時代状況」を正しく押さえていないため、不適。bは「近代国家に対応した本当の意味での日本文化が形成されていた」が不適。dは第四段落末尾に「新聞紙上の意見の延長線上に位置づけることができる」とあり、「位置づけ」ているのは筆者であるため、不適。eは「日本文化の本質を見極めることこそが……意味の解明につながる」が本文にないため、不適。

問4　設問の「『日本文化の創造と教育』における稲毛詛風の主張と西洋文化との関わり」を手がかりとして本文中をみると、第七段落冒頭に「同書で稲毛はまた言う、『今や我が国は多年に亘る外国文化の輸入乃至模倣に行き詰りつゝある』」、同五行目に「明治維新後六十年にわたる西洋文化の輸入にそろそろ一段落をつけ、今度はそれを素材として新たな日本文化を創造しなければならない」、第八段落三行目に「一地域の文化の形成は、それ自体の内部からなされるのではなく、他の文化の影響のもとに形成されるものである」とあることから、aが正解。bは第八段落二行目に「江戸時代までの中国・インド・朝鮮からの文化輸入」とあることから、不適。cは「日本の内部から新たな文化が創造されるべきだ」が不適。dは「西洋文化の輸入に一段落をつけることによってのみ、新たな日本文化が創造され、自己の属する文化を論ずることが可能になる」が本文にないため、不適。eは「西洋文化の輸入を一段と活性化しつつ」が不適。

問5　設問の「稲毛詛風の『国家文化』やそれをめぐる主張」を手がかりとして本文中をみると、傍線㋐のある第十段落冒頭に「稲毛はまた日本文化を『国家文化』と言い換えている」とあり、同三行目に「しかし新しく成立した日本の明治国家にとって国内の人民に『国民』意識を植え付けるためには上からの文化政策が必要だった。その『国民』意識の形成は、最初にまず『国語』という統一言語の制定によって……学校教育の制度によって子どもたちに『国語』を学ばせ、それによって『国民』の再生産を行った。明治政府は、このような国民をたばねながら富国強兵の道を歩み」とあり、傍線㋐のある十行目に「そのような時代の中で稲毛は、これからの日本は……政治や軍事に対して文化の力を優先させた……『次代の文化の創造者を育成するのが其の究極目的』でなければならない」とあることから、bが正解。aは「富国強兵に役立つ『国民』を再生産することが必要であると稲毛は主張した」が不適。cは「学校教育の制度によって子どもたちに『国語』を学ばせ、それによって『国民』の再生産を行った」のは明治政府であるため、不適。dは第十段落二行目に「内藤湖南は、『国民』の自覚はまず最初に政治的に行われ、その次に文化的思想的な自覚が起こるといっている」とあり、稲毛の主張ではないため、不適。

問6　設問の「日本文化と国民のアイデンティティのあり方」を手がかりとして本文中をみると、第十一段落冒頭に「日本文化を『国家文化』と呼ぶその言葉には、文化がまずそれぞれの国の国民のアイデンティティ形成に深く関わっている」、同二行目に「稲毛には『文化は個別即普遍である』という文化観があった」、第十二段落三行目に「その論調は西洋文化に代わる日本文化の世界的な普遍性を目差すべきことを主張する」、第十三段落冒頭に「その後、昭和の時代は、太平洋戦争の敗戦に至るまで偏狭なナショナリズムが高まってゆく。それによって国民のアイデンティティは……偏狭な日本文化論のなかで形成されていった」とあることから、dが正解。aは「偏狭な日本文化論と結びつき」が不適。bは「偏狭な日本文化論の形成を促していった」が不適。cは「稲毛詛風は西洋文化に代わる新たな日本文化の創造を目差した」としており、「世界的な普遍性」にふれていないので、不適。eは第十三段落二行目に「世界的な普遍性を持つ日本文化をつくるという発想は……もはや過去のものとなった」とあることから、不適。

問8　設問の「現代において日本文化を捉える際に、日本文化のどのような性格を踏まえるべきと述べているか」を手がかりとして本文中をみると、最終段落冒頭に「本書のめざすところも、日本文化の個別性を知ることである」とあり、同傍線㋑の次の行に「このような現代において伝統的な日本文化を知ることは……ただし伝統的な日本文化であっても……いずれは変化・消滅するものである」とある。さらに、本文の末尾に「そんな日本文化の一端に」とあることから、「そんな」の指示内容が日本文化の性格を表現していると考えて直前をみると、「自己の内なる文化として形を変えて生き残り、われわれの意識をいたずらに規制しているもの」と「将来に残して行きたい独自のもの」の両方を指しているとわかる。これを指定字数に収まるようにどう言い換えるかがポイントになる。「自己の内なる文化」→〈閉鎖的〉、「いたずらに規制」→〈限定的〉などと変換できるとよい。

二

出典　紫式部『源氏物語』〈手習〉

解答

問１　a
問２　e
問３　c
問４　d
問５　b
問６　c
問７　e
問８　b
問９　どうして尼にすることをし申し上げるだろうか、いや、できない。

◆全　訳◆

朝廷のお召しにさえ従わず、深く籠っていた山を下りなさって、むやみにこのような女人のために修法を行おうと忙しく立ち働きなさっていると、世間にうわさがたつようなことになっては、たいそう体裁が悪いことだろうと、お思いになり、弟子たちもそう言って、このことを世の人に聞かせまいと隠している。僧都は、「いやもうやかましい、大徳たちよ。このわたしは無慚の法師だから、守るべき戒律の中に破るものも多かろうが、女人に関する筋では、まだそしりを受けたこともなく、過ちを犯したこともない。六十歳をすぎて、いまさら人の非難を受けるようなことがあれば、それもそうしたさだめであろう」とおっしゃるので、（弟子の僧は）「よくない人が、物事を具合悪く言います時には、仏法の汚点となることでございます」と、不快に思って言う。僧都は「今回の修法の間に効験があらわれないなら」と、並々ならぬ願をおたてになって、一晩中加持しておられたその暁にもののけを人に移して、どのようなものが、このように人をたぶらかしたのだとその事情を白状させたくて、弟子の阿闍梨がそれぞれに加持をしなさる。（すると）数カ月ものあいだ、少しも正体をあらわさなかったもののけが調伏されて、「自分は、ここまで参上してきて、こうして調伏され申すような身ではない。昔は修行に励んだ法師で、少しこの世に恨みを残して、（成仏できず）あちこちさまよっていたころに、美しい女人がたくさん住まれている所に住みついて、一人（＝浮舟の異母姉）は亡きものにしたが、この人は自分から世を恨みなさって、自分はなんとかして死にたい、ということを夜も昼もおっしゃっていたことにつてを得て、たいそう暗い夜に、ひとりでいらっしゃったのを（私が）とりついたのです。しかし、観音様があれやこれやとお守りになったので、この僧都の修法に負け申してしまいました。今はもう退散します」と、大声をあげた。「そう言うおまえは何者か」と尋ねると、とり憑いている人が、なんとも頼りないせいか、はっきりとは名乗らない。

当の本人は気分がさっぱりして、すこし意識もはっきりして周囲を見回すと、知っている人は一人もおらず、皆、老法師や、背も曲がって老いぼれた者どもばかりがたくさんいるので、知らない国に来た心地がして、とても悲しい。かつての暮らしのことを思い出そうとするけれど、住んでいた所や何という名前だったのかさえ、はっきりと明確にはわからない。ただ、自分はもう最期と思って入水した人であるよ、（それなのに）どこに来てしまったのかと、無理に記憶をたどると、ひどくつらいと思い嘆いて、皆が寝静まった時に、妻戸を開けて外へ出たところ、風が激しく、川波も荒々しく聞こえたのを、ひとりで恐ろしかったので、今までのこともこれから先のことも頭になくて、簀子の端に足を下ろしながらも、どっちに行っていいかもわからず、（部屋に）帰り入ろうにも中途半端で、死んでしまおうと強く決心したのに、みっともなく人に見つけられるよりは、鬼でも何でも私を食べ殺してしまっておくれと言いながら、じっと思い詰めて座っていたのを、たいそう美しい男性がよってきて、「さあいらっしゃい、わたしのところへ」と言って、自分を抱くように感じたので、宮と申しあげた人がそうなさるのだろうと思ったときから、正気を失ってしまったようで、その男性は自分を見知らぬ所に座らせておいて、消えてしまったとみたのだが、自分はとうとう目的を果たして死んでしまうこともできないままになってしまったと思って、泣いていたと思うけれども、その後のことはどうしても思い出せず、尼たちの話しているのを聞くと、多くの日数も経っていて、どんなに情けない姿を、知らない人に介抱されていたのかと、恥ずかしく、ついにこうして生き返ってしまったのかと、思うのも悔しいので、ひどく思って、むしろ重く患っていらっしゃったころは、人心地もない様子で、ものを少しは召し上がるときもあったのだが、（意識がはっきりしたいまはかえって）少しの薬湯をさえ召し上がらない。

「どうしてこう心細そうにしていらっしゃるのですか。熱も下がってさっぱりなさったようにお見受けしますので、うれしく思い申しておりますのに」と泣く泣く言って、尼君は油断せず付ききりでお世話申し上げなさる。お側の女房たちも、浮舟のもったいないようなお姿や顔立ちを見ると、このまま死なせるのが惜しく、精一杯介抱した。（浮舟は）心の中では、やはりなんとかして死にたい、と思い続けておられるけれど、あのような容態だったのに持ちこたえたほどの命なので、とてもしぶとくて、ようやく起き上がれるようになられると、お食事を召し上がったりなさるうちに、かえって顔がやつれていく。（尼君は）早くよくなるようにとうれしく思い申し上げているのに、（浮舟は）「（私を）尼にしてくださいまし。そうしていただくほか生きられそうもない」とおっしゃるので、「かわいそうなご様子を、どうしてそう（尼に）し申し上げるだろうか、いや、できない」と言って、ただ頭頂部の髪だけを削いで、五戒だけをお授け申し上げる。（浮舟は）五戒だけでは不十分で物足りないけれど、元来はきはきしたところのない性格なので、さしでがましく無理に出家をお願いすることもおできにならない。僧都は、「今はこれくらいにしておいて、お大事にしてさし上げてください」と妹の尼に言い置いて、横川へお上りになった。

▲解　説▼

問１　選択肢を見比べ、設問の「僧都が浮舟のために修法を行うことに対し、周囲の人々はどのように思って対処したか」を手がかりとして本文中をみると、第一段落一行目の「すずろに」、「ものの聞こえあらむ」、同二行目の「いと聞きにくかるべし」をどう解釈するかがポイントだと判断できる。「すずろなり」は〝①わけもなく。②思いがけない。不本意だ。③無関係だ。④むやみに。やたらに〟、「聞こえ」は〝評判。うわさ〟の意なので、b・dは消える。

「聞きにくし」は〝①聞き苦しい。②聞き取りにくい〟の意なので、aが正解。なお、「聞こえ」は、⑴「言ふ」の謙譲語の他動詞「聞こゆ」〝①申し上げる。②お手紙を差し上げる（口頭で述べる場合にも手紙で伝える場合にも使う）〟、⑵自動詞「聞こゆ」〝①聞こえる。②評判になる。③わかる〟、⑶名詞「聞こえ」〝評判。うわさ〟で「聞こえあり」の形が多い、と合わせて覚えておくとよい。ちなみに、「聞きにくし」の「にくし」は〝（気持ちにそぐわない不快感）気に食わない。不格好だ。無愛想だ〟の意。

問２　選択肢を見比べ、設問の「修法の様子とその結果」を手がかりとして本文中をみると、第一段落五行目の「この修法のほどにしるし見えずは」、同六行目の「夜一夜」、同七行目の「言はせまほしくて」をどう解釈するかがポイントだと判断できる。「しるし（験）」は名詞で〝①霊験。御利益。②効果。効き目〟の意なので、a・bは消える。ちなみに、「しるし（著し）」は形容詞で〝①はっきりしている。明白だ。②（〜もしるしの形で）まさにその通りだ〟の意。「夜一夜（よひとよ）」は〝夜通し。一晩中〟の意なので、eが正解。「まほし」は〝（希望）〜たい。〜てほしい〟の意で、同意の「たし」とセットで覚えておくとよい。

問３　選択肢を見比べ、設問の「降参したもののけの語った内容」を手がかりとして本文中をみると、第一段落十行目の「われいかで死なむ」、同十一行目の「観音とざまかうざま」、「今はまかりなむ」をどう解釈するかがポイントだと判断できる。「いかで」は〝①（疑問）どうして〜か。②（反語）どうして〜か、いや〜ない。③（意志・希望）なんとかして（〜よう・たい）〟の意。ここでは「死なむ」が〈ナ変動詞「死ぬ」の未然形＋意志の助動詞「む」〉で〝死のう〟の意なので、「いかで」は意志の助動詞との呼応で③となり、cが正解。なお、「とざまかうざま」は〝あれやこれや〟の意で、「まかる」は〝①（「行く・来」の謙譲語）退出する。おいとまする。②（「行く・来」の丁寧語）参ります〟の意。

問４　選択肢を見比べ、設問の「もののけが去った直後の浮舟」を手がかりとして本文中をみると、第二段落一行目の「一人見し人の顔はなくて」、同二行目の「ありし世のこと」、「誰と言ひし人とだに」、同三行目の「せめて思ひ出づれば」をどう解釈するかがポイントだと判断できる。「見し」は〈上一段動詞「見」の連用形＋過去の助動詞「き」〉

の連体形〉なので、ａ・ｂは消える。「ありし」は〝以前の。昔の。生前の〟の意なので、ｃも消える。「言ひし」は〈四段活用動詞「言ふ」の連用形＋過去の助動詞「き」の連体形〉、「せめて」は〝①しいて。無理に。②ひどく。とても〟の意なので、ｄが正解。

問５　選択肢を見比べ、設問の「浮舟は、入水しようとしたときの経緯についてどのように回想しているか」を手がかりとして本文中をみると、第二段落五行目の「来し方行く末もおぼえで」、同六行目の「をこがましくて」、同七行目の「つくづくとゐたりし」をどう解釈するかがポイントだと判断できる。「おぼえで」の「で」は打消の接続助詞〝～ないで。～なくて〟の意なので、ｄ・ｅは消える。「をこがまし（痴がまし）」は〝①ばからしい。みっともない。②さしでがましい。出すぎている〟の意なので、ｂが正解。なお、「ゐる（居る）」は〝座る〟の意で、「ゐる（率る）」〝連れる。伴う〟と区別しておくこと。

問６　選択肢を見比べ、設問の「浮舟はどこまで記憶をたどることができたか」を手がかりとして本文中をみると、第二段落七行目の「いざたまへ、おのがもとへ」、同九行目の「本意のこともせずなりぬる」、「いかにもいかにもおぼえず」をどう解釈するかがポイントだと判断できる。「たまふ」には四段活用の尊敬語・下二段活用の謙譲語の二種類があり、ここでは命令形が「たまへ」で四段活用の尊敬語なので、ａ・ｂは消える。なお、「いざたまへ」は〝さあいらっしゃい〟と相手を誘う定型の表現。「本意」は〝本来の目的〟の意なので、ｄも消える。「いかにも」は〝①どのようにでも。②なんとかして。③（下に打消の語を伴って）どうしても。④きわめて。⑤確かに〟の意があり、ここでは③なので、ｃが正解。

問７　選択肢を見比べ、設問の「食事や薬湯を拒む浮舟に対して、お世話をしていた人々の様子」を手がかりとして本文中をみると、第三段落一行目の「さはやかに見えたまへれば」、二行目の「たゆむをりなく添ひゐてあつかひきこえたまふ」、「あたらしき御さま容貌」、三行目の「惜しみまもりける」をどう解釈するかがポイントだと判断できる。「見えたまへ」の「たまふ」は尊敬の補助動詞で〝～なさる。お～になる〟の意なので、〝お見えになる〟となり、ａ

・eが残る。「たゆむ（弛む）」は〝①からだが疲れる。②心が緩む〟、「きこえ」は謙譲の補助動詞なので、〝心をゆるめず付き添いお世話申し上げる〟ということでeが正解。なお、「あたらし（惜し）」は〝惜しい。もったいない〟の意、「まもる（守る）」は〝①じっとみる。うかがい見る。②守護する〟の意。

問8　選択肢を見比べ、設問の「五戒を受けた浮舟の様子と、僧都の対応はどのようであったか」を手がかりとして本文中をみると、最後から三行目の「心もとなけれど」、同じ文の「おれおれしき人の心」、「強ひて」、最後の文の「いたはりやめたてまつりたまへ」をどう解釈するかがポイントだと判断できる。「心もとなし」は〝①じれったい。②気がかりだ。③ぼんやりしている〟の意で、判断が難しい。「おれおれし（痴れ痴れし）」は〝愚鈍だ。ぼんやりしている〟の意なので、c・eは消える。「強ひて」は〝無理に。むやみに〟の意なので、dも消える。「～たてまつる」は謙譲の補助動詞で〝～し申し上げる〟、「たまへ」は已然形・命令形なら四段活用で尊敬、未然形・連用形なら下二段活用で謙譲となり、ここでは前者なので、bが正解。

問9　「いかでか」は〝①（疑問）どうして～か。②（反語）どうして～か、いや～ない。③（意志・希望）なんとかして（～よう・たい）〟の意で、ここでは②。「～たてまつる」は謙譲の補助動詞で〝～し申し上げる〟、「む」は推量の助動詞。以上より、直訳すると〝どうしてそうし申し上げるだろうか、いや、しない〟となる。設問に「指示語のさす内容をあきらかにして」とあることから、「さはなし」の直前をみると一行前に「尼になしたまひてよ」とあるので、これを指しているとわかる。〈浮舟を尼にすることなどできない〉という内容になることを念頭に置いて、直訳すると、〝どうして尼にすることをし申し上げるだろうか、いや、できない〟となる。

❖講　評

現代文一題、古文一題という構成は例年通り。内容説明の問題に傍線がないという出題形式も例年通り。問題文は長文であるが、設問は文章の流れに沿って出されている。問われているポイントを見極めたい。

一は、板垣俊一の評論。稲毛詛風の『日本文化の創造と教育』を中心に、日本文化について述べた文章である。抽象的な概念が散見されるものの、具体例をもとに筆者の主張をイメージするのは難しくない。ただし、選択肢はどれも長くて紛らわしいので、丁寧な読解が求められる。

傍線が引かれていないので、まず、設問文を手がかりとして本文中の該当箇所を正確に探す。そして、選択肢と本文中の該当箇所とを照合し、合致しないものを消去していく。その際、選択肢同士の見比べも有効だが、考えなしに選択肢を見てしまうと迷いやすくなるので、安易に消去法に頼るのではなく、記述式問題を解くのと同様に、本文中の根拠となる部分をもとに自分なりの答えを想定するよう心がけたい。問３はまず「当時の日本の時代状況」を的確に押さえられているかどうか。問４は誤答選択肢の不適切な箇所が明確なので、消去法が解きやすい。問５は稲毛詛風の主張と明治政府の方針を混同しないように注意。問６・問８は問題文全体の正しい理解が求められるので、やや難。この二問にある程度時間をとれるよう、問５までの部分説明問題はスピーディーに解けるようにしたい。

二は、『源氏物語』からの出題。リード文に場面設定が詳しく書かれているので、参考にしたい。また、注にもヒントがあるので、気をつけよう。設問に対する解答箇所を、選択肢と本文とを照らし合わせて素早く見つけ、その部分を古典文法および古文単語、古文常識等の知識や文脈に基づいて解釈することで、選択肢を絞ることができる。問１は重要古語「すずろなり」「聞こえ」の意味をまず確認する。問２は、ａ・ｂは「いみじきことども」を押さえられていない点でも消去できる。問３は「われいかで死なむ」の解釈が正しいものがｃしかないことに気付けば手早く解ける。問４は「見し人」「ありし世」「誰と言ひし人」を正しく理解できたかどうか。問６は「いざたまへ」「本意」に着目。問７・問８は敬語の正しい理解が決め手になる。

古文では、主体、客体などが頻繁に省略されるため、それらを意識して場面状況や心理状況をイメージしつつ読解することが大切である。普段から重要語句・文法の定着を図り、その上で高校教科書レベルの標準的な文章読解の演習を積んでおきたい。

二月五日実施分

問題

（七五分）

一 次の文章を読んで、後の問いに答えよ。

あからさまな差別から嫌忌的な差別へ

統計的差別[*1]やマイクロアグレッション[*2]の研究は、「事実だから仕方がない」「悪意がないのだから問題はない」と言って済まされないのが差別だという点を明確にしました。興味深いのは、「肌の色は見ていない」というカラー・ブラインドネス発言[*3]のように、かつてであれば反差別的な発言のつもりで言えたものが、今日では差別的な発言として考察されていることです。かつては反差別的で配慮的な発言と思われたものが、旧時代的でかえって差別的だとみなされる、という時代の変化ははっきりとあります。

1980年代半ばに、社会心理学では人種差別についての研究のパラダイムシフト[*4]があったとしばしば言われます。よく引用されるドヴィディオ[*5]とゲルトナー[*6]の論文に、「あからさまな（overt）人種差別」と「嫌忌的な（aversive）人種差別」の区別があります。あからさまな人種差別は、自他ともに認める人種差別主義者によって、暴力やヘイトスピーチのかたちで公然となされます。それに対して、嫌忌的な人種差別はもっと目立たない仕方で起こるとされます。

嫌忌的な人種差別主義者は、過去の不正義の犠牲者に同情し、人種間の平等の原理を支持し、自分は偏見をもっていないと思っている。しかし、同時に、黒人に対して否定的な感情や信念をもっており、それらは無意識的でありうる。

アメリカ合衆国の文脈で言えば、１９６４年の公民権法で人種隔離的な差別は法的に禁じられることになり、それまで公然とあからさまになされていた差別行為は日常茶飯ではなくなりました。しかし、その結果、80年代にもなると、人種差別など全然していないと信じている人たちの間にも、暗黙のうちに黒人への否定的な感情や信念が入り込んでいるといういわば「内なる差別」が研究者の間で注目を集めるようになりました。

「あからさまな差別」以外のさまざまな差別の形態への着目という意味では、統計的差別やマイクロアグレッションの研究にも共通点があります。ただし、事実に訴えて差別を合理化するとか、ある種の発言や質問をするとかいった場合には、それがどういう害を帰結するのかについては無自覚であっても、行為としては顕在的であり、無意識的になされた、ということはありえません。「そういうつもりはなかった」とは言えても、「そんなことをした覚えはない」とは言えないはずです。ですから、注意すれば行為は変えられます。職場での現実への対応は雇用や昇進の際に差別的な扱いをすること以外にも、さまざまな可能性を考えることができます。また、発言や質問は注意すれば控えることができます。しかし、「嫌忌的な人種差別」の名のもとでドヴィディオとゲルトナーが注目したのは、「偏見」というもっと潜在的な意識の次元だったのです。

潜在的偏見の研究の盛り上がり

その後、数十年で「潜在的偏見(implicit bias)」の研究が心理学で盛り上がり、多くの哲学者も注目するようになりました。自分は反差別主義者であり、誰をも対等に扱っていると信じている人も、他人の身体を知覚するというレベルでは偏見がかかっており、偏見の目で見ている、というのです。意図的行為や言語使用といった意識の顕在的な働き以前の、潜在的な次元では、ほとんど誰もが無自覚的な差別主義者だというわけです。

*7 グリーンワルドらによって開発された「潜在的連想テスト（Implicit Association Test: IAT）」は、この仮説をケンショウ㋐するものとして大きな話題を呼んだ心理学的実験です。人種についてのIATでは、上部に対になるカテゴリーが提示され、中央部に白人または黒人の顔写真か、性格などを表す語（英語版であれば、fantastic, happy, evil, awfulなど）が表示されます。被験者は、表示された顔写真の人物や語を、なるべく早くどちらかのカテゴリーに分類します。たとえば、まず、上部の左側に「白人の人々」、上部右側に「黒人の人々」と提示されると同時に、中央部に白人の人物の顔写真が表示されます。この場合、なるべく早く、上部左側の「白人の人々」を選びます。次のページでは、上部の左側に「悪い」、上部の右側に「良い」とカテゴリーが提示され、中央に「素晴らしい」という語が表示されます。今度は、上部右側の「良い」をなるべく選ぶべきですが、前のページでは、上部の右側には「黒人の人々」と表示されていました。「素晴らしい」が「良い」に分類されることは明らかなはずですが、そこで、間違って左側を選んだり、回答に時間がかかったりした場合、黒人ではなく白人と「素晴らしい」との連想が働いていること、あるいは黒人よりも白人への肯定的態度が検知されます。エラーの数だけでなく反応までの時間も計測することで、本人は気がついていない潜在的な偏見が明らかになる、というわけです。

潜在的偏見は、単に実験のなかの知覚だけでなく、実社会の悲惨な出来事に関わってもいます。アメリカ合衆国では、黒人を知覚すると「危険」だと連想する人々の傾向がよく話題になります。エレベーターで黒人と居合わせると、白人はほとんど無意識にカバンを引き寄せるといった例が報告されています。あるいは、単に新しい部屋への引っ越しのために家具を運び込んでいた黒人を見た白人が、武装した泥棒が侵入したものと思って警察に通報する、といった例もあります。運び込んでいたテレビか、机か、何を武器だと見間違えたのかはわかりません。ともかく、知覚のレベルで、黒人の所有物を危険物だと連想するという働きが認められます。

映画『The Hate U Give』のあるシーンは、知覚レベルの潜在的偏見というこの話題を反映させています。主人公のスターは、ある時、初めてのキスの相手である地元の友人と久しぶりに再会し、２人で、車で走っています。当時を思い出しながらキスを交わすなど、濃密な時間を過ごしているとき、警察に(い)ツイセキされていることがわかります。白人の警察官が近づき、車の外に出て、両手を車のボディにつけるように求められます。先に見た「人種的プロファイリング」*8に反発したくなるのをこらえて、スターは、こういうときはおとなしく動かないようにするように友人に言います。友人は、おどけるように、ヘアブラシで髪を整える仕草をしようとした(う)トタン、警察官に撃たれ、即死します。警察官は、ヘアブラシを拳銃だと見間違え、とっさに撃ってしまったのです。２０１８年には、カリフォルニア州で、警察官が黒人の青年がもっていた携帯電話を銃と見誤って射殺するという事件がありました。知覚における偏見は、最悪の場合には、こうした帰結をも生んでしまうのです。しかも、こうした事件は例外的なものではなく何度も繰り返されているものです。同じ18年にはニューヨーク州でも、筒状のものを銃と誤認した警官が黒人男性を射殺する事件が起きています。

このような最悪のケースには至らなくても、知覚の偏見は日常の細部に潜んでいると思われます。誰をも対等に扱っているつもりだったり、反差別的な(え)シンジョウをもっていたりしても、エレベーターに自分と異なる肌の色の人や障害をもった人が乗ってきたときに、まったくそれまでと同じようにその場にいると思えるでしょうか。危険だとかかわいそうだとか、何らかの連想が働いているかもしれません。頭では、肌が黒ければ危険だとか、障害をもっていればかわいそうだとかいう考えは正しくないと信じていても、知覚の水準では偏見が働いているかもしれない――こう言われて、自分はまったく無関係だと思う人はほとんどいないでしょう。

潜在的偏見のしぶとさ

潜在的偏見に注目した最初の哲学者の一人であるジェンドラー[*9]は、他者知覚における偏見の根強さを、「〜するべきではないのに……してしまう」と一般的に言い表せる行動の一部だとみなしています。たとえば、テレビで野球の再放送を見ている人が、良い場面で、ひいきの選手に応援の声をあげてしまうことがあるでしょう。サファリパークを車で走っていて、絶対に安全だとわかっていても、間近にライオンが近づいてくると絶叫してしまう、ということもあるでしょう。再放送を見ながら大声で応援している人がいれば、「もう試合は終わっているから、そんなに歓声をあげても意味ないよ」と言いたくなるかもしれません。頑丈な車の中で震えている人には、「絶対に安全だとわかっているのだから、落ち着けばいいのに」と思うかもしれません。同様に、反差別主義者を自認している人が、ヨーロッパ系白人の顔を見るときとアフリカ系などの有色の人の顔を見るときに異なる反応をするなら、「言っていることとやっていることが矛盾している」と思うでしょう。これらには、広い意味で、「〜するべきではないのに……してしまう」という行動のかたちが共通してみられます。歓声をあげるべきではないのに、つい大声で叫んでしまう。落ち着くべきなのに、震えてしまう。同じように反応するべきなのに、目をそらすなどの違う反応をしてしまう。

私たちは、頭ではそうすべきでないとわかっているはずのことを、いわば思考を裏切って、反応的な行動のレベルでやってしまうようです。誰をも同じように扱っているつもりでも、その人を見たり、その人に反応したりする仕方は、性別、人種、障害の有無など、集団的な特徴に基づいた偏見を免れていないようなのです。こうした知覚は、潜在的で、下意識的だとはいえ、一定の行動と結びついたものです。自転車に乗っているときに、脇道から車がやってくるのを見ると、ほとんど自動的にブレーキを握っています。ある人が手に何かを持ち上げた瞬間に、発砲する警察官がいます。ブレーキを踏もうとか発砲しようという明確な意図があったわけではないでしょう。見たものを何かと連想する知覚の意識が、人種差別的なふるまいや最悪の暴力を、思想からも意図からも独立に導いてしまうのだとすると、もはや絶望的な気持ちに陥りそうになるかもしれません。

研究が特定のイメージを生み出す

潜在的偏見についての心理学的研究の盛り上がりは、哲学にも影響を与え、差別の問題は意図や知識の次元で済まされないということは、哲学的考察も差別のカイショウ(お)には役立たないように思われる、という悲観的反応をも引き起こしました。しかし、ここではむしろ、科学的研究の結果をそのまま鵜呑(うの)みにして悲観的になることの危険性を考えたいと思います。哲学にとっての科学との付き合い方や悲観をはね返すための方法などを考えてみたいのです。

潜在的偏見の研究には、対人知覚における人種別の連想に被験者本人は無自覚だという前提があります。文献によっては、潜在的(implicit)を無意識的(unconscious)と言い換えているものもあります。もし、私たちがまったく無自覚に無意識的にやっていることが問題なのであれば、私たちは自分自身で、そのときにやっていることを直接、自分の意識に問いかけることで知ることはできないでしょう。ある人物の顔から否定的な性格を無意識に連想しているとしたら、そうした潜在的連想はＩＡＴのような間接的方法によってのみ、(私自身はあずかり知らぬところで)検知される、ということになるでしょう。潜在的偏見の実験心理学的研究では、私たち自身は自分の偏見について無力な存在としてイメージされています。

しかし、哲学者の間ではこの前提を問い直す動きがあります。そもそも潜在的とは顕在的との対比で使われる概念であり、はっきりと顕在化した意識ではなくても完全な無意識ではないはずです。この潜在的意識の探究に力を入れてきた哲学の潮流に「現象学」があります。現象学において、潜在的は「無意識的」ではなく「前反省的(pre-reflective)」と呼ばれることが通例です。たとえば、最近、人の多い場所に行ったときのことを思いだしてみてください。多くの見知らぬ人とすれ違ったはずです。その人たちのことをあなたは見ていたはずです。その多くは記憶に残っていないでしょうが、なかには記憶に残っている人がいるでしょう。なぜ記憶に残っているのかと言えば、その人はとても快活そうだったとか、あるいは怖そうだったとかということかもしれません。しかしなぜ、まったく見知らぬ人が快活だとか怖いだとかわかるのでしょうか。性別、年齢、仕草などから快活さや怖さを連想したという面があるはずです。なるほど、その人を知覚したときにはそうした連想は潜在的だったかもしれません。しかし、後から振り返ってみると、若い女性を快活さに結びつけていたとか、外国人の話し方を怖さに結びつけていたとか、そのときの意識を顕在化して分析することは可能です。つまり、潜在的意識とは、反省によって後から顕在化されうるような意識のことだ、という見方も可能なのです。

知覚における潜在的連想はＩＡＴのような間接的手段によってしか検知できず、私たち自身には手も足も出ない、という前提は自明とは言えません。その証拠に、被験者は自分のＩＡＴの結果を十分予測できるという調査結果もあります。もし、自分は、ある肌の色の人物を見たときにはこういう否定的な性格を連想するといったことにまったく無知であるなら、結果を予測できないはずです。

（池田喬・堀田義太郎『差別の哲学入門』による　※一部本文を変更したところがある）

注　＊1　統計的差別＝情報データに基づいて下された判断が差別を生じさせるという現象。例えば、ある会社で、「女性社員が早期退職する見込みが高い」という事実が示されたとして、それをもとに女性社員の雇用や昇進を制限するという現象。　＊2　マイクロアグレッション＝「微細な攻撃」。意図的か否かにかかわらず、政治的文化的に疎外された集団に対する何気ない日常の言動に現れる偏見や差別に基づく見下しや侮辱、否定的な態度。　＊3　カラー・ブラインドネス発言＝映画『The Hate U Give』において、主人公で黒人のスターと白人のクリスが恋人関係にあり、クリスがスターに「肌の色は見ていないよ。」と言うが、このような発言のこと。スターはクリスに「わたしの黒さを見ないなら、あなたは私を見ていない。」といらだつ。　＊4　パラダイムシフト＝社会の価値観の移行。　＊5　ドヴィディオ＝アメリカの心理学者。　＊6　ゲルトナー＝アメリカの心理学者。　＊7　グリーンワルド＝アメリカの心理学者。　＊8　人種的プロファイリング＝人種によって区別をつけ、一方の人種だけに差別的と疑われる行為をすること。　＊9　ジェンドラー＝アメリカの哲学者。

問１　筆者は「あからさまな人種差別」について、どのように述べているか。最も適当なものを選択肢から一つ選び、その記号をマークせよ。

a　「あからさまな人種差別」は、自他ともに認める人種差別主義者によって、暴力やヘイトスピーチのかたちで公然となされるものであり、アメリカ合衆国では１９６４年の公民権法で人種隔離的な差別は法的に禁じられ、それまで公然とあからさまになされていた差別行為は日常茶飯ではなくなったと述べている。

b　「あからさまな人種差別」は、自他ともに認める人種差別主義者によって、暴力やヘイトスピーチのかたちで公然となされるものであり、たとえばカラー・ブラインドネス発言のように、かつてであれば反差別的な発言のつもりで言えたものが、今日では公然の差別的な発言とされていると述べている。

c　「あからさまな人種差別」は、自他ともに認める人種差別主義者によって、暴力やヘイトスピーチのかたちで公然となされるものであり、かつては「事実だから仕方がない」「悪意がないのだから問題はない」と言って済まされてきたが、今日では法的に禁じられていると述べている。

d　「あからさまな人種差別」は、悪意の有無にかかわらず行われる暴力やヘイトスピーチによる人種隔離的な差別のことであり、過去の不正義の犠牲者に同情し、人種間の平等の原理を支持し、自分は偏見をもっていないと思っている人が顕在的な行為として黒人への否定的な感情や信念によって差別的な発言をしてしまうことも含まれると述べている。

e　「あからさまな人種差別」は、悪意の有無にかかわらず行われる暴力やヘイトスピーチによる人種隔離的な差別のことであり、たとえばカラー・ブラインドネス発言のように、かつてであれば反差別的な発言のつもりで言えたものが、今日では公然の差別的な発言とされていると述べている。

問2　筆者は「嫌忌的な人種差別」について、どのように述べているか。最も適当なものを選択肢から一つ選び、その記号をマークせよ。

a　「嫌忌的な人種差別」は、「あからさまな人種差別」とは異なり「事実だから仕方がない」「悪意がないのだから問題はない」と言って済まされない差別のことであり、人種差別など全然していないと信じている人たちも、目立たない仕方で差別的な発言をすることがあると述べている。

b　「嫌忌的な人種差別」は、反差別的で配慮的な発言と思われたものが、旧時代的でかえって差別的だとみなされるような人種差別のことであり、過去の不正義の犠牲者に同情し、人種間の平等の原理を支持し、自分は偏見をもっていないと思っている人も、同時に、黒人に対して否定的な感情や信念をもっていると述べている。

c　「嫌忌的な人種差別」は、人種差別など全然していないと信じている人たちも、目立たないかたちで暴力やヘイトスピーチをなすというような差別のことであり、アメリカ合衆国では、80年代以降暗黙のうちに黒人への否定的な感情や信念が入り込んでいる、「内なる差別」が注目を集めるようになったと述べている。

d　「嫌忌的な人種差別」は、人種差別など全然していないと信じている人たちの間にも、暗黙のうちに黒人に対して否定的な感情や信念が入り込んでいるというように、目立たない仕方で起こる差別のことであり、「偏見」という潜在的な意識の次元で起こると述べている。

e　「嫌忌的な人種差別」は、人種差別など全然していないと公言している人たちが、実は黒人に対して否定的な感情や信念をもつというような差別のことであり、過去の不正義の犠牲者に同情し、人種間の平等の原理を支持し、自分は偏見をもっていないという人であっても統計的差別やマイクロアグレッションを避けられないと述べている。

問3　筆者は人種についての「潜在的連想テスト」について、どのように述べているか。最も適当なものを選択肢から一つ選び、その記号をマークせよ。

a　「潜在的連想テスト」は、潜在的な次元では、ほとんど誰もが無自覚的な差別主義者だという仮説をケンショウするものとしてグリーンワルドらによって開発されたテストであり、被験者は、表示された顔写真の人物や語を分類するが、黒人は「良い」のカテゴリーになるべく選ぶことが求められていると述べている。

b　「潜在的連想テスト」は、潜在的な次元では、ほとんど誰もが無自覚的な差別主義者だという仮説をケンショウするものとしてグリーンワルドらによって開発されたテストであり、エラーの数ではなく反応までの時間を計測することで、白人を「素晴らしい」とする偏見の目で見ていることが示されると述べている。

c　「潜在的連想テスト」は、中央部に表示された顔写真の人物や語を、なるべく早く左右のどちらかのカテゴリーに分類するテストであり、いったん上部の右側に「黒人の人々」と提示されると、その後、どのような顔写真の人物や語を提示されても間違って左側を選んだり、回答に時間がかかったりしてしまうと述べている。

d　「潜在的連想テスト」は、中央部に表示された顔写真の人物や語を、なるべく早く左右のどちらかのカテゴリーに分類するテストであり、エラーの数だけでなく反応までの時間も計測することで、潜在的な次元において黒人よりも白人への肯定的態度が検知され、多くの心理学者にとって予想外の結果となったと述べている。

e　「潜在的連想テスト」は、中央部に表示された顔写真の人物や語を、なるべく早く左右のどちらかのカテゴリーに分類するテストであり、分類を間違えたり、回答に時間がかかったりした場合、黒人よりも白人への肯定的態度が検知され、潜在的な次元では、ほとんど誰もが無自覚的な差別主義者だということが示されると述べている。

問4　知覚レベルの潜在的偏見の具体例として、最も適当なものを選択肢から一つ選び、その記号をマークせよ。

a　アメリカ合衆国では、エレベーターで黒人と居合わせると、白人はほとんど無意識にカバンを引き寄せるというように、黒人を知覚すると「危険」だと連想する人々の傾向があること。

b　アメリカ合衆国では、知覚のレベルで、肌が黒ければ危険というような「人種的プロファイリング」や、障害をもっていればかわいそうだとかいう考えは正しくないと信じられていること。

c　アメリカ合衆国では、誰をも対等に扱い、反差別的なシンジョウをもっている警察官であっても、テレビか、机か、何かを武器だと見間違えて一般人を射殺することがあるということ。

d　アメリカ合衆国では、警察官がヘアブラシを拳銃だと見間違え、とっさに撃ってしまった例があるように、反差別的なシンジョウをもっていても、知覚のレベルで筒状のものを銃と連想するという働きのこと。

e　アメリカ合衆国では、ヘアブラシで髪を整える仕草をしようとしたトタン、警察官に撃たれ、即死してしまった例があるように、「人種的プロファイリング」に反発すると射殺という帰結をも生んでしまうこと。

問5　筆者は、ジェンドラーの言う他者知覚における偏見の根強さに依拠して、どのように述べているか。最も適当なものを選択肢から一つ選び、その記号をマークせよ。

a　ジェンドラーは、他者知覚における偏見の根強さを、「～するべきではないのに……してしまう」と一般的に言い表せる行動の一部だとみなしており、テレビで野球の再放送を見ている人が、「もう試合は終わっているから、歓声をあげても意味がない」という潜在的で、下意識的な知覚を裏切って、良い場面で、ひいきの選手に応援の声をあげてしまうというような、反応的な行動のレベルでやってしまうことがその一例であると述べている。

b　ジェンドラーは、他者知覚における偏見の根強さを、「〜するべきではないのに……してしまう」と一般的に言い表せる行動の一部だとみなしており、サファリパークで絶対に安全だとわかっていても、間近にライオンが近づいてくると絶叫してしまうように、反応的な行動のレベルでは、誰もがサファリパークだから安全だと連想する知覚が偏見である可能性に気づいていると述べている。

c　ジェンドラーは、他者知覚における偏見の根強さを、「〜するべきではないのに……してしまう」と一般的に言い表せる行動の一部だとみなしており、性別、人種、障害の有無など、集団的特徴に基づいた偏見は、潜在的で、下意識的だとはいえ、頭ではそうすべきでないとわかっているはずだが、いわば思考を裏切って、反応的な行動のレベルで、一定の行動を引き起こすと述べている。

d　ジェンドラーは、他者知覚における偏見の根強さを、「〜するべきではないのに……してしまう」と一般的に言い表せる行動の一部だとみなしており、同じように反応するべきなのに、目をそらすなどの違う反応をしてしまうというようなかたちで、性別、人種、障害の有無など、集団的な特徴に基づいた偏見は、潜在的で、下意識的な知覚とは異なり、一定の行動と結びついたものであると述べている。

e　ジェンドラーは、他者知覚における偏見の根強さを、「〜するべきではないのに……してしまう」と一般的に言い表せる行動の一部だとみなしており、反差別主義者を自認している人であっても、思想からも意図からも独立に、白人の顔を見るときと有色の人の顔を見るときに異なる反応を示すというような集団的な特徴に基づいた偏見を免れず、絶望的な気持ちから人種差別的なふるまいや最悪の暴力を導いてしまうと述べている。

問6　筆者は心理学と哲学における、意識のあり方としての「潜在的」という概念の捉え方について、どのように述べているか。

最も適当なものを選択肢から一つ選び、その記号をマークせよ。

a　「潜在的」とは、心理学では潜在的連想テストによってのみ検知される概念で、私たち自身は自分の潜在的連想に対して無力であるが、哲学における現象学では「前反省的」と呼ばれることが通例で、多くの見知らぬ人のなかであとから振り返ってみると記憶に残っている人がいるように、顕在化して分析することは可能であると述べている。

b　「潜在的」とは、心理学では私たちにとってまったく無自覚なものとされるが、哲学における現象学では「前反省的」と呼ばれることが通例で、若い女性を快活さと結びつけて記憶しているように、性別、年齢、仕草などから人の性格を無意識に連想することはできると述べている。

c　「潜在的」とは、心理学では本人のあずかり知らぬところで検知される概念であるが、哲学における現象学では「前反省的」と呼ばれることが通例で、顕在的との対比であることが問い直されている概念のことであり、自分の偏見についても十分に予測することは可能であると述べている。

d　「潜在的」とは、心理学では直接自分の意識に問いかけることで知ることはできない概念のことであるが、哲学における現象学では「前反省的」と呼ばれることが通例で、人の多い場所に行ったときに、その多くは記憶に残っていないが、直接自分の意識に問いかけてそのうちの一部の人を思い出すことができると述べている。

e　「潜在的」とは、心理学では無意識的と言い換えられるものであるが、哲学における現象学では「前反省的」と呼ばれることが通例で、性別、年齢、仕草などから快活さや怖さを連想するというような知覚を、顕在化して分析することはできると述べている。

問7　筆者は、哲学にとっての科学との付き合い方について、どのように述べているか。最も適当なものを選択肢から一つ選び、その記号をマークせよ。

a　心理学的研究において、潜在的偏見に対して悲観的になることの危険性が明らかにされたため、哲学も私たち自身は自分の偏見について無力な存在であるという前提を問い直す必要があり、「現象学」にもとづいて潜在的意識の探求に力を入れるべきだと述べている。

b　潜在的偏見の実験心理学的研究においては、対人知覚における人種別の連想に被験者本人は無自覚だという前提があるが、哲学においては、ある肌の色の人物を見たときに否定的な性格を連想するということは十分に予測できるため、潜在的意識の探求に力を入れるべきだと述べている。

c　潜在的偏見についての心理学的研究により、差別の問題が意図や知識の次元で済まされないということが明らかにされたが、そうした科学的研究の結果をそのまま鵜呑みにするべきではなく、哲学には科学が自明のものとしている前提を問い直すことが求められていると述べている。

d　潜在的偏見についての心理学的研究が盛り上がった結果、差別の問題は意図や知識の次元で済まされないという前提が明らかにされたため、哲学においても、若い女性を快活さに結びつけていたとか、外国人の話し方を怖さに結びつけていたとか、そのときの意識を反省して後から顕在化して、科学的に分析することが必要である。

e　心理学的研究においては、知覚における潜在的連想はＩＡＴのような間接手段によってしか検知できず、私たち自身には手も足も出ない、という前提があるが、哲学においては、それは自明ではないため、哲学には科学が自明のものとしている前提を問い直すことが求められていると述べている。

問8　二重傍線部㋐㋑㋒㋓㋔のカタカナと同じ漢字を用いる語を選択肢から一つ選び、その記号をマークせよ。

㋐ ケン‖ショウ
a この薬は胃腸炎にコウケン‖がある。
b 業績がケン‖ジツに伸びている。
c 交通違反でケン‖キョされる。
d 生活費をケン‖ヤクして貯金をする。
e この会社の運営状況はケン‖ゼンだ。

㋑ ツイセキ‖
a シュウセキ‖回路の製造に用いられる技術。
b 委員としてのセキ‖ムを果たす。
c 外国製品をハイセキ‖する運動が起きる。
d 液体から結晶がセキ‖シュツする。
e 決勝戦でキセキ‖の大逆転が起きる。

㋒ ト‖タン
a 多額のシト‖不明金が見つかる。
b ト‖トウを組んで騒ぎを起こす。
c 諸外国に定期的にト‖コウする。
d 財政再建をキト‖して人件費を削減する。
e 校舎の壁のト‖ソウをする。

㋓　シンジョウ

a　ジンジョウではない驚き方をする。
b　ジョウセキを踏んだ操作手順。
c　複雑なケイジョウをした鉱物。
d　社会のフジョウリに耐えかねる。
e　カフェインのカジョウ摂取に注意する。

㋔　カイショウ

a　被写体にカメラのショウテンを合わせる。
b　バンショウ繰り合わせて出席する。
c　鳩は平和のショウチョウだ。
d　あの人はキショウが荒い。
e　船は沖に出たままショウソクを絶った。

二　次の文章は、『住吉物語』の一節である。姫君に思いを寄せる少将は、姫君の継母にだまされて姫君の腹違いの妹である三の君の婿にさせられる。だまされたことを知った少将は、姫君の乳母(めのと)の娘である侍従を介して何度も姫君に文を贈っていたが、姫君からの返事はなかった。これを読んで、後の問いに答えよ。

かくて過ぐるほどに、姫君の御乳母、例ならぬ心地して、里へ出で(い)にけり。侍従、おなじく出でぬ。そののち、文をだに聞こえず、心苦しさのみまさりつつ過ごさせたまふ。三の君のもとへも、物憂くてとおぼして、通ひたまはぬこともあり。思ひの余りに、侍従に会ひてこそ心をも慰めしに、今は*1西の対のあたりをだにも見ずなりぬることの心憂さに、三の君の方へも、憂さのみまさりながら通ひたまひけり。

宵暁(よひあかつき)、対の前を過ぐるとては、古き歌を、あはれなる声してうちながめつつ、袖も絞るばかりにて、好きありきたまふを聞き、さすがあはれにおぼしつつ、明かし暮らしたまふほどに、姫君の乳母、いたはりも心苦しくなりければ、乳母のもとより姫君に、「立ち寄らせたまへ。ゆかしく思ひたてまつる。見たてまつり、見えたてまつらん」と申したりければ、忍びつつおはしたり。

乳母起きて、泣く泣く聞こゆるやう、「さだめなき世と申しながら、年老いぬる者は頼み少なくはべる。常よりこの心細く、君もゆかしく、かかる心地つきぬれば、見たてまつらんことも、このたびばかりにやとおぼゆれば、*2母宮おはしまさざりしことをこそ悲しみ思ひつるに、この老い姥(うば)さへ亡からんことの悲しさよ。目やすきやうに見えたてまつる人一人もなくて、はかなくなりなば、死出の山路にまよはんことの口惜しさよ。いかになりなんあとの形見とも、侍従を御覧じさぶらへ」とて、御ぐしかきなでて、さめざめと泣きければ、姫君も御袖を顔に押しあてて、「我も残りとまりて、たれをか頼みはべるべき。母宮の失せ(う)たまひてそののちは、それをこそ高き山、深き海とも頼み思ひつるに、別れたてまつり、長らへてあるべしともおぼえず。おなじ道に」とのたまひて、人目もつつまず泣き悲しみたまへば、よその袂までもあはれにおぼえける。さてしもあるべきことならねば、帰らせたまふ。「今は見まゐらせてさぶらへば、いとど黄泉路もやすらかにこそおぼえさぶらへ」などと申させたまへば、侍従をばとどめ置きて、姫君ばかり帰らせたまへり。

そののち日数経るほどに、日にしたがひて悩みまさりけり。五月晦日ごろに、つひにはかなくなりたまふ。姫君の嘆きたまふことなのめならず。侍従が嘆き、なかなか申すもおろかなり。姫君は、乳母の別れ、侍従にさへ離れたまひぬれば、いとどせん方なう、頼りなくおぼしめしけり。また侍従は、母の別れの悲しさといひ、姫君の御つれづれ思ひつつ、明かし暮らし過ぎけり。のちの営み、しかるべきさまにまかなひはべりけり。姫君、常に着たまへる袿一襲[*3]、侍従がもとへつかはすとて、

唐衣死出の山路をたづねつつ我はごくみし袖をこそやれ

かやうに褄[*4]に書きつけて、送りたまへり。これを見て、顔にあて、人目もつつまず悲しみけり。

とかく営みはべるほどに、七月十日になりければ、姫君の御もとに参りたりけるに、二十日余りの秋、いとあはれなるに、月さやけかりければ、はかなきことどもを語り、「乳母にさへおくれぬる心細さよ」などと言ひつづけて、格子も降ろさずながめたまふほどに、夜うち更けて、少将内裏より帰りたまひけるが、忍びて西の対の妻戸[*5]に立ちたまへるほどに、侍従が声のほのかに聞こえければ、うれしくおぼして聞きたまふに、姫君琴かき鳴らし、乳母のこと言ひ出だしてうち泣きたまふ気色、あはれに聞きはべり、かき抱きてや出でましと思ひたまひけれども、中納言[*6]のおぼさんこともつつましさに、思ひ立ちたまはず。夜もいたく更けぬれば、姫君も立ち入らせたまひぬ。

（『住吉物語』による）

注　＊1　西の対＝寝殿造りの西側の棟。姫君の居所。　＊2　母宮＝今はなき姫君の母。　＊3　袿一襲＝女性用の衣服である袿を一着。

＊4　褄(つま)＝着物の端の部分。　＊5　妻戸＝寝殿造りの建物の脇にある両開きの板戸。夜間用の出入り口。　＊6　中納言＝姫君と三の君の父。

問1　この文章の最初の段落の内容として、最も適当なものを選択肢から一つ選び、その記号をマークせよ。

a　姫君の乳母は病気になって自邸へと戻った。乳母の娘の侍従も同じく戻った。その後、少将は姫君に手紙さえ差し上げられず、気がかりな思いのみ募り、日を過ごされていた。三の君のところへも何となく気が重く通われないこともあった。思い余っては侍従に会って心をも慰めていたのに、今は姫君のところにさえ立ち寄らなくなってしまったことがつらくて、三の君のところへも、憂さを募らせながらも通っておられた。

b　姫君の乳母は病気になって自邸へと戻った。乳母の娘の侍従も同じく戻った。その後、少将は姫君からの手紙にも気づかず、気がかりな思いのみ募り、日を過ごされていた。三の君のところへも何となく気が重く通われないこともあった。思い余っては侍従と逢瀬を重ねていたのに、今は姫君のところにさえ立ち寄らなくなってしまったことがつらくて、三の君のところへも、憂さを募らせながらも通っておられた。

c　姫君の乳母は病気になって自邸へと戻った。乳母の娘の侍従も同じく戻った。その後、少将は姫君からの手紙にも気づかず、気がかりな思いのみ募り、日を過ごされていた。三の君のところへも何となく気が重く通われないこともあった。思い余っては侍従と逢瀬を重ねていたのに、今は姫君のところにさえ立ち寄らなくなってしまったことの憂さ晴らしに、三の君のところへも、憂さを募らせながらも通っておられた。

d　姫君の乳母は急の用事ができて自邸へと戻った。乳母の娘の侍従も同じく戻った。その後、少将は姫君に手紙さえ差し上げられず、気がかりな思いのみ募り、日を過ごされていた。三の君のところへも何となく気が重く通われないこともあった。思い余っては侍従と逢瀬を重ねていたのに、今は姫君のところにさえ立ち寄らなくなってしまったことがつらくて、三の君のところへも、憂さを募らせながらも通っておられた。

e　姫君の乳母は急の用事ができて自邸へと戻った。乳母の娘の侍従も同じく戻った。その後、少将は姫君に手紙さえ差し上げられず、気がかりな思いのみ募り、日を過ごされていた。三の君のところへも何となく気が重く通われないこともあった。思い余っては侍従に会って心をも慰めていたのに、今は姫君のところにさえ立ち寄らなくなってしまったことの憂さ晴らしに、三の君のところへも、憂さを募らせながらも通っておられた。

問２　乳母が自邸に戻った後の少将の行動とそれに対する姫君の様子として、最も適当なものを選択肢から一つ選び、その記号をマークせよ。

a　宵や暁に、姫君の居所の前を通る時には、古い和歌をもの悲しい声で口ずさんで物思いにふけっては、袖を絞るほどに泣き濡らして、姫君を求めて行き来なさる。その声を聞いて、姫君は、そうはいっても受け入れることはできませんと、日々を暮らしていらっしゃった。

b　宵や暁に、姫君の居所の前に来ると立ち止まり、古い和歌をみじめな声で吟詠しては、袖を絞るほどに泣き濡らして、姫君を求めて行き来なさる。その声を聞いて、姫君は、さすがにしみじみと心が動かされながら、日々を暮らしていらっしゃった。

c　宵や暁に、姫君の居所の前を通る時には、古い和歌を乱れた声で口ずさんで物思いにふけっては、袖を絞るほどに泣き濡らして、姫君を求めて行き来なさる。その声を聞いて、姫君は、そうはいっても受け入れることはできませんと、日々を暮らしていらっしゃった。

d　宵や暁に、姫君の居所の前に来ると立ち止まり、古い和歌を美しい声で口ずさんで物思いにふけっては、袖を絞るほどに泣き濡らして、姫君を求めて行き来なさる。その声を聞いて、姫君は、さすがにしみじみと心が動かされながら、日々を暮らしていらっしゃった。

e　宵や暁に、姫君の居所の前を通る時には、古い和歌を心に染みる情趣深い声で吟詠しては、袖を絞るほどに泣き濡らして、姫君を求めて行き来なさる。その声を聞いて、姫君は、さすがにしみじみと心が動かされながら、日々を暮らしていらっしゃった。

問3　少将が姫君を求めて行き来していた頃、姫君の乳母は姫君に何と言ってきたか。また、それに対して姫君はどうしたか。最も適当なものを選択肢から一つ選び、その記号をマークせよ。

a　姫君の乳母は、病気の具合も心配な状態になったので、姫君に「どうぞこちらにお立ち寄りください。このようなお願いをして申し訳なく存じます。姫君のお顔を見たく、私の顔も見ておいていただきたいのです」と言ってきた。姫君はこらえきれず乳母の家に行かれた。

b　姫君の乳母は、病気の具合も心配な状態になったので、姫君に「どうぞこちらにお立ち寄りください。一目お会いしたく存じます。姫君のお顔を見たく、私の顔も見ておいていただきたいのです」と言ってきた。姫君はお忍びで乳母の家に行かれた。

c　姫君の乳母は、病気の具合も心配な状態になったので、姫君に「どうぞこちらにお立ち寄りください。このようなお願いをして申し訳なく存じます。姫君のお顔を見たく、私から姫君のもとへ伺いたいくらいです」と言ってきた。姫君はお忍びで乳母の家に行かれた。

d　姫君の乳母は、姫君に苦労を掛けるのも心苦しいのだけれども、姫君に「どうぞこちらにお立ち寄りください。一目お会いしたく存じます。姫君のお顔を見たく、私から姫君のもとへ伺いたいくらいです」と言ってきた。姫君はお忍びで乳母の家に行かれた。

e　姫君の乳母は、姫君に苦労を掛けるのも心苦しいのだけれども、姫君に「どうぞこちらにお立ち寄りください。このようなお願いをして申し訳なく存じます。姫君のお顔を見たく、私の顔も見ておいていただきたいのです」と言ってきた。姫君はこらえきれず乳母の家に行かれた。

問4　乳母を訪れた姫君に、乳母はどのように接したか。最も適当なものを選択肢から一つ選び、その記号をマークせよ。

a　「無常の世とはいいますが、年老いた者には頼りとする人も少ないのです。いつも心細くて、お会い申し上げるのもこれが最後と思います。母宮がいらっしゃらないことをおかわいそうにと思ってきましたが、この姥までも死んでしまうことがお気の毒で。姫君のご結婚なさるお相手も見ないまま、私は死出の山路に迷うことになるのが、悔しいことです。私の形見として侍従にお目を掛けてくださいませ」と姫君の髪をなでながら泣いた。

b　「うつろいやすい世とはいいますが、年老いた者には頼りとする人も少ないのです。最近はいつもより心細くなり、お会い申し上げるのもこれが最後と思います。母宮がいらっしゃらないことをおかわいそうにと思ってきましたが、この姥までも死んでしまうことがお気の毒で。姫君のお世話をする人もないまま、私は死出の山路に迷うことになるのが、悔しいことです。私の形見としてどうぞ侍従にお目を掛けてくださいませ」と姫君の髪をなでながら泣いた。

c　「確かなことなどない世とはいいますが、年老いた者には頼りとする人も少ないのです。いつも心細くて、お会い申し上げるのもこれが最後と思います。母宮がいらっしゃらないことをおかわいそうにと思ってきましたが、この姥までも死んでしまうことがお気の毒で。姫君のお世話をする人もないまま、私は死出の山路に迷うことになるのが、悔しいことです。私の形見として侍従にお目を掛けてくださいませ」と櫛（くし）で姫君の髪をとかしながら泣いた。

d　「不安定な世とはいいますが、年老いた者には頼りとする人も少ないのです。最近はいつもより心細くなり、お会い申し上げるのもこれが最後と思います。母宮がいらっしゃらないことをおかわいそうにと思ってきましたが、この姥までも死んでしまうことがお気の毒で。姫君のご結婚なさるお相手も見ないまま、私は死出の山路に迷うことになるのが、悔しいことです。私の形見として侍従にお目を掛けてくださいませ」と姫君の髪をなでながら泣いた。

e　「何かと物騒な世とはいいますが、年老いた者には頼りとする人も少ないのです。いつも心細くて、お会い申し上げるのもこれが最後と思います。母宮がいらっしゃらないことをおかわいそうにと思ってきましたが、この姥までも死んでしまうことがお気の毒で。姫君のお世話をする人もないまま、私は死出の山路に迷うことになるのが、悔しいことです。私の形見として侍従にお目を掛けてくださいませ」と櫛で姫君の髪をとかしながら泣いた。

問５　乳母のことばに対して、姫君はどのように応じたか。最も適当なものを選択肢から一つ選び、その記号をマークせよ。

a　姫君は、「私はここに残り留まって、侍従を頼りにいたします。母宮がなくなってからは、あなたのことを親のように頼りに思っていたのに、このまま帰ってしまったら、もう一度会えるとも思えません。そして、どうぞ同じ道に連れて行ってください」とおっしゃって、人目もはばからず泣かれるので、事情を知らない者まで悲しく泣くのであった。

b　姫君は、「この世に残り留まった私は、侍従以外に誰を頼りにすればよいのでしょう。母宮がなくなってからは、あなたのことを親のように頼りに思っていたのに、お別れしたら、私は生きながらえるとも思えません。どうぞ同じ道に連れて行ってください」とおっしゃって、人目もはばからず泣かれるので、事情を知らない者まで悲しく泣くのであった。

c　姫君は、「私はここに残り留まって、侍従を頼りにいたします。母宮がなくなってからは、あなたのことを親のように頼りに思っていたのに、このまま帰ってしまったら、もう一度会えるとも思えません。そして、どうぞ同じ道に連れて行ってください」とおっしゃって、人目もはばからず泣かれるので、まわりの者まで悲しく泣くのであった。

d　姫君は、「この世に残り留まったとて、私は誰を頼りにすればよいのでしょう。母宮がなくなってからは、あなたのことを親のように頼りに思っていたのに、お別れしたら、私は生きながらえるとも思えません。どうぞ同じ道に連れて行ってください」とおっしゃって、人目もはばからず泣かれるので、まわりの者まで悲しく泣くのであった。

e　姫君は、「この世に残り留まった私は、侍従以外に誰を頼りにすればよいのでしょう。母宮がなくなってからは、あなたのことを親のように頼りに思っていたのに、お別れしたら、もう一度会えるとも思えません。どうぞ同じ道に連れて行ってください」とおっしゃって、人目もはばからず泣かれるので、まわりの者まで悲しく泣くのであった。

問６　乳母のところで時を過ごした姫君は、その後どうしたか。最も適当なものを選択肢から一つ選び、その記号をマークせよ。

a　乳母は、今すぐに自分が死んでしまうというわけでもないので、姫君をお帰しになる。姫君は、「今、あなたに会うことができましたので、私があの世へ行くときも安心して行くことができます」とおっしゃって、侍従を残して自分だけお帰りになった。

b　姫君は、いつまでも乳母に付き添うというわけにもいかないので、お帰りになる。また、姫君は、「今、あなたに会うことができましたので、私があの世へ行くときも安心して行くことができます」とおっしゃって、侍従を残して自分だけお帰りになった。

c　姫君は、いつまでも乳母に付き添うというわけにもいかないので、お帰りになる。乳母が、「今、あなたに会うことができましたので、私はあの世への旅路も心残りなく行くことができます」と申しあげたので、姫君は、侍従を残して自分だけお帰りになった。

d　乳母は、いつまでも自分に付き添わせるというわけにもいかないので、姫君をお帰しになる。また、乳母は、「今、あなたに会うことができましたので、私はあの世への旅路も心残りなく行くことができます」と申しあげ、侍従を残して姫君だけお帰しになった。

e　姫君は、今すぐに乳母が亡くなってしまうというわけでもないので、お帰りになる。乳母は、「今、あなたに会うことができましたので、私はあの世への旅路も心残りなく行くことができます」と申しあげ、侍従を残して姫君だけお帰しになった。

問7　乳母が亡くなった後の姫君と侍従との様子として、最も適当なものを選択肢から一つ選び、その記号をマークせよ。

a　姫君が嘆きなさることは素直なお気持ちからであった。侍従の嘆きはどんな言葉でも表現できないほどである。姫君は乳母を失い、侍従とも離れ離れなので、ますますどうしようもなく、よりどころなくお思いになった。また、侍従は、母との別れの悲しさのうえに、姫君のさびしさを思いながら日を暮らしていた。

b　姫君が嘆きなさることは並ひととおりではない。侍従が「あまりにもつらい」と言って嘆くのは愚かなほどである。姫君は乳母を失い、侍従とも離れ離れなので、ますますどうしようもなく、少将を頼りにと思われていた。また、侍従は、母との別れの悲しさのうえに、姫君の少将への気持ちを思いながら日を暮らしていた。

c　姫君が嘆きなさることは素直なお気持ちからであった。侍従の嘆きはどんな言葉でも表現できないほどである。姫君は乳母を失い、侍従とも離れ離れなので、ますますどうしようもなく、少将を頼りにと思われていた。また、侍従は、母との別れの悲しさのうえに、姫君の少将への気持ちを思いながら日を暮らしていた。

d 姫君が嘆きなさることは並ひととおりではない。侍従の嘆きはどんな言葉でも表現できないほどである。姫君は乳母を失い、侍従とも離れ離れなので、ますますどうしようもなく、よりどころなくお思いになった。また、侍従は、母との別れの悲しさのうえに、姫君のさびしさを思いながら日を暮らしていた。

e 姫君が嘆きなさることは素直なお気持ちからであった。侍従が「あまりにもつらい」と言って嘆くのは愚かなほどである。姫君は乳母を失い、侍従とも離れ離れなので、ますますどうしようもなく、少将を頼りにと思われていた。また、侍従は、母との別れの悲しさのうえに、姫君の少将への気持ちを思いながら日を暮らしていた。

問8 「唐衣〜」の歌の説明として、最も適当なものを選択肢から一つ選び、その記号をマークせよ。

a この歌は、姫君が日常着ていた袿とともに侍従に贈ったもので「亡くなった乳母のことを弔いたいと思い、乳母が大切に守り育ててくれた私の衣をお送りします」という内容である。

b この歌は、姫君から贈られた袿に対する侍従からのお礼の歌で「亡くなった母のことを弔いたいとお考えになり、私に送って下さった袿を大切にいたします」という内容である。

c この歌は、姫君が日常着ていた袿とともに侍従に贈ったもので「亡くなった乳母のことを弔いたいと思うので、これと引き換えに、私を守り育ててくれた乳母の衣を送ってください」という内容である。

d この歌は、姫君から贈られた袿に対する侍従からのお礼の歌で「亡くなった母の後を追おうとした私ですが、これからは袖を濡らしつつも生きてまいります」という内容である。

e この歌は、姫君が日常着ていた袿とともに侍従に贈ったもので「亡くなった乳母の後を追おうとした私ですが、これからは袖を濡らしつつも生きていきます」という内容である。

問9　侍従が姫君のもとに戻ってからの西の対の様子として、最も適当なものを選択肢から一つ選び、その記号をマークせよ。

a　秋の風情もしみじみとした七月二十日過ぎ、月も澄み切っているので、姫君と侍従はとりとめもないことを語り、「乳母にまで先立たれて心細いこと」と言いつづけて、格子もおろさずに物思いにふけっていらっしゃるうちに、夜も深くなった。その頃少将は内裏からお帰りになるが、こっそりと西の対の妻戸にお立ちになると、侍従の声がほのかに聞こえて来た。

b　秋の風情もしみじみとした七月二十日過ぎ、月も澄み切っているので、姫君と侍従は亡くなった乳母のことを語り、「乳母にまで先立たれて心細いこと」と言いつづけて、格子もおろさずに歌を吟じていらっしゃるうちに、夜明けも近くなった。その頃少将は内裏からお帰りになるが、会いたいのを我慢できず西の対の妻戸にお立ちになると、侍従の声がほのかに聞こえて来た。

c　秋の風情もしみじみとした七月二十日過ぎ、月も澄み切っているので、姫君と侍従はとりとめもないことを語り、「乳母にまで先立たれて心細いこと」と言いつづけて、格子もおろさずに歌を吟じていらっしゃるうちに、夜も深くなった。その頃少将は内裏からお帰りになるが、会いたいのを我慢できず西の対の妻戸にお立ちになると、侍従の声がほのかに聞こえて来た。

d　秋の風情もしみじみとした七月二十日過ぎ、月も澄み切っているので、姫君と侍従は亡くなった乳母のことを語り、「乳母にまで先立たれて心細いこと」と言いつづけて、格子もおろさずに物思いにふけっていらっしゃるうちに、夜明けも近くなった。その頃少将は内裏からお帰りになるが、こっそりと西の対の妻戸にお立ちになると、侍従の声がほのかに聞こえて来た。

e　秋の風情もしみじみとした七月二十日過ぎ、月も澄み切っているので、姫君と侍従は亡くなった乳母のことを語り、「乳母にまで先立たれて心細いこと」と言いつづけて、格子もおろさずに物思いにふけっていらっしゃるうちに、夜も深くなった。その頃少将は内裏からお帰りになるが、こっそりと西の対の妻戸にお立ちになると、侍従の声がほのかに聞こえて来た。

問10　少将は妻戸に立って中の様子をうかがっていたが、その時の少将と姫君の様子として、最も適当なものを選択肢から一つ選び、その記号をマークせよ。

a　少将は、侍従の声が聞こえて来たので、嬉しく思われ聞いておられると、姫君が琴をかき鳴らして、乳母のことを言い出して泣かれる姿に、心ひかれ、姫君との共寝を果たしてしまおうと思われるけれども、中納言のお気持ちを思うとはばかられ、諦めてしまわれる。夜もいよいよ明けそうになったので、姫君も奥にお入りになった。

b　少将は、侍従の声が聞こえて来たので、嬉しく思われ聞いておられると、姫君が琴をかき鳴らして、乳母のことを言い出して泣かれる様子に、心ひかれ、姫君を抱きかかえて行ってしまおうかと思われるけれども、中納言に対して気恥ずかしくもあり、諦めてしまわれる。夜もいよいよ明けそうになったので、姫君も奥にお入りになった。

c　少将は、侍従の声が聞こえて来たので、嬉しく思われ聞いておられると、姫君が琴をかき鳴らして、乳母のことを言い出して泣かれる様子に、心ひかれ、姫君を抱きかかえて行ってしまおうかと思われるけれども、中納言のお気持ちを思うとはばかられ、決断されない。夜もたいそう深くなってしまったので、姫君も奥にお入りになった。

d　少将は、侍従の声が聞こえて来たので、嬉しく思われ聞いておられると、姫君が琴をかき鳴らして、乳母のことを言い出して泣かれる様子に、心ひかれ、姫君を抱きかかえて行ってしまおうかと思われるけれども、中納言に対して気恥ずかしくもあり、諦めてしまわれる。夜もたいそう深くなってしまったので、姫君も奥にお入りになった。

e　少将は、侍従の声が聞こえて来たので、嬉しく思われ聞いておられると、姫君が琴をかき鳴らして、乳母のことを言い出して泣かれる姿に、心ひかれ、姫君との共寝を果たしてしまおうと思われるけれども、中納言に対して気恥ずかしくもあり、決断されない。夜もたいそう深くなってしまったので、姫君も奥にお入りになった。

二月五日実施分

解答

一

出典　池田喬・堀田義太郎『差別の哲学入門』（アルパカ）

解答

問１　a

問２　d

問３　e

問４　a

問５　c

問６　e

問７　c

問８　㋐－c　㋑－e　㋒－a　㋓－d　㋔－e

◆要　旨◆

あからさまな人種差別が暴力やヘイトスピーチのかたちで公然となされるのに対して、嫌忌的な人種差別はもっと目立たない仕方で起こる。それは偏見という潜在的な意識のせいだ。心理学ではこの「潜在的偏見」の研究が盛り上がり、「潜在的連想テスト」によって潜在的な次元ではほとんど誰もが無自覚的な差別主義者だと明らかにされ、哲学においても、他者知覚における偏見の根強さが研究された。潜在的偏見の実験心理学的研究では私たち自身は自分の偏見について無力な存在としてイメージされているが、哲学者の間ではこの前提を問い直す動きがあって、潜在的意識とは完全な無意識ではなく、反省によって後から顕在化されうるような意識のことだという見方が可能になった。

◀解　説▶

問1　設問の「あからさまな人種差別」を手がかりとして本文中をみると、第二段落に「あからさまな人種差別は、自他ともに認める人種差別主義者によって、暴力やヘイトスピーチのかたちで公然となされます」とあることから、d・eは消える。次に、第三段落に「アメリカ合衆国の文脈で言えば……それまで公然とあからさまになされていた差別行為は日常茶飯ではなくなりました」とあることから、aが正解。なお、bの「カラー・ブラインドネス発言」は「かつてであれば反差別的な発言のつもり」で、「あからさまな人種差別」に該当せず、不適。cは「法的に禁じられている」のは「人種隔離的な差別」であるため、不適。

問2　設問の「嫌忌的な人種差別」を手がかりとして本文中をみると、第二段落に「それに対して、嫌忌的な人種差別はもっと目立たない仕方で起こるとされます。嫌忌的な人種差別主義者は……自分は偏見をもっていないと思っている。しかし、同時に、黒人に対して否定的な感情や信念をもっており、それらは無意識的でありうる」とあり、第四段落末尾に「『嫌忌的な人種差別』の名のもとで……『偏見』というもっと潜在的な意識の次元だったのです」とあることから、dが正解。なお、cは「暴力やヘイトスピーチ」が誤り。他の選択肢は、「嫌忌的な人種差別」が「無意識的」で「潜在的」なものであることが書かれていないため、不適。

問3　設問の「潜在的連想テスト」を手がかりとして本文中をみると、「潜在的偏見の研究の盛り上がり」の見出しのある第二段落冒頭に「グリーンワルドらによって開発された『潜在的連想テスト』は、この仮説をケンショウするものとして大きな話題を呼んだ心理学的実験です」とあり、「この仮説」とは何かを考えて直前をみると、「潜在的な次元では、ほとんど誰もが無自覚的な差別主義者だ」とある。また、この後で「黒人よりも白人への肯定的態度が検知されます。エラーの数だけでなく反応までの時間を計測することで、本人は気がついていない潜在的な偏見が明らかになる」とあることから、eが正解。なお、aは「黒人は『良い』のカテゴリーになるべく選ぶことが求められている」、ｂは「エラーの数ではなく反応までの時間を計測することで」、ｃは「どのような顔写真の人物や語を提示されても」、ｄは「多くの心理学者にとって予想外の結果」が、それぞれ不適。

問４　設問の「知覚レベルの潜在的偏見の具体例」を手がかりとして本文中をみると、「潜在的偏見の研究の盛り上がり」の見出しのある三つ目の段落に「アメリカ合衆国では、黒人を知覚すると『危険』だと連想する人々の傾向がよく話題になります。エレベーターで黒人と居合わせると、白人はほとんど無意識にカバンを引き寄せるといった例が報告されています」とあることから、ａが正解。ｂは第五段落末尾に「頭では、肌が黒ければ危険だとか、障害をもっていればかわいそうだとかいう考えは正しくないと信じていても、知覚の水準では偏見が働いているかもしれない」とあることから、不適。ｃの「反差別的なシンジョウをもっている警察官」は本文になく、ｃとｄとｅはそもそも黒人に言及がなく、「黒人を知覚すると『危険』だと連想する人々の傾向」の具体例になっていないので、不適。

問５　設問の「他者知覚における偏見の根強さ」を手がかりとして本文中をみると、「潜在的偏見のしぶとさ」の見出しのはじめの段落に「他者知覚における偏見の根強さを、『〜するべきではないのに……してしまう』と一般的に言い表せる行動の一部だとみなしています」とあり、次の段落に「頭ではそうすべきではないとわかっているはずのことを、いわば思考を裏切って、反応的な行動のレベルでやってしまうようです。誰をも同じように扱っているつもりでも……性別、人種、障害の有無など、集団的な特徴に基づいた偏見を免れていないようなのです。こうした知覚は、潜在的で、下意識的だとはいえ、一定の行動と結びついたものです」とあることから、ｃが正解。ａ・ｂは先ほどみた「性別、人種、障害の有無など、集団的な特徴に基づいた偏見」にふれられておらず、ａとｄはそれを「潜在的で、下意識的な知覚を裏切って」または「異なり」としているため、不適。ｅの「絶望的な気持ちから人種差別的なふるまいや最悪の暴力を導いてしまう」は本文にないため、不適。

問６　設問の「心理学と哲学における、意識のあり方としての『潜在的』という概念の捉え方」を手がかりとして本文中をみると、「研究が特定のイメージを生み出す」の見出しのある第二段落に「潜在的偏見の研究には、対人知覚における人種別の連想に被験者本人は無自覚だという前提があります。文献によっては、潜在的を無意識的と言い換えているものもあります」とあり、次の段落冒頭に「しかし、哲学者の間ではこの前提を問い直す動きがあります……現象学において、潜在的は『無意識的』ではなく『前反省的』と呼ばれることが通例です。たとえば……つまり、潜在的意識とは、反省によって後から顕在化されうるような意識のことだ」とあることから、eが正解。aは「記憶に残っている」理由に言及がなく、bは潜在的だった「意識を顕在化して分析することは可能（第三段落）」だということにふれられていないため、不適。cは「顕在的との対比であることが問い直されている」が、dは「直接自分の意識に問いかけてそのうちの一部の人を思い出すことができる」が不適。

問7 設問の「哲学にとっての科学との付き合い方」を手がかりとして本文中をみると、「研究が特定のイメージを生み出す」の見出しのあるはじめの段落冒頭に「潜在的偏見についての心理学的研究の盛り上がりは、哲学にも影響を与え、差別の問題は意図や知識の次元で済まされない……しかし、ここではむしろ、科学的研究の結果をそのまま鵜呑みにして悲観的になることの危険性を考えたいと思います。哲学にとっての科学との付き合い方や悲観をはね返すための方法などを考えてみたい」とあり、その次の段落末尾に「潜在的偏見の実験心理学的研究では、私たち自身は自分の偏見について無力な存在としてイメージされています」、続く段落冒頭に「しかし、哲学者の間ではこの前提を問い直す動きがあります」とあることから、cが正解。aは「心理学的研究において、潜在的偏見に対して悲観的になることの危険性が明らかにされた」が、bは「哲学においては……十分に予測できるため」が、dは「哲学においても……科学的に分析することが必要」が不適。eは最終段落に「知覚における潜在的連想は……私たち自身には手も足も出ない、という前提は自明とは言えません。その証拠に、被験者は自分のIATの結果を十分予測できるという調査結果もあります」とあることから、「哲学においては、それは自明ではない」が不適。

二

出典　『住吉物語』〈上巻〉

解答

問1　a
問2　e
問3　b
問4　b
問5　d
問6　c
問7　d
問8　a
問9　a
問10　c

◆全　訳◆

こうして時が過ぎるうち、姫君の乳母は病気になって自分の家へと戻った。乳母の娘の侍従も、同じく戻った。その後、（少将は姫君に）手紙さえ差し上げられず、気がかりな思いのみ募らせながら、日々を過ごされる。三の君のところへも何となく気が重く思われて、通いなさらないこともある。思い余っては侍従に会って心をも慰めていたのに、今は姫君の部屋の近くにさえ立ち寄らなくなってしまったことがつらくて、三の君のところへも、憂さばかり募らせながら通っておられた。

宵や暁に、姫君の居所の前を通る時には、古い和歌を心に染みる情趣深い声で吟詠しながら、袖を絞るほどに泣き濡らして、姫君を恋い慕って行き来なさる声を聞いて、（姫君は、）さすがにしみじみと心が動かされながら、日々を暮らしていらっしゃった。姫君の乳母は、病気の具合も心配な状態になったので、乳母のところから姫君に「どうぞこちらにお立ち寄りください。一目お会いしたく存じます。姫君の顔を見たく、私の顔も見ておいていただきたいのです」と申し上げてきたので、姫君はお忍びで乳母の家に行かれた。

乳母が起きて、泣く泣く申し上げるには、「うつろいやすい世とは申しますが、年老いた者には頼りとする人も少ないのです。最近はいつもより心細くなり、姫君にも会いたくて、こんな気持ちになってしまうと、お会い申し上げるのもこれが最後かと思われると、母宮がいらっしゃらないことをおかわいそうにと思ってきましたが、この姥までも死んでしまうことがお気の毒で。そばにいて見苦しくないようお世話申し上げる人の一人もないまま、私が死ねば、死出の山路に迷うことになるのが、悔しいことです。私がどのようにかなった（死んだ）後の形見としてどうぞ侍従にお目を掛けてくださいませ」と姫君の髪をなでながらさめざめと泣いたので、姫君もお袖を顔に押し当てて、「私もこの世に残り留まったとて、誰を頼りにすればよいのでしょう。母宮が亡くなってから後は、あなたのことを親のように頼りに思っていたのに、お別れしたら、私は生きながらえられるとも思えません。どうぞ同じ道に連れて行ってください」とおっしゃって、人目もはばからず泣き悲しまれるので、まわりの者まで悲しく思われて泣くのであった。姫君は、いつまでもそのまま乳母に付きそうというわけにもいかないので、お帰りになる。乳母が、「今、あなたにお目にかかりましたので、私はあの世への旅路も心残りなく行けそうです」と申し上げたので、侍従を残して姫君だけお帰りになった。

そののち日数も過ぎるうちに、日に日に病状は悪くなった。五月末日ごろに、とうとうお亡くなりになる。姫君が嘆きなさることは並ひととおりではない。侍従の嘆きはどんな言葉でも表現できないほどである。姫君は乳母を失い、侍従とも離れていらっしゃったので、ますますどうしようもなく、よりどころなくお思いになった。また、侍従は、母との別れの悲しさのうえに、姫君のさびしさを思いながら明かし暮らしていた。

のちの仏事も、とどこおりなく終えました。姫君はいつも着ていらっしゃる袿を一着、侍従のもとにおつかわしになるというので、死出の山路を行く乳母を弔いたいと思い、乳母が大切に守り育ててくれた私の衣をお送りします このように着物の端に書きつけて、お送りになった。これを見て（侍従は）顔に押し当て、人目もかまわず泣き悲しんだ。あれやこれやと仏事をするうちに、七月十日になったので、（侍従は）姫君のもとに帰参したが、七月二十日過ぎ、秋の風情もしみじみとしている時、月も澄み切っていたので、姫君と侍従はとりとめもないことを語り、「乳母にまで先立たれてしまった心細さよ」と言いつづけて、格子も下ろさずに物思いにふけっていらっしゃるうちに、夜も深くなった。その頃少将は内裏からお帰りになったが、こっそりと西の対の妻戸にお立ちになったところ、侍従の声がほのかに聞こえて来たので、嬉しく思われ聞いておられると、姫君が琴をかき鳴らして、乳母のことを言い出してお泣きになる様子を、しみじみとお聞きになり、姫君を抱きかかえて行ってしまおうかと思いなさるけれども、（姫君の父親の）中納言のお気持ちを思うとはばかられ、決断なさらない。夜もたいそう深くなってしまったので、姫君も奥にお入りになった。

▲解　説▼

問１　選択肢を見比べ、設問の「最初の段落の内容」をみると、一行目の「例ならぬ」、「文をだに聞こえず」、三行目「侍従に会ひてこそ心をも慰めしに」をどう解釈するかがポイントだと判断できる。「例ならず」は〝いつもと違う。病気である〟、「文をだに聞こえず」の「聞こえ」は「言ふ」の謙譲語「聞こゆ」〝①申し上げる。②お手紙を差し上げる〟で、口頭で述べる場合にも手紙で伝える場合にも使うので、ａが正解。なお、「だに」〝（程度の軽いものを示して、より程度の重いものを類推させる）〜さえ〟は、「すら」〝〜さえ〟、「さへ」〝（添加）〜までも〟と合わせて覚えておくとよい。「会ふ」は〝①一つになる。②結婚する。男女関係を持つ。③会う。出くわす。④みんなで〜する〟の意があり、ここでは③。

問２　選択肢を見比べ、設問の「乳母が自邸に戻った後の少将の行動とそれに対する姫君の様子」を手がかりとして本文中をみると、第二段落の「あはれなる声」、「さすがあはれにおぼしつつ」をどう解釈するかがポイントだと判断できる。「あはれ」は〝①しみじみと趣深い。②しみじみとかわいい〟の意。〝もの悲しい。かわいそうだ〟で悲哀の意を表す現代語と同じ意味もあるが、入試ではしみじみと胸にしみる感慨を文脈に合わせて捉えることが大事。「あはれなる声」を「みじめな声」「乱れた声」としたb・cをまず消し、「あはれにおぼしつつ」を「受け入れることはできません」としたaを消去。d・eのうち「対の前を過ぐるとては」の「過ぐ」の訳が不適切なdを消去してeを選ぶ。

問3　選択肢を見比べ、設問の「少将が姫君を求めて行き来していた頃、姫君の乳母は姫君に何と言ってきたか」を手がかりとして本文中をみると、第二段落の「いたはりも心苦しくなりければ」、「ゆかしく思ひたてまつる」、「見えたてまつらん」、「忍びつつ」をどう解釈するかがポイントだと判断できる。名詞「いたはり」は〝①庇護。②労力、手間。③世話。④病気〟の意で、それが「心苦し」という状態になったというのだから、d・eは消える。「ゆかし」は〝見たい。聞きたい。知りたい。心ひかれる〟の意で、心ひかれる対象に近づきたい気持ちを表すので、bが正解。なお、「見」はマ行上一段活用の「見る」〝(意志によって)見る〟で、「見え」はヤ行下二段の「見ゆ」〝(視界に入って)見える。見られる〟の意。また、「忍ぶ」は〝①我慢する。②人目を避ける〟の意。「偲ぶ」〝懐かしく思い出す〟と合わせて覚えておきたい。

問4　選択肢を見比べ、設問の「乳母を訪れた姫君に、乳母はどのように接したか」を手がかりとして本文中をみると、第三段落一行目の「さだめなき世」、「常より」、同三行目の「目やすきやう」、同四行目の「御ぐしかきなでて」をどう解釈するかがポイントだと判断できる。「さだめなし」は〝①頼りない。②無常である。③変わりやすい〟の意なので、eは消える。「常より」は〝いつもより〟の意なので、b・dが残る。「めやすし」は〝見苦しくない。感じがよい〟の意で「見えたてまつる」という謙譲表現が用いられていることからも、「ご結婚なさるお相手」ではなく「お世話をする人」のほうがふさわしいと判断して、bが正解。なお、「かきなでて」の「かき」は動詞について語勢を強めたり語調を整えたりする接頭語。

問5　選択肢を見比べ、設問の「乳母のことばに対して、姫君はどのように応じたか」を手がかりとして本文中をみると、第三段落五行目の「たれをか頼みはべるべき」、同六行目の「長らへてあるべし」、同七行目の「よその袂までも」をどう解釈するかがポイントだと判断できる。「たれをか」の「か」は〝①（疑問）～か。②（反語）～か、いや～ない〟の係助詞なので、a・cは消える。「ながらふ」は〝①生きながらえる。長生きする。②長続きする〟の意なので、eも消える。「よそ」は〝①遠い、ほかの場所。②直接関係のないこと。③別。他。他人〟の意なので、「事情を知らない者」よりは周囲にいるほかの人々と捉えるほうがよいと判断して、dが正解。

問6　選択肢を見比べ、設問の「乳母のところで時を過ごした姫君は、その後どうしたか」を手がかりとして本文中をみると、第三段落七行目の「さてしもあるべきことならねば、帰らせたまふ」、同八行目の「申させたまへば」、同九行目の「帰らせたまへり」をどう解釈するかがポイントだと判断できる。「帰らせたまへり」の「せたまふ」は〈尊敬の助動詞「す」＋尊敬の補助動詞「たまふ」〉の二重敬語で〝お～なさる〟の意なので、どちらも〝姫君がお帰りになる〟としている、b・cが残る。「申させたまへば」は、「申さ」が「言ふ」の謙譲語〝申し上げる〟で、「せたまふ」は〈尊敬の助動詞「す」＋尊敬の補助動詞「たまふ」〉の二重敬語で〝お～なさる〟の意。姫君が乳母に「申す」というのはあり得ないので、〝乳母が…申し上げた〟とする、cが正解。

問7　選択肢を見比べ、設問の「乳母が亡くなった後の姫君と侍従との様子」を手がかりとして本文中をみると、第四段落二行目の「なのめならず」、「侍従が嘆き、なかなか申すもおろかなり」、同三行目の「頼りなく」、「御つれづれ」をどう解釈するかがポイントだと判断できる。「なのめならず」は〝並々ではない〟、「侍従が嘆き」の「が」は連体修飾格〝～の〟で、「なかなか」は〝①中途半端に。②かえって。むしろ〟、「申すもおろか」は「言ふもおろか」〝とうてい言い尽くせない〟の謙譲表現なので、dが正解。なお、「頼りなし」は〝①頼るものがない。心細い。②（終止形が名詞化して）貧乏人〟の意で、「つれづれ」は〝①することがなく手持ちぶさただ。所在ない。②しんみりとしてもの寂しい〟の意。

問8　選択肢を見比べ、設問の「『唐衣～』の歌の説明」を手がかりとして本文中をみると、歌の直前に「姫君、常に着たまへる袿一襲、侍従がもとへつかはすとて」〝姫君はいつも着ていらっしゃる袿を一着、侍従のもとにおつかわしになるというので〟とある。この解釈を誤っているb・dがまず消える。歌にある「はごくみ」は「はぐくむ（育む）」〝①親鳥が羽で包んでひなを育てる。②かわいがる。③育てる。④世話をする〟で、「袖をこそやれ」の「やる（遣る）」は〝あちらにやる。行かせる〟の意。また、歌の直後に「かように褄に書きつけて、送りたまへり」〝このように着物の端に書きつけて、お送りになった〟とあることから、aが正解。

問9　選択肢を見比べ、設問の「侍従が姫君のもとに戻ってからの西の対の様子」を手がかりとして本文中をみると、最終段落二行目の「はかなきことどもを語り」、同三行目の「夜うち更けて」、「忍びて」をどう解釈するかがポイントだと判断できる。「はかなし」は〝①頼りない。あっけない。②つまらない。愚かだ。③他愛ない。幼稚だ〟の意。なお、「はかなしごと」で〝取るに足りないこと。ちょっと口にした言葉〟、「はかなくなる」で〝死ぬ〟という表現も合わせて覚えておくとよい。「夜うち更けて」は〝夜が更けて〟の意なので、aとcが候補。「忍びて」は問3同様「こっそり」という意なので、aが正解。

問10　選択肢を見比べ、設問の「少将は妻戸に立って中の様子をうかがっていたが、その時の少将と姫君の様子」を手がかりとして本文中をみると、最後から二行目の「かき抱きて」、「つつましさに」、「思ひ立ちたまはず」をどう解釈するかがポイントだと判断できる。「かき抱く」の「かき」は問4でみたように動詞について語勢を強めたり語調を整えたりする接頭語、「抱く」は〝①だく。かかえる。②保護するように囲む。③心にある考えを持つ〟なので、a・eは消える。「つつまし」は〝①はばかるさま。②恥ずかしい。③遠慮深い〟、「思ひ立つ」は〝決意する。決心する〟の意なので、cが正解。

❖講　評

現代文一題、古文一題という構成は例年通り。内容説明の問題に傍線がないという出題形式も例年通り。問題文は長文であるが、設問は文章の流れに沿って出されている。問われているポイントを見極めたい。

一は、池田喬・堀田義太郎の評論。差別における心理学的な研究と哲学的な探求について述べた文章である。抽象的な概念が散見されるものの、具体例をもとに筆者の主張をイメージするのは難しくない。ただし、選択肢はどれも長くて紛らわしいので、丁寧な読解が求められる。

傍線が引かれていないので、まず、設問を手がかりとして本文中の該当箇所を正確に探す。そして、選択肢と本文中の該当箇所とを照合し、合致しないものを消去していく。その際、選択肢同士の見比べも有効だが、考えなしに選択肢を見てしまうと迷いやすくなるので、安易に消去法に頼るのではなく、記述式問題を解くのと同様に、本文中の根拠となる部分をもとに自分なりの答えを想定するよう心がけたい。問1・問2は「あからさまな人種差別」と「嫌忌的な人種差別」についての説明を正しく区別できたかどうか。問3は誤答選択肢の誤りは明らかなので、消去法が有効だろう。問4は「人種的プロファイリング」を正しく押さえているものを選ぶ。問5は「潜在的偏見のしぶとさ」の二段落に選択肢を丁寧に照合すること。問7は文中からまず「科学との付き合い方」を述べた箇所を探し、細部まで検討することが必要。

二は、『住吉物語』からの出題。リード文に場面設定が詳しく書かれているので、参考にしたい。また、注にもヒントがあるので、気をつけよう。設問に対する解答箇所を、選択肢と本文とを照らし合わせて素早く見つけ、その部分を古典文法および古文単語、古文常識等の知識や文脈に基づいて解釈することで、選択肢を絞ることができる。

古文では、主体、客体などが頻繁に省略されるため、それらを意識して場面状況や心理状況をイメージしつつ読解することが大切である。また、今回のように和歌が出題された場合は、歌の詳細な理解に拘泥するのではなく、前後の文脈から大意をつかむことが肝要である。問1は着眼点は指定されているので、正しく内容を解釈できたかどうか。「例ならず」は重要語句。問2は「あはれなり」を文脈に合うように解釈できるかどうかが問われている。基本的な語句なのでそう難しくはなかっただろう。問3も重要古語「ゆかし」がポイント。問5は反語形に着目して、姫君の発言の趣旨をつかむ。問6は敬語に着目して動作主を正しく押さえること。問7・問9は「なのめならず」「申すもおろかなり」

「はかなし」「忍ぶ」など、知っておくべき語句や表現が押さえられたかどうか。問8は歌が詠まれた状況をまず正しく押さえる。いずれの設問も、重要古語や敬語の知識があれば選択肢を絞り込むことができるので、普段から重要語句・文法の定着を図り、その上で高校教科書レベルの標準的な文章読解の演習を積んでおきたい。

二月七日実施分

問　題

（七五分）

一　次の文章を読んで、後の問いに答えよ。

家庭はどのように概念規定されているか

一般的には、家庭とは「夫婦・親子など家族一緒に生活する集まり。また、家族が生活する所」（『広辞苑 第五版』）である。『新社会学辞典』の定義に拠れば、家庭とは「Home の訳語として明治二十年代に流行し始め、マスコミを通じて流布された。それは古い家とは決別すべき新しい価値を担う語として標榜する。〔…〕家庭の語義は、家政学に継承されてそのキー概念となった。他方、家族及び世帯をキー概念とした社会学では、家庭は家庭生活の場もしくは人間関係や雰囲気など家族の心理集団の側面をさす語として解釈されるにとどまり、学術用語として精錬されるに至っていない」とされている。また『現代社会学事典』の定義に拠れば「英語の home は植物や動物などの生息地・自生地・原産地という人間以外への拡がりを有して、ときにはより大きな郷里や故国を指し示し、また血縁とは無関係のより大きな宿泊所や療養施設などに使われる。それに比して、日本語の家庭が小家族の生活に限定された語感を伴っていたという違いを看過できない」とし、「世帯の人員構成や人間関係としての家族の構成に主に注目した社会学は、家庭の語は生活の場としての住空間を一般にさすものとしてあまり積極的には取り上げられず、また家族のだんらんや相互交渉としての家庭環境など社会化の心理的・倫理的な側面の指摘にとどまっている」とされているが、つまり社会学においては家庭に対する概念を明確に定めていないといえる。

　この社会学からのアプローチを受け学問のキー概念として「家庭」を継承した家政学、とりわけその一研究領域である「家政学原論」では、一九六〇年代以後、基礎的学術用語の概念規定が活発に行われた。基礎的な学術用語としての「家庭」をはじめ、「家族」「生活」などの概念を明確にすることで、家政学の独自性やその本質を規定しようとしたのである。

　家政学原論の研究者たちは、家庭をどのように規定しているのだろうか。原田一は、家庭を「家族の生活の本拠となる場」とし、松下英夫は「家族の経済行為と住居の共同生活空間」、青木茂は「人間生活の本質的な組織」、嶋田秀男は「家族が共同生活をしている場」、松島千代野は「人為的環境（衣食住とその管理）と人間の、物心両面から形成された生活統一体」、亀高京子は「家族を単位とする生活組織体」などと規定した。

　筆者はこれらの先人たちに続き『小学館大百科全書ニッポニカ（電子版）』（二〇〇一）において、家庭を「個人・家族の生活空間とその雰囲気」と定めた。いわゆる「家族」だけではなく「個人」を付記したのは単身者には自らの暮らしを的確に表現する言葉が日本語に見付けることができなかったからである。前述した『現代社会学事典』にあるように、日本語の家庭の説明には血縁に固執した小家族とその生活を想像するものが多く、故郷や故国などのよりコウハン(あ)な環境へのイメージを見出すことができない。果たして日本で一人暮らしをしている人々は、今の生活を「家庭」とはいわない。しかし、例えば青年期の単身者の多くにはおそらく出生家族・家庭があり、高齢期の単身者にはあるいは過去に離別や死別した創設家族・家庭があり、子どもたちとは別に暮らしている場合も多い。しかし、そのような人々の生活にも家族や家庭の気配や営みがある。例えば高齢者が一日の始まりに亡き配偶者の仏壇や神棚に手を合わせる行為には、配偶者や先祖とともに生きている時間を想起させる。部屋のしつらいに遠く離れた子どもたちの写真を見て想う気持ちも同じである。高齢者ホームに共同生活をしていながら、その個室のしつらいや営みの中に家族といた時間を想うこともあるだろう。今、そこにともにいるという感覚を抱くこともできる。それはこのような高齢者の例に留まらず一人暮らしの若者であっても、故郷の家族や身近な親しい人たちとの時間を現在に引き込み想うことはないだろうか。なによりも、かつて家族や家庭で育まれたものがその人自身の人格や生活のありように反映されているのである。すなわち現実には一人暮らしではあるが、現在の生活、その時空には過去や未来が引き込まれているのである。

また、「雰囲気」という言葉を記したのも、家庭が固定的な家屋の中だけに存在するものではないと考えるからである。親しそうに寄り添う人々が醸し出す雰囲気にも「家庭」を見出すことができる。例えば災難に遭った人々が身を寄せる避難所の一つ一つの囲いの中に静かに労わり集う家族やその醸し出す雰囲気を見るとき、堅牢（けんろう）な囲いがなくても、場所を移動してもその空間にある種の家庭の雰囲気を感じ得ることがあるからである。対して、ホームレスの人々を考えるとき、彼らは単にハウスを失っているのではなく、身近な人、他者や社会との繋がり、そして自己のアイデンティティを失っているのである。その彼らをハウスレス（筆者造語）といわず、ホームレスということにホームの本質を見出すことができる。その意味で、筆者の概念は極めて情緒的で存在論的[*1]な要素を含んだものであるといえよう。

なお、『家政学事典』（一九九〇）に拠れば、家庭とは「家族員が生活する場所、あるいは生活の営み」「家族を単位とする生活共同組織体」であり、「人間と人為的環境（住居および諸物資）との物心両面から形成され、これらが有機的に関連して家族が諸環境と相互作用しつつ生活するための、統合的に(い)キノウする生活共同組織体」と記されている。また同じく日本家政学会編『家政学原論』においては、家庭は「家族のための基本的生活環境組織体」と規定されており、いずれの記述においても家屋（house）と家庭（home）の違いに言及し、そこに家庭のキノウ性が付記されている。

（中略）

家庭――「家に居る」ということは、どのようなことか

ところで英語の at home には「家に居ること」「在宅すること」の他に「寛（くつろ）いで、気楽に」などという意味もある。このような根本的気分を、哲学者・教育学者であるボルノー[*2]は"Geborgenheit"としているが、邦訳では「被護性」と訳出される。"Geborgenheit"は、動詞 bergen（隠れる、埋蔵するなどの意）の過去分詞を名詞化したものである。そして、ge- という前綴りに示されるように極めて受動的なニュアンスが強いものである。その点から考えると、被護性の「被」という字の意味は深く、すでになにものかによって「護（まも）られて在る」というような受け身の解釈とともに、Geborgenheit によって人間の世界における位置を見出すことができる。すなわち人間はすでに根源的な時空に護られて存在するということである。

また、bergen の「隠され、蔵され、大切に保存される」という意味はくつろぎややすらぎ、気楽などという人間の根本的な気分に(う)ハセイする。at home が在宅しているということ、その家がやすらぎの場であるという意味合いはまさにこれに基づく。

では、やすらぐとはいかなることであろうか。「心がゆったりと落ち着いて穏やかなこと」（『大辞林』）であると辞書には記されている。また、やすらぎという言葉に漢字をあてた「安」の字源をたどれば、家に女性を落ち着かせるさまを示し、ひいては静かに落ち着いていることを意味する（『漢字源』）。

ハイデッガー[*3]は"Geborgenheit"を根本的な気分であるといい、存在論の立場からハイデッガーの影響を受けたボルノーも気分については「精神生活の最下層」にあると規定し、気分を感情と明確に区別した。すなわち感情とは「常に特定の対象に志向的、具体的に、方向づけられているもの」であるのに対し、気分は決して一定の対象を持たないというのである。また、気分は「人間の最低の領域から最高の領域までを、全体的に一様に(え)カンテツする根本的な状態を示す」のであって、その人間の活動全体に色調をあたえてしまうという。ここで重要なことは、気分が精神生活の基礎に位置し、「人間の生が自己自身を知るに至るもっとも単純でもっとも根源的な形態である」ということである。

なお、ハイデッガーによれば、人間という存在はあるものに出会って何かを認識したり、特定の感情を持つのではなく、それ以前にそのつどそのつどすでに気分づけられ、根源的にそれらに包まれ関係性を結びつつ意味連関しながらすでに出会っているという。このハイデッガーの気分についての解釈は、理性や意識に対しての否定的な見解ともとれるものであり、気分の主位性や根源性に依拠する考えである。その点から考えると、ハイデッガーとボルノーの気分に関する思考の差異は大きい。前者が人間存在が常に死にさらされていることへの不安や不確かさを視座に置いているのに対し、後者は昂揚（こうよう）した気分として、生への歓（よろこ）びを視座に置いている。

とりわけボルノーは幸福な気分について「人間の幸福な、あるいは少なくとも安らかな気分は、一般にものや人間の内的完全性やそれ自身に安らう独自の本質が開かれうるただ一つの通路である」と述べ、ハイデッガーと対照的である。

しかしながら、これら幸福な気分もまた、「明示できるような理由なしで、こっそりとそれは人間の中に生じてくる」ものであり、いわば人間を襲うものであるとしている。さらに、「人間はその幸福な気分を自ら生み出すことはできない」ともいう。

まことに絶望的な示唆ではあるが、それでもなお、人間の生活はこのような時空に在り、家庭ほど衣食住などの生活の営みが日々繰り返されている時空はない。たとえば、ホテルや旅館などの宿泊施設や飲食店などは、非日常性を演出しつつも、他方では常にくつろぎ、やすらぎを得られるようなしつらいを作り出す。人々は家以外でもそのような雰囲気を持つ空間、そのような雰囲気を醸し出す場所を体験するのであるが、これらが意図された演出であり、配慮された時空であるとわかっていながら、くつろぎやすらぐ気分に瞬時でも誘われることを楽しむ。しかし、家庭を想起させる擬似空間がやすらぎの本拠となりえないのは、その空間がそこにいる人間にとってはひとときであり非日常であるからである。すなわち、そこに自らが積み重ねてきた歴史や時間そのものを全面的に十分に委ねられないのである。人間は環境を移動することによって、そのつど異なる体験をさせられているのであり、日常では学校や職場、家庭などでその場に対応すべく心身の緊張や弛緩（しかん）を繰り返している。しかしながら、個々の時空における体験や歴史は、家庭に居る時間とは比べものにならないぐらい小さな存在でしかない。その上で家庭ほどおおよそ衣食住などの人間の生に関わる営みが日々繰り返され、共有しあう時空はなく、ここに人間の家庭の存在、その独自性を見出すことができると考えたい。

家庭――未来に向けて

ボルノーは人間の住む空間を内部空間と外部空間というように、ウチとソトを分けて考え、外部空間は常に内部空間を脅かすものとして、家庭はともすると緊張や厳しさを強いる外部空間からのシェルターのような役割も担っていると考えていた。確かに、現代社会の生活の一部がこうした側面をもっていることは事実であるが、内部空間それ自身が、すでに家庭崩壊などでやすらいだ空間にもなり得ていないことは周知のことである。

また、コロナ禍にみられるように外出が制限され、オンラインによる在宅勤務や授業という状況になると、外部空間に在ったものが家庭という内部空間に一気に侵入してくる事態が生じてきた。

疎外(alienation)は本来、自分がそこに居ながら自分自身を見出すことのできない、世界と自分とのよそよそしい関係にある状態を示すものであるが、今日では、疎外が外部空間のみならず内部空間にも生じ、いつもとは異なる外部空間に避難したり、web上のバーチャルな世界に安息と平穏を求めることもまれなことではなくなった。すでにウチとソトという概念は突き破られ、家庭自体もどこかに漂流しているともいえる。

そして何より人間がなかなか主位に立てないウイルスの出現は、人間の生や死に対する根本的な恐れや不安、畏れをロテイさ(お)せてしまったといえよう。今まで意識していなかった何ものかによって支えられていた生活世界への根本的な信頼が不安定になったのである。人間が世界の中心であるという人間観はすでに過去のものになりつつある。現実には人間が世界の中心となって秩序づけるというようなことはあるが、それは根源的な世界を無視してのことであった。すなわち、人間を中心に据え、世界の事物を遠近法的に価値づけることを一旦排除し、それぞれが固有なものとして立ち現れてくる世界、この固有な世界を尊重してこそ人間が包まれている世界の中で、初めて住まうことができるのではないだろうか。

近代社会は「欲求の充足」を一つのバロメーターとしてきたが、ともすると傲慢な人間の態度を助長することにも通じていた。その世界に住まうということは支配することでもなく、持つことでもない。自然に対する保護者として、共に在る者として、人間自らの位置を捉えなおすことにより、世界への配慮や畏敬の念が出てくるのである。コロナ禍で大きな崩壊が生じる家庭もあれば、そうではなく関係性や在り方を問い直す家庭もある。今、人々はその試練に向き合っているといえよう。

（川上雅子「家庭という時空」による　※一部本文を変更したところがある）

注　＊1　存在論＝あらゆる存在者が存在しているということは何を意味するかを問い究め、存在そのものの根拠またはその様態を考察する学問。
＊2　ボルノー＝ドイツの哲学者・教育学者。（一九〇三〜一九九一）　＊3　ハイデッガー＝ドイツの哲学者。（一八八九〜一九七六）

問1　社会学と家政学における家庭の概念について、筆者はどのように述べているか。最も適当なものを選択肢から一つ選び、その記号をマークせよ。

a　社会学では、家庭をHomeの訳語として小家族の生活に限定された語感を伴っているものと規定するにとどまり、世帯の人員構成や人間関係としての家族の構成に主に注目してきたのに対して、家政学では、基礎的な学術用語としての「家庭」の概念規定を明確にすることで、家政学の独自性やその本質を規定しようとしてきたと述べている。

b　社会学では、家庭は家庭生活の場もしくは人間関係や雰囲気など家族の心理集団の側面をさす語として解釈されるにとどまり、家族及び世帯と家庭の概念の区別が規定されていないのに対して、家政学では、基礎的な学術用語としての「家庭」の概念規定を明確にすることで、家政学の独自性やその本質を規定しようとしてきたと述べている。

c　社会学では、家族や世帯をキー概念として、世帯の人員構成や人間関係としての家族の構成に主に注目する一方で、家庭に対する概念は明確に定めていないが、家政学では、基礎的な学術用語としての「家庭」の概念を明確にすることで、家政学の独自性やその本質を規定しようとしてきたと述べている。

d　社会学では、家庭の語義が、家政学に継承されてそのキー概念となったため、家庭の語は生活の場としての住空間を一般にさすものとしてあまり積極的に取り上げられなかったのに対して、学問のキー概念として「家庭」を継承した家政学では、「家庭」の概念を明確に規定してきたと述べている。

e　社会学では、家庭は家庭生活の場もしくは人間関係や雰囲気などであるとする規定と、家族のだんらんや相互交渉としての家庭環境など社会化の心理的・倫理的な側面からの規定とが対立しているが、学問のキー概念として「家庭」を継承した家政学では、「家庭」の概念を明確に規定してきたと述べている。

問2　家庭の概念規定に「個人」を付記したことについて、筆者はどのように述べているか。最も適当なものを選択肢から一つ選び、その記号をマークせよ。

a　家庭の概念規定に「個人」を付記したのは、単身者には自らの暮らしを的確に表現する言葉が日本語に見付けることができなかったからであり、『現代社会学事典』にあるように、日本語の家庭の説明に関して、血縁に固執した小家族とその生活を想像するものにとどめるべきではないと述べている。

b　家庭の概念規定に「個人」を付記したのは、単身者には自らの暮らしを的確に表現する言葉が日本語に見付けることができなかったからであるが、今日の家庭のあり方は、現実には一人暮らしであっても、現在の生活、その時空には過去や未来が引き込まれているというものが主流になってきていると述べている。

c 家庭の概念規定に「個人」を付記したのは、青年期の単身者や高齢期の単身者の生活にも家族や家庭の気配や営みがあり、血縁に固執した小家族とその生活よりも、かつて家族や家庭で育まれたものがその人自身の人格や生活のありように反映されている「個人」を重視する方が現実的なためであると述べている。

d 日本で一人暮らしをしている人々は、今の生活を「家庭」とはいわないが、青年期の単身者には出生家族・家庭があり、高齢期の単身者には過去に死別した創設家族・家庭があり、子どもたちとは別に暮らしている場合も多く、そのような人々の今の生活が主流になりつつあるため、家庭の概念規定に「個人」を付記したと述べている。

e 日本で一人暮らしをしている人々は、今の生活を「家庭」とはいわないが、青年期の単身者や高齢期の単身者のように現実には一人暮らしの生活であっても、家族や家庭の気配や営みがあり、かつて家族や家庭で育まれたものがその人自身の人格や生活のありように反映されているため、家庭の概念規定に「個人」を付記したと述べている。

問3 家屋と家庭およびハウスとホームについて、筆者はどのように述べているか。最も適当なものを選択肢から一つ選び、その記号をマークせよ。

a 家庭の概念規定に「雰囲気」という言葉を記したのは、家庭は固定的な家屋の中だけに存在するものではないと考えるからであり、ハウスのような堅牢な囲いがなくても、場所を移動してもその空間にある種の家庭の雰囲気を感じ得るのに対して、ホームレスの人々は、堅牢な囲いはあっても、身近な人、他者や社会との繋がりや自己のアイデンティティを失って家庭の雰囲気を感じることができないため、ハウスレスとはいわないと述べている。

b　家庭は固定的な家屋の中だけに存在するものではなく、親しそうに寄り添う人々が醸し出す雰囲気にも「家庭」を見出すことができるが、ホームレスの人々は、単にハウスを失っているのではなく、身近な人、他者や社会との繋がりや自己のアイデンティティを失っているのであり、家庭やホームは、家屋やハウスとは区別される情緒的で存在論的な要素を含んでいると述べている。

c　家庭の概念規定における「雰囲気」という言葉は、家庭が固定的な家屋の中だけに存在するものではなく、場所を移動してもその空間にある種の家庭の雰囲気を感じ得ることを表現しているが、身近な人、他者や社会との繋がりや自己のアイデンティティを失っているホームレスの人々をハウスレスとはいわないように、ハウスとホームの概念は極めて情緒的で存在論的な要素を含んでいると述べている。

d　災難に遭って家屋を失った人々が身を寄せる避難所の一つ一つの囲いの中に静かに労わり集う家族やその醸し出す雰囲気を見るとき、その空間にある種の家庭の雰囲気を感じ得るように、家屋がなくても家庭は失われることはないが、身近な人、他者や社会との繋がりや自己のアイデンティティを失っているホームレスの人々をハウスレスとはいわないように、ハウスやホームの概念は、家屋や家族の概念とは異質なものであると述べている。

e　災難に遭って家屋を失った人々が身を寄せる避難所の一つ一つの囲いの中に静かに労わり集う家族やその醸し出す雰囲気を見るとき、その空間にある種の家庭の雰囲気を感じ得るが、ホームレスの人々は、単にハウスを失っているのではなく、ホームも失っているのであり、ホームレスに見出されるホームの本質は、家屋や家庭にはない情緒的で存在論的な要素を含んだものであると述べている。

問4　人間の根本的な気分について、筆者はどのように述べているか。最も適当なものを選択肢から一つ選び、その記号をマークせよ。

a　英語の at home にある「家に居ること」「在宅すること」などという意味を、ボルノーが "Geborgenheit" という極めて受動的なニュアンスの強いものであると捉えているとおり、人間はすでに根源的な時空に護られて存在するのであり、くつろぎややすらぎ、気楽などという人間の根本的な気分は、at home からハセイしていると述べている。

b　英語の at home にある「寛いで、気楽に」などという意味を、ボルノーは "Geborgenheit" としているが、くつろぎややすらぎ、気楽などという人間の根本的な気分は、むしろやすらぎという言葉に漢字をあてた「安」の字源をたどれば、家に女性を落ち着かせるさまを示し、ひいては静かに落ち着いていることと考えるべきだと述べている。

c　ボルノーは、くつろぎややすらぎ、気楽などという人間の根本的な気分を、「精神生活の最下層」にあると規定したが、常に特定の対象に方向づけられている感情とは異なり、気分は決して一定の対象を持たないため、その人間の活動全体に色調をあたえてしまうおそれがあることを知っておくべきだと述べている。

d　くつろぎややすらぎ、気楽などという人間の根本的な気分は、「心がゆったりと落ち着いて穏やかなこと」であると辞書には記されているが、ボルノーは気分と感情を明確に区別し、常に特定の対象に方向づけられているものである感情を律するものとして、決して一定の対象を持たない気分があると規定したと述べている。

e　くつろぎややすらぎ、気楽などという人間の根本的な気分を、ボルノーは、決して一定の対象を持たず、精神生活の基礎に位置し、もっとも単純でもっとも根源的な形態であり、その人間の活動全体に色調をあたえてしまうものであると捉え、常に特定の対象に方向づけられているものである感情と明確に区別したと述べている。

問5　ハイデッガーとボルノーの気分に関する思考の差異について、筆者はどのように述べているか。最も適当なものを選択肢から一つ選び、その記号をマークせよ。

a　"Geborgenheit"を根本的な気分であるというハイデッガーと、存在論の立場からハイデッガーの影響を受けたボルノーの気分についての解釈は、本質的には共通したものである。しかし、理性や意識に対して否定的な見解を示すハイデッガーと、気分の主位性や根源性に依拠する考えを持つボルノーの視座には、大きな差異もあると述べている。

b　ハイデッガーによれば、人間という存在はあるものに出会って何かを認識したり、特定の感情を持つ以前に、そのつどそのつどすでに気分づけられ、根源的にそれらに包まれ関係性を結びつつ意味連関しながらすでに出会っているという。しかし、ボルノーは、気分の主位性や根源性に依拠するハイデッガーの見解を否定していると述べている。

c　ハイデッガーの気分についての解釈は、理性や意識に対しての否定的な見解ともとれるものであり、人間存在が常に死にさらされていることへの不安や不確かさを視座に置いている。一方、ボルノーは、昂揚した気分としての生への歓びを視座に置き、幸福な気分に独自の本質を見出しているのであり、ハイデッガーとは対照的であると述べている。

d　理性や意識に対しての否定的な見解を示すハイデッガーと、人間の幸福な気分についての肯定的な見解を示すボルノーとの思考の差異は大きい。とりわけボルノーは、ハイデッガーのいう昂揚した気分とは対照的に、幸福な気分を、人間の内的完全性やそれ自身に安らう独自の本質が開かれうるただ一つの通路とみなしていると述べている。

e　ハイデッガーとボルノーの気分に関する思考の差異は大きく、ハイデッガーが人間存在が常に死にさらされていることへの不安や不確かさを視座に置いているのに対し、ボルノーは昂揚した気分としての生への歓びを視座に置いている。しかしながら、幸福な気分もまた、いわば人間を襲うものであり、やすらぎという根本的な気分とは異なると述べている。

問6　人間が生活を営む時空について、筆者はどのように述べているか。最も適当なものを選択肢から一つ選び、その記号をマークせよ。

a ホテルや旅館や飲食店などの家庭を想起させる擬似空間も、常にくつろぎややすらぎを得られるようなしつらいを作り出すが、その空間はそこにいる人間にとってはひとときであり非日常にすぎず、衣食住などの人間の生活の営みが日々繰り返され、共有しあう時空としての家庭こそが、もっともやすらぎの本拠となりえる存在であると述べている。

b ホテルや旅館や飲食店などの家庭を想起させる擬似空間には、自らが積み重ねてきた歴史や時間そのものを全面的に十分に委ねられないので、人間は環境を移動することによって、そのつど異なる体験をするだけでなく、その場に対応すべく心身の緊張や弛緩を繰り返す時空としての家庭のもつ意味を見直す必要があると述べている。

c 家庭ほど衣食住などの生活の営みが日々繰り返されている時空はないが、ホテルや旅館や飲食店なども、非日常性を演出しつつも、他方では常にくつろぎ、やすらぎを得られるようなしつらいを作り出しているように、人間はたえず配慮された時空の中にくつろぎややすらぐ気分に誘われることを楽しもうとすると述べている。

d 家庭ほど衣食住などの生活の営みが日々繰り返されている時空はなく、ホテルや旅館や飲食店などは、そこにいる人間にとってはひとときであり非日常であるから、自らが積み重ねてきた歴史や時間そのものを全面的に十分に委ねるためには、むしろ日常の学校や職場、家庭などの時空が重要な役割を担っていると述べている。

e 家庭ほど衣食住などの生活の営みが日々繰り返されている時空はなく、人々は家以外でもそのような雰囲気を持つ空間、そのような雰囲気を醸し出す場所を体験することはできるが、その空間はそこにいる人間にとってはひとときであり非日常にすぎず、日常であることにこそ家庭の存在、その独自性を見出すことができると述べている。

問7 今日の家庭がおかれている状況について、筆者はどのように述べているか。最も適当なものを選択肢から一つ選び、その記号をマークせよ。

a　今日では、家庭はともすると緊張や厳しさを強いる外部空間からのシェルターのような役割を担っているというボルノーの考え方では家庭の本質を捉えることはできず、内部空間それ自身が、すでに家庭崩壊などでやすらいだ空間にもなり得ていないこと、また、外部空間に在ったものが家庭という内部空間に一気に侵入してくる事態が生じていることを直視しなければならないと述べている。

b　今日では、疎外というものが、自分がそこに居ながら自分自身を見出すことができない、世界と自分とのよそよそしい関係にある状態ではなくなり、外部空間のみならず内部空間にも生じているため、すでにウチとソトという概念は突き破られ、家庭自体もどこかに漂流しているのであり、その状況がコロナ禍によりますます深刻化しつつあることを自覚する必要に迫られていると述べている。

c　今日では、疎外が外部空間のみならず内部空間にも生じ、いつもとは異なる外部空間に避難したり、web上のバーチャルな世界に安息と平穏を求めたりすることもできなくなり、人間がなかなか主位に立てないウイルスの出現は、人間の生や死に対する根本的な恐れや不安、畏れをロテイさせてしまったが、人間自らの位置を捉えなおし、世界への配慮や畏敬の念を持つなら、家庭のやすらぎを取り戻すことができると述べている。

d　今日では、家庭という内部空間それ自身が、やすらいだ空間ではなくなったり、外部空間に在ったものが内部空間に侵入したりするような事態が生じており、生活世界への根本的な信頼が不安定になってきているが、人間が世界の中心であるという人間観を改めることによってこそ、人間が包まれている根源的な世界の中で、初めて住まうことができるようになると述べている。

e　今日では、今まで意識していなかった何ものかによって支えられていた生活世界への根本的な信頼が不安定になり、人間は世界の事物を遠近法的に価値づけるようになりつつあるが、コロナ禍で家庭に大きな崩壊が生じるか、そうではなく家庭の関係性や在り方を問い直すことができるかは、自然に対する保護者として、共に在る者として、人間自らの位置を捉えなおすことができるかどうかにかかっていると述べている。

問８　二重傍線部㋐㋑㋒㋓㋔のカタカナと同じ漢字を用いる語を選択肢から一つ選び、その記号をマークせよ。

㋐　コウハン

a　状況を的確にハンダンする。
b　今後のさらなるハンエイを祈る。
c　美術館から展示品をハンシュツする。
d　社員が社長にズイハンして欧米を歩いた。
e　生け花のシハンの免許を取得する。

㋑　キノウ

a　神仏に灯明をケンノウする。
b　各国のシュノウが集まる会議。
c　神経痛にコウノウのある温泉。
d　新しい環境にジュンノウする。
e　長年かけてノウミツな人間関係を築く。

㋒　ハセイ

a　被災地に救助隊をゾウハする。
b　小さなトラブルがシステム全体にハキュウする。
c　計算結果のハスウを切り捨てる。
d　状況をしっかりハアクする。
e　世界の市場をセイハする。

㋓　カンテツ

a　本州をジュウカンする道路が開通する。
b　首位から最下位にカンラクする。
c　隠されていた真相をカンパする。
d　与えられた任務をカンスイする。
e　難局にカンゼンと立ち向かう。

㋔　ロテイ

a　専門家が政府にコロナ対策をテイゲンする。
b　感謝のしるしに花束をゾウテイする。
c　作業のコウテイを管理する。
d　放送コードにテイショクする発言はひかえる。
e　第三者がチョウテイして争いを解決する。

二 次の文章は、『狭衣物語』の一節である。狭衣の父大臣（本文では「殿」）には狭衣の母の他に、洞院の上という妻があった。洞院の上は最近、今姫君を引き取り母親代わり（本文では「母代」）としてお世話している。狭衣は昇進の挨拶のため洞院の上のところへ参上する際、今姫君の住まいである西の対を通りかかって様子をうかがった。女房たちは狭衣の来訪に気付くも、不作法で騒がしくしていてなかなか取り次ごうとしない。これを読んで、後の問いに答えよ。

　今は限りにて、立ち退きなん、としたまふほどに、おとなしき声の高やかに、したり顔なる、出で来て、「いでや。さぶらふ人からにこそ、よき人はをかしき名も立たせたまへ。かばかりにては、若人たちさぶらひたまはでもありぬべし」と、さすがに忍びて、憎みわたして、さし寄りつつ言ふ。「めづらしき御けはひこそ。思しめし違へさせたまひたるにや」とて、

　吉野川何かは渡る妹背山*1人だのめなる名のみ流れて

と、げに、ぱぱと詠みかけたる声、舌疾で、のど乾きたるを、若び、やさしだちて言ひなす。これぞ音に聞きつる母代なるべし、と聞きたまふ。

　知らせばや妹背の山の中に落つる吉野の川の深き心を

とて、長押に寄りかかりて居たまへり。「おぼつかなき心地のみしはべりつるに、うれしき御けはひと思ひはべるにも、物をこそあしう申しなしたまひつべうはべりけれ」とのたまへば、いとさはやかにうち笑ひて、「さらば、今よりの御懸想を、まめやかに勧めさせたまへかし。若き人々の思ひむせはべるめれば。犬物*2もどくとかや」と、高やかに言ふ。いとあやしき譬へなり。

「まめやかには、かかる人さぶらふとも知らせたまはぬにやとて、今日は、変はるしるしも御覧ぜられになん。御前に、かくと聞こえさせたまへ。ならひはべらねば、はしたなく思ひたまへらるれど、宮仕への薄さに、今日ばかりは慰めはべるを。今より後に恨み申すべき」とて、立ちたまふに、荻*3の上風荒らかに吹きこしたるに、にはかに御簾を吹き上げたるに、几帳も倒れぬ

るを、とみに引き直す人もなし。「あな、わびしや。あれよ、あれよ」とは言ひつつ、唐衣(からぎぬ)をひき被(かづ)きつつ、一つにまろがれ合ひたるほどに、見入れたまへば、香染(かうぞめ)に鈍色(にびいろ)の単衣(ひとへ)、紅の袴(はかま)、少し黄ばみたる着て、寝たまひたりけるが、人々の騒ぐに、奥(あう)なく起き上がりたるに、いとよく見合せて、あさましきにや、とみにもうち背きなどもせず。あきれたる顔は、をかしげにとも言ひつべし。心なのさまや、とは見えながら、女房のけはひどもよりは、こよなう見つべかりけり、と思ひ直したまひつ。かの兄(せうと)のかこつべかりけるゆゑにや、＊4少将にぞいとよく似たりける。殿の御子とは言ふべうもなかりけり、とぞ見ゆるに、ただならずや思ひたまふらん、やうのものと、あやしの心やと、我ながら心づきなし。母代からうじて几帳直しつれば、立ち退きたまひぬ。

またの日、殿の御所にて、昨日の所々のことどもなど語りたまふついでに「かの＊5洞院にものしたまひきや。西の対にものすらん人をこそ、まだ訪(とぶら)はね、いかやうなるさまにかあらん」とのたまへば、「まだものしはべらざりつるを、昨日こそ上の御前に参りたりしついでに、女房に会ひてはべりしか」と申したまへば、「＊6内外は、まだしや。思ひかずまへたまはぬにや。また、まだこそさる人もやと、尋ねたまはねと、恨めしげなりしか」とのたまふに、ありし几帳のほころび争ひしけはひより始め、思し出づるに、なまをかしき。見たまひけん、子と言ひながら、さしも恥づかしげなる御さまなれば、うち笑ひたまひて、「よしなき物扱ひ好みたまふほどに、誰(た)がためも、なかなかなることや、とこそ見ゆれ。年頃も、かく言ふ者あなり、とは聞きしかど、おぼえぬことなれば、＊7かやうの人の少なきくさはひにも、とり出でぬを、何の便りにかく聞きそめられけん」とわびしう、いとありつかずぞほのめきたまふも、げにと聞けど、あさましと、あきれたりし顔は、さすが憎むやうもなかりしかば、「つれづれに思しめされんこと、人よりはなどてかあしうもはべらん。確かなる名ざしにて、とかくさすらへたまはんも、いとほしうはべりかし」とぞ申したまふ。

（『狭衣物語』による）

注　＊1　妹背(いもせ)山＝吉野川下流の紀ノ川の両岸にある山。歌枕。ここでは狭衣と今姫君の兄妹関係を表す。　＊2　犬物もどくとかや＝ここでは、犬でも何か訴えるとか、の意味。　＊3　荻の上風＝荻の葉を吹き渡る風。歌ことばで、「秋はなほ夕まぐれこそただならね荻の上風萩の下露」（義孝集）などに見られる。　＊4　少将＝宮の少将。狭衣の血縁者ではない。　＊5　洞院＝洞院の上の住まい。　＊6　内外＝兄妹として、御簾の内外に出入りすることを許されること。　＊7　かやうの人の少なきくさはひ＝子どもが少ないという事情。

問1　狭衣があきらめて帰ろうとしたときに聞こえてきた声について、最も適当なものを選択肢から一つ選び、その記号をマークせよ。

a　他より年配の、甲高い声で、自信たっぷりな様子の人が出てきて、「お仕えする人のたしなみによって、身分の高いお方についての奥ゆかしいという評判も立つのです。こんなことでは、あなたたちはお仕えしなくてよいでしょう」と女房たちをとがめた。

b　物静かだが、明瞭な声で、もっともらしい態度の人が出てきて、「お仕えする人のたしなみによって、美しいお方についての奥ゆかしいという評判も立つのです。こんなことでは、あなたたちはお仕えしなくてよいでしょう」と女房たちをとがめた。

c　他より年配の、甲高い声で、自信たっぷりな様子の人が出てきて、「お仕えする人から働きかけて、身分の高いお方についての奥ゆかしいという評判を立たせてください。こんなことでは、あなたたちはお仕えすることはできないでしょう」と女房たちをとがめた。

d　物静かだが、明瞭な声で、もっともらしい態度の人が出てきて、「お仕えする人のたしなみによって、身分の高いお方についての奥ゆかしいという評判も立つのです。こんなことでは、あなたたちはお仕えすることはできないでしょう」と女房たちをとがめた。

ｅ　他より年配の、甲高い声で、自信たっぷりな様子の人が出てきて、「お仕えする人から働きかけて、美しいお方についての奥ゆかしいという評判を立たせてください。こんなことでは、あなたたちはお仕えすることはできないでしょう」と女房たちをとがめた。

問２　狭衣が話しかけられた時の状況として、最も適当なものを選択肢から一つ選び、その記号をマークせよ。

ａ　「めったにないお越しですね。何かお考え違いをなさったのでしょうか」と言って、「吉野川をどうしてお渡りになったのでしょうか。妹背の山の間を流れるという思わせぶりな名だけは広まっていて」と本当にさっささっと詠んだ声は、早口でしわがれているのをわざわざ若々しくしていて恥じらっている様子だった。これこそ母代に違いないと思った。

ｂ　「ありがたいお越しですね。何かお考えがお変わりになったのでしょうか」と言って、「吉野川をどなたがお渡りになったのでしょうか。妹背の山の間を流れるように人づてに送ったお手紙は届いているのに」と本当にさっささっと詠んだ声は、早口でしわがれているのをわざわざ若々しくしていて恥じらっている様子だった。これこそ母代に違いないと思った。

ｃ　「めったにないお越しですね。何かお考え違いをなさったのでしょうか」と言って、「吉野川をどうしてお渡りになったのでしょうか。妹背の山の間を流れるという思わせぶりな名だけは広まっていて」と本当にさっささっと詠んだ声は、早口でしわがれているのをわざわざ若々しく上品めかしている様子だった。これこそ母代に違いないと思った。

ｄ　「めったにないお越しですね。何かお考え違いをなさったのでしょうか」と言って、「吉野川をどなたがお渡りになったのでしょうか。妹背の山の間を流れるように人づてに送ったお手紙は届いているのに」と本当にさっささっと詠んだ声は、早口でしわがれているのをわざわざ若々しく上品めかしている様子だった。これこそ母代に違いないと思った。

ｅ　「ありがたいお越しですね。何かお考えがお変わりになったのでしょうか」と言って、「吉野川をどなたがお渡りになったのでしょうか。妹背の山の間を流れるように人づてに送ったお手紙は届いているのに」と本当にさっさと詠んだ声は、早口でしわがれているのをわざわざ若々しく上品めかしている様子だった。これこそ母代に違いないと思った。

問3 母代の歌をうけて、狭衣はどのように返答したか。最も適当なものを選択肢から一つ選び、その記号をマークせよ。

a 狭衣は、「お知らせしたいものです。妹背山の間に流れ落ちる吉野川のように深い私の心を」と歌を詠み、「待ち遠しい思いばかりしておりましたところ、お声をかけてくださって、あなたも嬉しく思ってくださっているかと思いましたのに、姫君にわたしのことをことさら悪く申し上げなさったのですね」と返答した。

b 狭衣は、「お知らせしたいものです。妹背山の間に流れ落ちる吉野川のように深い私の心を」と歌を詠み、「心細い思いばかりしておりましたところ、お声をかけてくださって、話の通じる方が現れて嬉しいと思いましたのに、姫君にわたしのことをことさら悪く申し上げなさるでしょうね」と返答した。

c 狭衣は、「お知らせしたいものです。妹背山の間に流れ落ちる吉野川のように深い私の心を」と歌を詠み、「やるせない思いばかりしておりましたところ、お声をかけてくださって、あなたも嬉しく思ってくださっているかと思いましたのに、姫君にわたしのことをことさら悪く申し上げなさるでしょうね」と返答した。

d 狭衣は、「お知らせしたいものです。妹背山の間に流れ落ちる吉野川のように深い私の心を」と歌を詠み、「さびしい思いばかりしておりましたところ、お声をかけてくださって、話の通じる方が現れて嬉しいと思いましたのに、姫君にわたしのことをことさら悪く申し上げなさったのですね」と返答した。

e 狭衣は、「お知らせしたいものです。妹背山の間に流れ落ちる吉野川のように深い私の心を」と歌を詠み、「不快な思いばかりしておりましたところ、お声をかけてくださって、話の通じる方が現れて嬉しいと思いましたのに、姫君にわたしのことをことさら悪く申し上げなさるでしょうね」と返答した。

問４　狭衣の返答に対して、母代はどのように言ったか。最も適当なものを選択肢から一つ選び、その記号をマークせよ。

a　母代は、気分良さそうに笑って、「そういうことでしたら、今から恋文を、すぐにしたためて贈ってください。若い人々はすぐに思いが通じ合うようですから」と言った。

b　母代は、気分良さそうに笑って、「そういうことでしたら、これからはまじめに誠意をお示しください。若い女房たちがあなたへの思慕で涙を流しているようですので」と言った。

c　母代は、気分良さそうに笑って、「そういうことでしたら、今から恋文を、すぐにしたためて贈ってください。若い女房たちがあなたへの思慕で涙を流しているようですので」と言った。

d　母代は、愛想よく笑って、「そういうことでしたら、これからはまじめに誠意をお示しください。若い人々はすぐに思いが通じ合うようですから」と言った。

e　母代は、愛想よく笑って、「そういうことでしたら、これからはまじめに誠意をお示しください。若い女房たちがあなたへの思慕で涙を流しているようですので」と言った。

問５　狭衣は母代に、この日今姫君の邸を訪れた理由についてどのように説明したか。最も適当なものを選択肢から一つ選び、その記号をマークせよ。

a　狭衣は、「私のことを女房たちも慕っているとはご存じないのではないかと思って、また、昇進したこともお目に掛けようと参上しました。姫君に、女房からも慕われる私の存在をお伝えください」と言った。

b　狭衣は、「私のことを女房たちも慕っているとはご存じないのではないかと思って、また、昇進したこともお目に掛けようと参上しました。姫君に、私が和歌を詠じたことをお伝えください」と言った。

c　狭衣は、「姫君のことを思っている人がいるとご存じないのではないかと思って、また、昇進したこともお目に掛けようと参上しました。姫君に、また手紙を書くとお伝えください」と言った。

d　狭衣は、「姫君のことを思っている人がいるとご存じないのではないかと思って、また、昇進したこともお目に掛けようと参上しました。姫君に、また必ずやって参りますとお伝えください」と言った。

e　狭衣は、「姫君のことを思っている人がいるとご存じないのではないかと思って、また、昇進したこともお目に掛けようと参上しました。姫君に、お慕いする私のことをお伝えください」と言った。

問6　狭衣は、つづけて母代にどのようなことを言ったか。最も適当なものを選択肢から一つ選び、その記号をマークせよ。

a　狭衣は、「まだ親しい関係ではないので、恥ずかしいとお思いなのでしょう。私も姫君にお仕えするのを怠っておりましたので、今日だけはこの気持ちをなだめることにします。しかし、今後は恨み言もすべておっしゃってくださるのがよろしいでしょう」と言った。

b　狭衣は、「まだ親しい関係ではないので、恥ずかしいとお思いなのでしょう。私も姫君にお仕えするのを怠っておりましたので、今日こそは失礼をおわびいたします。しかし、今後このような扱いでしたらお恨み申し上げることでしょう」と言った。

c　狭衣は、「冷たくあしらわれることに慣れていないので、きまり悪く思います。私も姫君にお仕えするのを怠っておりましたので、今日だけはこの気持ちをなだめることにします。しかし、今後は恨み言もすべておっしゃってくださるのがよろしいでしょう」と言った。

d　狭衣は、「冷たくあしらわれることに慣れていないので、きまり悪く思います。私も姫君にお仕えするのを怠っておりましたので、今日だけはこの気持ちをなだめることにします。しかし、今後このような扱いでしたらお恨み申し上げることでしょう」と言った。

e　狭衣は、「冷たくあしらわれることに慣れていないので、きまり悪く思います。私も姫君にお仕えするのを怠っておりましたので、今日こそは失礼をおわびいたします。しかし、今後は恨み言もすべておっしゃってくださるのがよろしいでしょう」と言った。

問７　几帳が倒れて顔が見えてしまった今姫君の様子と、それを見た狭衣の思いはどのようなものだったか。最も適当なものを選択肢から一つ選び、その記号をマークせよ。

a　今姫君は、取るに足りないと思ったのか、とっさに顔をそむけもしない。不機嫌そうなその顔は、かわいげがある様子だった。狭衣はそれを見て、心ここにあらずとも見受けられるが、女房たちの態度よりは格段と見所があるとお思いになった。

b　今姫君は、取るに足りないと思ったのか、とっさに顔をそむけもしない。不機嫌そうなその顔は、優美な様子だった。狭衣はそれを見て、思慮が足りないとも見受けられるが、女房たちの雰囲気よりも親しく感じることができるとお思いになった。

c　今姫君は、びっくりしたのか、とっさに顔をそむけもしない。あっけにとられているその顔は、かわいげがある様子だった。狭衣はそれを見て、思慮が足りないとも見受けられるが、女房たちの態度よりは格段と見所があるとお思いになった。

d　今姫君は、びっくりしたのか、とっさに顔をそむけもしない。あっけにとられているその顔は、かわいげがある様子だった。狭衣はそれを見て、心ここにあらずとも見受けられるが、女房たちの態度よりは格段と見所があるとお思いになった。

e　今姫君は、びっくりしたのか、とっさに顔をそむけもしない。あっけにとられているその顔は、優美な様子だった。狭衣はそれを見て、心ここにあらずとも見受けられるが、女房たちの雰囲気よりも親しく感じることができるとお思いになった。

問8　今姫君を見た狭衣の様子について、最も適当なものを選択肢から一つ選び、その記号をマークせよ。

a　今姫君の顔立ちは少将によく似ていて、父大臣の御子とはとても言えそうになかった。狭衣はおおげさなことだとお思いになったのだろうか、今姫君が養女という点で、自らが心ひかれている源氏の宮と同じだなと結び付けて考えてしまうことがけしからぬ考えだと、我ながら信じられない。

b　今姫君の顔立ちは少将によく似ているが、父大臣の御子と言えないこともなかった。狭衣はおおげさなことだとお思いになったのだろうか、今姫君が養女という点で、自らが心ひかれている源氏の宮と同じだなと結び付けて考えてしまうことが好色な考えだと、我ながら気にくわない。

c　今姫君の顔立ちは少将によく似ているが、父大臣の御子と言えないこともなかった。狭衣は並々ならず心を動かされなさったのだろうか、今姫君が養女という点で、自らが心ひかれている源氏の宮と同じだなと結び付けて考えてしまうことがけしからぬ考えだと、我ながら分別がない。

d　今姫君の顔立ちは少将によく似ていて、父大臣の御子とはとても言えそうになかった。狭衣は並々ならず心を動かされなさったのだろうか、今姫君が養女という点で、自らが心ひかれている源氏の宮と同じだなと結び付けて考えてしまうとがけしからぬ考えだと、我ながら気に入らない。

e　今姫君の顔立ちは少将によく似ていて、父大臣の御子とはとても言えそうになかった。狭衣は並々ならず心を動かされなさったのだろうか、今姫君が養女という点で、自らが心ひかれている源氏の宮と同じだなと結び付けて考えてしまうとが好色な考えだと、我ながら気がかりである。

問９　狭衣が父大臣のところへ参上して、昨日見た洞院の様子などを話した際、父大臣は今姫君についてどのように言ったか。最も適当なものを選択肢から一つ選び、その記号をマークせよ。

a　父大臣は、「洞院の上がつまらないお節介がお好きなものだから、かえって誰にとっても迷惑なこともあろうかと思われる。数年前から、姫君が私の子だと言う者がいると聞いていたが、思い当たらないので、取り上げなかったのに、洞院の上はどんなつてで聞きつけなさったのだろうか」と言った。

b　父大臣は、「洞院の上がつまらないお節介がお好きなものだから、誰のためなのかということをおろそかにしてしまうと思われる。数年前から、姫君が私の子だと言う者がいると聞いていたが、思い当たらないので、取り上げなかったのに、洞院の上はどんなつてで聞きつけなさったのだろうか」と言った。

c　父大臣は、「洞院の上がつまらないお節介がお好きなものだから、誰のためなのかということをおろそかにしてしまうと思われる。数年前から、姫君が私の子だと言う者がいると聞いていたが、わかっていたことだったので、取り上げなかったのに、誰がどんな手紙を書いて申し上げたのだろうか」と言った。

d　父大臣は、「洞院の上がつまらないお節介がお好きなものだから、かえって誰にとっても迷惑なこともあろうかと思われる。数年前から、姫君が私の子だと言う者がいると聞いていたが、わかっていたことだったので、取り上げなかったのに、洞院の上はどんなつてで聞きつけなさったのだろうか」と言った。

e　父大臣は、「洞院の上がつまらないお節介がお好きなものだから、かえって誰にとっても迷惑なこともあろうかと思われる。数年前から、姫君が私の子だと言う者がいると聞いていたが、わかっていたことだったので、取り上げなかったのに、誰がどんな手紙を書いて申し上げたのだろうか」と言った。

問10　洞院の上が今姫君を引き取ったことについて、狭衣は父大臣にどのように話したか。最も適当なものを選択肢から一つ選び、その記号をマークせよ。

a　狭衣は、「洞院の上が、子のない寂しさから思いついて引き取られたことですから、ほかのお方がなさるよりは、どうして悪いことがあるでしょうか。はっきり殿の子と名乗っていて、あちこちさまよいなさるのも、見苦しいことでしょうよ」と言った。

b　狭衣は、「洞院の上が、子のない寂しさから思いついて引き取られたことですから、ほかのお方がなさるよりは、どうして悪いことがあるでしょうか。はっきり殿の子と名乗っていて、あちこちさまよいなさるのも、不本意なことでしょうよ」と言った。

c　狭衣は、「洞院の上が、子のない所在なさから思いついて引き取られたことですから、父上がなさるよりは、どうしてもよくないことになるでしょう。はっきり殿の子と名乗っていて、あちこちさまよいなさるのも、不都合なことでしょうよ」と言った。

d　狭衣は、「洞院の上が、子のない所在なさから思いついて引き取られたことですから、父上がなさるよりは、どうしてもよくないことになるでしょう。はっきり殿の子と名乗っていて、あちこちさまよいなさるのも、つらいことでしょうよ」と言った。

e　狭衣は、「洞院の上が、子のない所在なさから思いついて引き取られたことですから、ほかのお方がなさるよりは、どうして悪いことがあるでしょうか。はっきり殿の子と名乗っていて、あちこちさまよいなさるのも、かわいそうなことでしょうよ」と言った。

二月七日実施分

解　答

一

出典　川上雅子「家庭という時空」（『現代思想』二〇二二年二月号　特集——家政学の思想　青土社）

解答

問１　c

問２　e

問３　b

問４　e

問５　c

問６　a

問７　d

問８　㋐—e　㋑—c　㋒—a　㋓—a　㋔—b

◆要　旨◆

社会学が家庭の概念を明確に定めていないのに対して、家政学はそれを明確にすることで独自性を規定しようとしており、筆者は家庭を「個人・家族の生活空間とその雰囲気」と定めた。家庭のやすらぎの根本にある人間の気分に関して、ハイデッガーが人間存在が常に死にさらされていることへの不安や不確かさを視座に置いているのに対し、ボルノーは昂揚した気分として生への歓びを視座に置いている。家庭ほど衣食住などの人間の生活の営みが日々繰り返され、共有しあう時空はない。生活世界への根本的な信頼が不安定になるなか、コロナ禍で大きな崩壊が生じる家庭もあれば、そうではなく関係性やあり方を問い直す家庭もある。家庭をやすらぎの本拠とできるか、今、人々はその試練に向き合っている。

▲解　説▼

問１　設問の「社会学と家政学における家庭の概念」を手がかりとして「家庭はどのように概念規定されているか」の見出しの章に着目する。第二段落三行目に「他方、家族及び世帯をキー概念とした社会学では」、同七行目に「『世帯の人員構成や人間関係としての家族の構成に主に注目した社会学』」、同十行目に「つまり社会学においては家庭に対する概念を明確に定めていない」とある。また、第三段落に「基礎的な学術用語としての『家庭』をはじめ、『家族』『生活』などの概念を明確にすることで、家政学の独自性やその本質を規定しようとした」とあることから、これらを押さえたｃが正解。ａは第二段落三行目に「社会学では、家庭は家庭生活の場もしくは人間関係や雰囲気など家族の心理集団の側面をさす語として解釈されるにとどまり」とあることから、不適。ｂは「家族及び世帯と家庭の概念の区別が規定されていない」が本文にないため、不適。ｄは第二段落七行目に「『世帯の人員構成や人間関係としての家族の構成に主に注目した社会学は、家庭の語は生活の場としての住空間を一般にさすものとしてあまり積極的には取り上げられず」とあり、「家庭の語義が、家政学に継承されてそのキー概念となったため」ではないので、不適。ｅは「社会学では……規定と……規定とが対立している」が本文にないため、不適。

問２　設問の「家庭の概念規定に『個人』を付記したこと」を手がかりとして本文中をみると、第五段落五行目に「日本で一人暮らしをしている人々は、今の生活を『家庭』とはいわない。しかし、例えば青年期の単身者の多くにはおそらく出生家族・家庭があり、高齢期の単身者には……そのような人々の生活にも家族や家庭の気配や営みがある」、同段落最後から二行目に「なによりも、かつて家族や家庭で育まれたものがその人自身の人格や生活のありように反映されている」とあることから、ｅが正解。ａは第五段落四行目に「小家族とその生活を想像するものが多く」とあるが、「小家族とその生活を想像するものにとどめるべきではない」とは述べていないので、不適。ｂは「主流になってきている」、ｃは「『個人』を重視する方が現実的なため」、ｄは「主流になりつつあるため」が本文にないため、不適。

問3　設問の「家屋と家庭およびハウスとホーム」を手がかりとして本文中をみると、第六段落一行目に「家庭が固定的な家屋の中だけに存在するものではない」「親しそうに寄り添う人々が醸し出す雰囲気にも『家庭』を見出すことができる」、同四行目に「対して、ホームレスの人々を考えるとき、彼らは単にハウスを失っているのではなく、身近な人、他者や社会との繋がり、そして自己のアイデンティティを失っているのである。その彼らをハウスレスといわず、ホームレスということにホームの本質を見出すことができる」とあることから、〈家庭・ホーム〉と〈家屋・ハウス〉の対比構造が読み取れるので、「家庭やホームは、家屋やハウスとは区別される」としている、bが正解。cは「ハウスとホームの概念は」、dは「ハウスやホームの概念は」、eは「ホームの本質は、家屋や家庭にはない」として対比構造が間違っているため、不適。なお、aは「ホームレスの人々は、堅牢な囲いはあっても」が本文と異なるため、不適。

問4　設問の「人間の根本的な気分」を手がかりとして本文中をみると、(中略)の後の節の二段落目に「くつろぎややすらぎ、気楽などという人間の根本的な気分にハセイする」、その二つ後の段落に「ボルノーも気分については『精神生活の最下層』にあると規定し、気分を感情と明確に区別した……気分は決して一定の対象を持たない……その人間の活動全体に色調をあたえてしまうという。ここで重要なことは、気分が精神生活の基礎に位置し、『人間の生が自分自身を知るに至るもっとも単純でもっとも根源的な形態である』」とある。以上の点を正しく押さえたeが正解。aは「at homeからハセイしている」が不適。bは『大辞林』『漢字源』の引用箇所に着目すると、「むしろ……と考えるべきだ」とあるのが不適。cは「気分は決して一定の対象を持たないため、その人間の活動全体に色調をあたえてしまうおそれがあることを知っておくべきだ」がボルノーの考えと異なるため、不適。dは「感情を律するものとして……気分があると規定した」が本文にないため、不適。

問5　設問の「ハイデッガーとボルノーの気分に関する思考の差異」を手がかりとして本文中をみると、「家庭――『家に居る』ということは、どのようなことか」の見出しの節の第五段落に「このハイデッガーの気分についての解釈は、理性や意識に対しての否定的な見解ともとれるものであり……ハイデッガーとボルノーの気分に関する思考の差異は大きい。前者が人間存在が常に死にさらされていることへの不安や不確かさを視座に置いているのに対し、後者は昂揚した気分として、生への歓びを視座に置いている」、その次の段落に「『人間の幸福な、あるいは少なくとも安らかな気分は……独自の本質が開かれうるただ一つの通路である』と述べ、ハイデッガーと対照的である」とあることから、cが正解。aは「気分の主位性や根源性に依拠する考え」はハイデッガーの解釈なので、「ボルノーの視座」が不適。bは「ボルノーは……ハイデッガーの見解を否定している」としているが、本文では「差異は大きい」「対照的」とはあるが、「否定している」わけではないので、不適。dは「ハイデッガーのいう昂揚した気分」としているが、これはボルノーの視座なので、不適。eは「やすらぎという根本的な気分とは異なる」が本文にないため、不適。

問６　設問の「人間が生活を営む時空」を手がかりとして本文中をみると、（中略）の後の節の最後の段落二行目に「たとえば、ホテルや旅館などの宿泊施設や飲食店などは、非日常性を演出しつつも、他方では常にくつろぎ、やすらぎを得られるようなしつらいを作り出す」、同五行目に「しかし、家庭を想起させる擬似空間がやすらぎの本拠となりえないのは、その空間がそこにいる人間にとってはひとときであり非日常であるからである」、最後の一文に「その上で家庭ほどおおよそ衣食住などの人間の生に関わる営みが日々繰り返され、共有しあう時空はなく」とある。aは「共有しあう時空としての家庭こそが、もっともやすらぎの本拠となりえる存在」としており、これは上記でみた内容を言い換えていると判断できるので、aが正解。bは「緊張や弛緩を繰り返す時空としての家庭」としているが、緊張や弛緩を繰り返しているのは「学校や職場（同八行目）」も含まれるので、不適。cは「人間はたえず……楽しもうとする」が、本文に記述がなく、不適。dは「学校や職場、家庭などの時空が」としているが、先にみた「その上で家庭ほどおおよそ衣食住などの人間の生に関わる営みが日々繰り返され、共有しあう時空はなく」より、不適。eは「日常であることにこそ」としているが、日常には「学校や職場」も含まれるので、不適。

問7　設問の「今日の家庭がおかれている状況」を手がかりとして「家庭――未来に向けて」の節に着目する。はじめの段落に「内部空間それ自身が、すでに家庭崩壊などでやすらいだ空間にもなり得ていない」、次の段落に「外部空間に在ったものが家庭という内部空間に一気に侵入してくる事態が生じてきた」、最後から二つ目の段落三行目に「人間が世界の中心であるという人間観はすでに過去のものになりつつある」、同四行目に「人間を中心に据え……一旦排除し……この固有な世界を尊重してこそ人間が包まれている世界の中で、初めて住まうことができる」とあることから、dが正解。aは「家庭の本質を捉えることはできず」としているが、第一段落三行目に「こうした側面をもっていることは事実であるが」とあることから、不適。bは「その状況がコロナ禍によりますます深刻化しつつあることを自覚する必要に迫られている」が本文にないため、不適。cは第三段落に「web上のバーチャルな世界に安息と平穏を求めることもまれなことではなくなった」とあることから、不適。eは最後から二つ目の段落四行目に「世界の事物を遠近法的に価値づけることを一旦排除し」とあることから、不適。

二

出典　『狭衣物語』〈巻一〉

解答

問1　a

問2　c

問3　b

問4　b

問5　e

問6　d

問7　c

問８　d
問９　a
問10　e

◆全　訳◆

もうこれでおしまいとして、立ち去ろうとなさったところに、他より年配の声で、甲高く、自信たっぷりな様子の人が出てきて、「いやいや。お仕えする人（のたしなみ）によって、身分の高い方はすばらしいという評判も立ちなさるのです。こんな（不作法な）ことでは、あなたたち若い女房はお仕えなさらずともよいでしょう」と、さすがに声はひそめて、一同をしかりつけて、（御簾の前に）寄りながら言う。「めったにないお越しですね。何かお考え違いをなさったのでしょうか」と言って、

吉野川をどうしてお渡りになったのでしょうか。妹背の山の間を流れるという思わせぶりな名だけは広まっていてと、本当にさっさっと詠みかけた声は、早口でしわがれているのを、わざわざ若々しく上品めかして言っている。（狭衣は）これこそうわさに聞いていた母代に違いないと思ってお聞きになる。（狭衣は）

お知らせしたいものです。妹背山の間に流れ落ちる吉野川のように深い私の心を

と歌を詠み、長押にもたれかかって座っていらっしゃる。「心細い思いばかりしておりましたところ、（お声をかけてくださって）嬉しいお振る舞いだと思いましたのに、姫君にわたしのことをことさら悪く申し上げなさるでしょうね」とおっしゃると、（母代は）とても気分良さそうに笑って、「そういうことでしたら、これからはまじめに誠意をお示しになってくださいませ。若い女房たちがあなたへの思慕で涙を流しているようですので。犬でも何か訴えるとか」と声を張り上げて言う。とても変なたとえである。

（狭衣は）「まじめなところ、このように姫君のことを思っている人がいるとご存じないのではないかと思って、今日は、昇進したこともお目に掛けようと参上しました。姫君に、このようにお慕いする私のことを申し上げてください。冷たく

あしらわれることに慣れていないので、きまり悪く思いますが、私も姫君にお仕えするのを怠っておりましたので、今日だけはこの気持ちをなだめることにします。今後このような扱いでしたらお恨み申し上げることでしょう」と言って、お立ちになると、荻の葉を吹き渡る風が荒々しく吹きつけて、急に御簾を吹き上げると、几帳も倒れてしまったのを、すぐに立て直す人もいない。「ああ、困ったこと。あらあら」とは言いながら、唐衣を頭からひき被って、一つになって転がりあっているのを、おのぞきになると、香染に鈍色の単衣に、紅の袴の、少し黄ばんだのを着て、寝ていらっしゃったお方が、女房たちが騒ぐので、不用意に起き上がりなさって、とてもしっかりと顔を見合わせて、意外なことにびっくりしたのか、とっさに顔をそむけもしない。あっけにとられているその顔は、かわいげがあるとも言えよう。（狭衣はそれを見て、）思慮の足りないことだ、とも見受けられるが、女房たちの態度などよりは格段と見所があるなと思い直しなさった。例の（姫君の）兄が口実にできたのもそのためか、今姫君の顔立ちは宮の少将にとてもよく似ていたのだった。父大臣の御子とはとても言えそうにないな、と見えると、狭衣は並々ならず心を動かされなさったのだろうか、今姫君が養女という点で、自らが心ひかれている源氏の宮と同じだなと結び付けて考えてしまうことがけしからぬ考えだと、我ながら気に入らない。母代がようやく几帳を立て直したので、立ち退きなさった。

翌日、（狭衣が）父大臣のお部屋で、昨日の所々（に昇進の挨拶をした）のことなどをお話しになったときに、（父大臣は）「あの洞院の上の住まいにも行かれたのか。西の対にいるという人（今姫君）を、まだ訪ねたことがないが、いったいどんな様子だろうか」とおっしゃるので、「まだ行ったことがありませんでしたが、ちょうど昨日、洞院の上の御前に参上したついでに、女房に会いました」と申しなさると、「兄妹として、御簾の内外に出入りすることはまだ許されていないのか。（洞院の上は）兄妹として扱ってはくださらないのか。また、まだそんな人がいるかと、お訪ねくださらないと、恨めしそうだった」とおっしゃるので、（狭衣は）あの几帳のほころびから（狭衣を見ようと女房たちが）争っていた様子から始め、思い出されると何となくおかしかった。ご覧になっただろう、わが子と言いながら、これほど恥ずかしくなるほど立派なご様子なので、ついお笑いになって、（父大臣は）「洞院の上がつまらないお節介がお好きなものだから、かえって誰にとっても迷惑なこともあろうかと思われる。数年前から、姫君が私の子だと言う者がいるらしいと聞いていたが、思い当たらないので、子どもが少ないという事情があっても取り上げなかったのに、（洞院の上は）どんなつてで聞きつけなさったのだろうか」と困惑し、とても性に合わないようにほのめかしておっしゃるのも、（狭衣は）もっともなことだと聞くが、意外なことと、呆然としていた顔は、そうはいってもやはり憎むべくもなかったので、（狭衣は）「洞院の上が、子のない所在なさから思いつきなさったことですから、ほかの方がなさるよりは、どうして悪いことがあるでしょうか。はっきり殿の子と名乗っていて、あちこちさまよいなさるのも、かわいそうなことでしょうよ」と申しあげなさる。

▲解　説▼

問１　設問の「狭衣があきらめて帰ろうとしたときに聞こえてきた声」を手がかりとして本文中をみると、第一段落一行目に「おとなしき声」とあり、「おとなし」は〝①大人びている。②年配で思慮分別がある〟の意で、現代語の「おとなしい」の意味は古語にもあるが、入試では〝幼い割にはしっかりとして大人びている〟や〝何人かいる中で特に年配で分別のある者〟の文脈が頻出。よってａ・ｃ・ｅが残る。選択肢を見比べて本文中をみると、「人から」、「さぶらひたまはでもありぬべし」をどう訳すかがポイントだと判断できる。「人から」の「から」は動作の起点を表す格助詞ではなく、判断の理由を示す。「よき」は「よし」で、語義としては「身分の高い」「美しい」いずれも可なので、ここでは正誤判定できない。「たまはで」の「で」は〈打消接続〉〝～ないで。～ずに〟の意、「ぬべし」は〈確述（強意）＋推量〉〝きっと～だろう。今にも～しそうだ〟の意なので、「お仕えすることはできない」としているｃとｅは消え、ａが正解。なお、「名も立たせたまへ」が「こそ」の結びの已然形であり、命令形ではないという点からも、ｃとｅは消去できる。

問２　設問の「狭衣が話しかけられた時の状況」を手がかりとして本文中をみると、第一段落三行目に「さし寄りつつ言ふ。『めづらしき御けはひこそ」とあり、「めづらし」は〝①賞美すべきさま。すばらしい。②めったにない。珍しい〟の意なので、a・c・dが残る。選択肢を見比べて本文中をみると、「何かは」、「人だのめ」、「やさしだちて」をどう訳すかがポイントだと判断できる。「何かは」は〝①（疑問）どうして。なぜに。②（反語）どうして～か、いや～でない〟の意で、「人だのめ（人頼め）」は〝人に自分を頼もしく思わせること〟の意で、「やさし」は〝①優美だ。上品だ。②けなげだ。殊勝だ〟の意なので、cが正解。

問3　選択肢を見比べ、設問の「母代の歌をうけて、狭衣はどのように返答したか」を手がかりとして本文中をみると、歌の解釈は同じで、歌の次の行の「おぼつかなき」、その次の行の「つべう」をどう訳すかがポイントだと判断できる。「おぼつかなし」は〝①ぼんやりしている。②気がかりだ。心配だ。③待ち遠しい。もどかしい〟の意なので、a・bが残る。「つべう」は「つべし」のウ音便で、「つべし」は問1でみた「ぬべし」と同様に、〈確述（強意）＋推量〉〝きっと～だろう。今にも～しそうだ〟の意なので、bが正解。

問4　選択肢を見比べ、設問の「狭衣の返答に対して、母代はどのように言ったか」を手がかりとして本文中をみると、第一段落九行目の「さはやかに」、「まめやかに」、同十行目の「思ひむせはべる」をどう訳すかがポイントだと判断できる。「さはやか（爽やか）」は〝すがすがしいさま。爽快〟の意で、「まめやか」は〝①真面目だ。②本格的だ〟、「思ひむせはべる」の「むす」は〝①物や煙などがのどにつまって息苦しくなる。むせる。②悲しみで胸がいっぱいになる〟の意で、「むせび泣く」を連想するとわかりやすい。以上より、bが正解。なお、「まめなり」〝①真面目だ。誠実だ。真剣だ。②実用的だ〟は、「あだなり」〝①はかない。②無駄だ。③浮気だ。不誠実だ〟と対にしてセットで覚えておくとよい。

問5　選択肢を見比べ、設問の「狭衣は母代に、この日今姫君の邸を訪れた理由についてどのように説明したか」を手がかりとして本文中をみると、第二段落一行目「かかる人さぶらふ」、「かくと聞こえさせたまへ」をどう訳すかがポイントだと判断できる。「かかる（斯かる）」は〝このような。こんな〟の意で、「かかる人」は〝このような人〟となり、問3でみたことから、〈吉野川のように深く姫君のことを思っている人〉と解釈すると、a・bは消える。「かく

〈斯く〉」は〝このように。こう〟の意で、〈吉野川のように深く姫君のことを思っている人〉がいることや〈昇進したこと〉を指すので、eが正解。なお、「聞こえさす」は「言ふ」の謙譲語で〝貴人に言う。申し上げる〟の意。

問６　選択肢を見比べ、設問の「狭衣は、つづけて母代にどのようなことを言ったか」を手がかりとして本文中をみると、第二段落二行目の「はしたなく思ひたまへらる」、「今日ばかりは慰めはべる」、「今より後に恨み申すべき」をどう訳すかがポイントだと判断できる。「はしたなし」は〝①中途半端だ。②きまりが悪い。③失礼だ。④激しい〟の意、「たまへ」は下に「らる」があり、未然形なので下二段活用の謙譲の補助動詞と判別でき、a・bは消える。「慰む」は〝①慰める。②なだめる〟の意なので、eも消える。「申す」は「言ふ」の謙譲語で〝申し上げる〟の意なので、dが正解。

問７　選択肢を見比べ、設問の「几帳が倒れて顔が見えてしまった今姫君の様子と、それを見た狭衣の思い」を手がかりとして本文中をみると、第二段落六行目の「あさましき」、「あきれたる」、「をかしげに」、同七行目の「心なのさまや」、「こよなう見つべかりけり」をどう訳すかがポイントだと判断できる。「あさまし」は〝①意外だ。驚きあきれるばかりだ。②情けない。③見苦しい〟、「あきれたり」は〝あっけにとられる。呆然とする〟の意なので、a・bは消える。「をかしげなり」は〝趣のある様子だ。かわいらしい様子だ〟、「心な」は形容詞「心なし」の語幹。「心なし」は〝思いやりがない、思慮分別がない〟の意。「こよなし」は〝①格段である。②この上もない。③はなはだしく劣っている〟の意なので、cが正解。

問８　選択肢を見比べ、設問の「今姫君を見た狭衣の様子」を手がかりとして本文中をみると、第二段落終わりから二行目の「言ふべうもなかりけり」「ただならずや」、次の行の「心づきなし」をどう訳すかがポイントだと判断できる。「言ふべう」の「べう」は「べし」連用形のウ音便で〝言えそうになかった〟、「ただならず」は〝並々でない〟の意なので、d・eが残る。「心づきなし」は〝気に入らない。不愉快だ〟の意なので、dが正解。eの「気がかりである」に相当する古語は「心もとなし」である。

問9　選択肢を見比べ、設問の「狭衣が父大臣のところへ参上……父大臣は今姫君についてどのように言ったか」を手がかりとして本文中をみると、最後の段落六行目の「なかなかなることや」、「おぼえぬこと」、同七行目の「何の便りにかく聞きそめられけん」をどう訳すかがポイントだと判断できる。「なかなか」は〝①中途半端に。②かえって。むしろ〟の意。「おぼえぬ」は体言の「こと」に続いているので「ぬ」は連体形であるから〈未然形＋打消の助動詞「ず」の連体形〉と識別でき（完了の助動詞「ぬ」なら「おぼえぬること」となる）、〝思い当たらない〟の意となるので、ａが正解。なお、「たより（頼り・便り）」は〝①つて。②便宜。③機会。④（恋文などの）仲介者〟の意であり、〝手紙〟の意は④から派生したもので古文で問われることは少ない。

問10　選択肢を見比べ、設問の「洞院の上が今姫君を引き取ったことについて、狭衣は父大臣にどのように話したか」を手がかりとして本文中をみると、最後の三行「つれづれに」、「あしうもはべらん」、「いとほしうはべり」をどう訳すかがポイントだと判断できる。「つれづれなり」は〝①することがなく手持ちぶさただ。所在ない。②しんみりとしてもの寂しい〟、「あしう」は形容詞「あし」連用形のウ音便で〝悪い〟、「いとほし」は〝①かわいそうだ。②かわいい〟の意なので、ｅが正解。なお、「よし」〝良い〟＞「よろし」〝悪くない〟＞「わろし」〝良くない〟＞「あし」〝悪い〟をまとめて覚えておくとよい。

❖講　評

現代文一題、古文一題という構成は例年通り。内容説明の問題に傍線がないという出題形式も例年通り。問題文は長文であるが、設問は文章の流れに沿って出されている。問われているポイントを見極めたい。

一は、川上雅子の評論。家政学における家庭の本質を哲学的な視点を交えて考察していくことで、これからの家庭のあり方について述べた文章である。抽象的な概念が散見されるものの、具体例をもとに筆者の主張をイメージするのは難しくない。ただし、選択肢はどれも長くて紛らわしいので、丁寧な読解が求められる。

線が引かれていないので、まず、設問を手がかりとして本文中の該当箇所を正確に探す。そして、選択肢と本文中の該当箇所とを照合し、合致しないものを消去していく。その際、選択肢同士の見比べも有効だが、考えなしに選択肢を見てしまうと迷いやすくなるので、安易に消去法に頼るのではなく、記述式問題を解くのと同様に、本文中の根拠となる部分をもとに自分なりの答えを想定するよう心がけたい。問1ははじめの三段落までと各選択肢を丁寧に照合すれば正答できる。問2は本文中に述べられていない事柄を含むものを消去法で消していけば手早く解ける。問3は「家庭・ホーム」「家屋・ハウス」の対比を押さえれば容易。問4・問5はボルノーとハイデッガーの考えを正しく押さえられたかどうか。問6・問7は選択肢の表現の細部まで丁寧に確認して誤りを見つけ出すこと。

二は、『狭衣物語』からの出題。リード文に場面設定が詳しく書かれているので、参考にしたい。また、注にもヒントがあるので、気をつけよう。設問に対する解答箇所を、選択肢と本文とを照らし合わせて素早く見つけ、その部分を古典文法および古文単語、古文常識等の知識や文脈に基づいて解釈することで、選択肢を絞ることができる。

古文では、主体、客体などが頻繁に省略されるため、それらを意識して場面状況や心理状況をイメージしつつ読解することが大切である。また、今回のように和歌が出題された場合は、歌の詳細な理解に拘泥するのではなく、前後の文脈から大意をつかむことが肝要である。問1の「おとなし」、問2の「めづらし」、問3の「おぼつかなし」、問4の「まめやかなり」など、各設問で重要語句の正しい解釈が求められているので、まずは基本的な語句の知識を充実させよう。問3は和歌の解釈はすべての選択肢で同じなので、各選択肢の異なるところを手早く確認しよう。問5の「かかる」「かく」の指示内容を正しく押さえること。問6は、敬語だけでも正答が絞りこめる。問7は重要古語の意味が明らかに誤っているものを消していくとよい。問8はやや難しい文脈なので注意が必要。問9は「なかなか」「おぼえぬ」「便り」の三語で判定可能。問10は選択肢を見比べて、「いとほし」の訳の違いに着目できればすぐ解ける。重要古語と文法の知識が決め手で選択肢を絞ることができるので、普段から重要語句・文法の定着を図り、その上で高校教科書レベルの標準的な文章読解の演習を積んでおきたい。

2022年度

問題と解答

二月三日実施分

問　題

（七五分）

一　次の文章を読んで、後の問いに答えよ。

現代社会でのリスクの多様化

現代のリスクの新しい特徴をアンソニー・ギデンズ*1は次のように整理している。

一つ目は、リスクの意味が、たんに経済的な損失だけではなく、社会的・文化的な要素にも関わっている点である。これは、ダグラス*2のいう「危険」と重なる点だ。彼女のいう「危険」とは、経済的損失や人的被害の大きさだけを指すのではなく、社会秩序の混乱という文化的な意味も持っていた。将来の不確実な「危険」に備えるリスクも同じ性質を受け継いでいる。

さらに、天災や不可抗力の事故という「外部リスク」だけでなく、巨大科学技術やキンユウ(あ)工学によって作られた「人工リスク」が大きいことは、現代社会の大きな特徴の一つである。それは、自分が呼び出した魔法を前にして、そのコントロールができなくなった魔法使いの弟子が途方に暮れてしまう、というたとえ話に似ている。自然や社会を改変するテクノロジーを作り出したものの、それが生み出す重大なアクシデントを確実には予測・制御できなくなっているからだ。

三つ目の特徴は、現代社会でのリスクは、環境問題や原子力発電所の事故の問題にはっきりと現れているように、国境を越えたグローバルな広がりを持っている点である。とくに、このリスクのグローバル性と貧富に関係なく多くの人びとに影響する点に注目して、現代社会はたんにリスクの種類が量的に増えた社会であるだけでなく、リスクによって質的に変化している社会であるととらえたのが、社会学者ウルリッヒ・ベック[*3]である。彼の一九八六年の著作『リスク社会』(邦訳『危険社会』)は、同年におきたチェルノブイリ原発事故によるリスク意識の上昇のためもあってか、(ア)コウハの社会科学書としては珍しく、当時の西ドイツでのベストセラーの一つとなった。

再帰的な知を超えて

近代社会が作り出した巨大な科学技術や産業は、富や財を生産して豊かな社会を実現するうえで大きな役割を果たしてきた。しかし、この科学技術や産業は、現在の「リスク社会」でも同じように有効であり続けるのだろうか。ベックやギデンズのようにリスク社会論を唱える人びとは、こうした疑問を投げかける。

その第一の理由は、技術や産業がうまく扱うことのできるリスクとは、過去のデータにもとづいた知という限界を持っているからだ。つまり、防災の技術がどんなに発達しても、過去のデータから外れた想定外の津波や地震が起きればひとたまりもない。草食動物に動物性のエサ(肉骨粉)を与えることで発生したＢＳＥ(牛海綿状脳症)は誰も予想できなかった。

また、複数のリスクが組み合わさった複合効果は現実には完全に評価することはできない。大きな産業事故などの場合にも、一つ一つは小さな確率でしかないリスクが、偶然にも同時に発生することで大事故につながっていく。医療の場面でも、複数の薬を一緒に服用することで、予測されていない副作用が起きることがある。どんなに医学技術が進歩しても、すべての薬のあいだの相互作用を事前に完全にチェックすることはできないだろう。

三番目の問題は、アカデミズムのなかの科学は自然現象の研究であるために、それが実用化された後の現実社会での人為的ミスや政治的な問題を軽視してしまいがちなことだ。どんなにすばらしい設計図でも、工場での製品管理がいい加減だったら台無しだ。原子力の安全性技術が進歩しても、現実政治のなかで核拡散がすすめば、原子力に関連したリスクは増大していく。現代社会でのリスクは、専門知識しかない科学者や技術者に任せるには重要すぎる問題なのだ。ベックとギデンズは、社会理論家のスコット・ラッシュ[*4]とともに書いた『再帰的近代化』という著作のなかで、「再帰性・自己反省性(reflexive)」という言葉をリスク社会に取り組むうえでのキーワードとして使っている。

これまでの科学は、自然を対象に研究や介入をしてきた。ベックは、こうした学問を「単純な科学」と呼んでいる。これに対して、「再帰的な知」とは、科学や産業自身の生みだした結果や有害作用を研究対象として、そこにあらためて働きかける学問だという。一つの専門領域しか知らない専門家よりも、科学知識を十分に理解する市民の方がこうした「再帰的な知」を扱うには適しているだろう。

リスクに関する知識は、そのリスクが「再帰的に」もたらす社会的な影響も含めた広い視野を必要とする点で、「単純な科学」ではなく、「再帰的な知」であることが求められる。ベックやギデンズは、専門家が情報開示をおこなって説明責任を果たしたうえで、再帰的な知に㋑イキョした健全な活力ある市民社会が、専門家の暴走を押さえる民主主義を実践しつつリスクに対応することを理想としているようだ。

だが、リスクに関わる事柄は、客観的な確率で決まるのではなく、将来の「危険」に対する恐れの情動と必然的に関わり合っている。その視点から見直すとき、リスク社会では再帰的な近代化を目指すべきだという合理的な指針は、リスクをめぐる情動というう経験のはらむリアリティと真摯に切り結ぶ質を備えていない絵空事にすぎない。この情動の集団的側面に大きく関わるのが、リスクパニックだ。また、それと密接に関連する事象として「風評リスク(reputational risk)」(世評リスクともいう)がある。

風評というリスク

メディア社会では、二次的なうわさである風評によって生じる問題が直接的な実害を凌駕(りょうが)する場合があり、風評被害と呼ばれる。鳥インフルエンザが家禽(かきん)で流行した際に、人びとが鶏肉に危険なイメージを結びつけて食べようとしなくなり、鶏肉消費が低迷したのはその例だ。鳥インフルエンザは、生きた家禽から人間に感染することはありうるが、鶏肉を食べて感染することはない。また、一九九九年の埼玉県でのダイオキシン汚染野菜報道では、危険を煽(あお)るマスメディアの報道(ホウレンソウなどの野菜類が危険だという内容)による「風評被害」があった。これらは、誤報や誤解による風評被害といってもよいだろうが、こんにち問題となっている風評リスクは、風評被害とは少し異なっている。

風評リスクという場合には、実質的な直接的害としては些細(ささい)なリスクが、マスメディアでの報道などを介して、間接的に㋑ジンダイな影響を引き起こすという一種のパニック的事態を指していることが多い。しかも、その場合には、その小さなリスクの隠蔽事件が、その組織全体の信頼性や企業のブランドイメージを揺るがすきっかけとして作用する。

たとえば、かつて自民党から民主党への政権交代のきっかけの一つともなった「年金記録・支給漏れ」問題も、こうした風評リスクの一つとして見ることができるだろう。そこでは、実際の経済的損失としては、年金基金の総額と比較して些細な額の不整合が、年金制度の経理や運用の信頼性の全体を揺るがす道徳的な㋒フショウジとして扱われた。

実質的な損害がどんなに小さなリスクや違法行為であっても、いったん風評リスクとなれば、実態とかけ離れて巨大化する可能性を秘めている。そのことを予防するために風評リスクをリスクマネジメントに組み込むとすれば、リスクマネジメントは、その領域を止め処(とど)なく拡大していく。マイケル・パワー[*5]は、リスク社会において、リスクマネジメントのシステムが拡大を続けていることを「あらゆるもののリスクマネジメント」と呼んで、その有効性に疑問を投げかけている。

風評リスクの場合、事前のリスクマネジメントがそれに対応することは原理的にきわめて困難だ。なぜなら、風評リスクは、マスメディアを通じて大衆社会に突発的に生じるパニックであり、どんなきっかけでリスクが風評リスクとなるかは予測ができないからだ。すべてのリスクを事前にゼロにすることが現実的には不可能である以上は、事後的な対策しかできない。リスクが風評リスクへと変質するとき、リスクを可視的で計算可能で予測可能なものとすることで合理的な対策を事前に立てるリスクマネジメントの手法の有効性は低下していく。そもそも風評リスクとは、実害として計算可能な害よりも大きな影響を、社会的にもたらすリスクのことを意味している。

そのうえ、既知のリスクにターゲットをしぼったリスクマネジメントが拡大すると、それと同時に、その背後に隠された見えにくいリスクへの対応は一層の機能不全を起こしがちになる。なぜなら、可視化しやすいものだけをマニュアル化するリスクマネジメントの構造のなかでは、可視化されにくいリスクや扱いにくいリスクや計算の困難なリスクは、存在しないものとして扱われがちだからだ。これは、意図的な隠蔽や（え）ギソウではないとしても、ある種の構造的な隠蔽として機能する。

些細なリスクであっても、それが隠蔽されたリスクとしてマスメディアの舞台に出現すると、リスクは既知でコントロールされているというリスクマネジメントの安心させる言説に対する信頼を打ち砕いて不安を引き起こし、しばしば隠蔽者への憎悪に満ちた風評リスクの（お）フンシュツを招く。一方で、専門家や行政の指令に従おうとしない人びとは、風評という流言飛語を広める無責任な人びととして激しく非難される。しかし、リスクが計算不能となって不確実性化していく現代社会において、「風評」は誤謬（ごびゅう）で、専門家による正しいリスク予測がそれとは別に存在すると信じることは正当といえるだろうか。東日本大震災後の日本で、リスク情報の真偽はくりかえし問われた。

すでに安全神話や権威をまったく介さず、気象や医学の知識を見よう見まねで体得する女たちが列島のあちこちでみられるようになった。＊6ガイガーカウンターを片手に放射能を計測する彼女たちは、中世の魔女がそうであったように、この原子力の安全神話の息の根が絶えるまで迫害されつづけるだろう。（松本麻里「海賊「未満」―海女と原発」）

この錯綜した状況のなかに読み取られるべきは、社会的コミュニケーションに対するある種の信頼、すなわち不確実な事象についての真偽を「知っていると想定された主体」がどこかに実在するという社会的な信認の揺らぎだ。したがって、魔女たちと共にあろうとする本書では、リスクについての真実と誤謬を区別し、正しくリスクを恐れる賢さが必要だなどと啓蒙的にリスクコミュニケーションの意義を語ることはしない。

確実なものへの信念が揺らぎ、既存の秩序の自明性が問い直されるとき、「天下大乱」へ向かう集合的想像力が発動し、蔓延する風評は試行錯誤のなかで積極的な内実を獲得していくだろう。結局のところ、風評リスクが現代社会のなかで発揮する破壊力とは、ネガティブな形であるにせよ、人びとの集合的想像力の持つ社会的な潜勢力の一つの現れでもあるのだから。

リスクの時代へようこそ。

（美馬達哉『リスク化される身体―現代医学と統治のテクノロジー』による　※一部本文を改変した箇所がある）

注　＊1　アンソニー・ギデンズ＝イギリスの社会学者。（一九三八～　）　＊2　ダグラス＝メアリー・ダグラス。イギリスの社会人類学者。（一九二一～二〇〇七）　＊3　ウルリッヒ・ベック＝ドイツの社会学者。（一九四四～二〇一五）　＊4　スコット・ラッシュ＝アメリカの社会学者。（一九四五～　）　＊5　マイケル・パワー＝イギリスの経済学者。（一九五七～　）　＊6　ガイガーカウンター＝放射線測定器。

問1　太線部㋐「コウハ」、㋑「イキョ」を漢字に改めよ。

問2　筆者は、現代のリスクの新しい特徴についてどのように述べているか。最も適当なものを選択肢から一つ選び、その記号をマークせよ。

a　アンソニー・ギデンズによれば、現代のリスクの新しい特徴は、たんに経済的な損失だけではなく、社会的・文化的な要素にも関わっている点にあり、このリスクは、ダグラスの述べる「危険」と、人的被害の大きさという社会的・文化的な要素を扱う点で共通する。さらに、巨大科学技術やキンユウ工学によって作られた「人工リスク」が大きい点、リスクのグローバル性と貧富に関係なく多くの人びとに影響する点も特徴として挙げられる。

b　アンソニー・ギデンズによれば、現代のリスクの新しい特徴は、たんに経済的な損失だけではなく、社会的・文化的な要素にも関わっている点、天災や不可抗力の事故という「外部リスク」だけでなく、自然や社会を改変するテクノロジーが生み出す重大なアクシデントを確実には予測・制御できなくなっているという「人工リスク」が大きいことにある。また、リスクのグローバル性と貧富に関係なく多くの人びとに影響する点も特徴として挙げられる。

c　アンソニー・ギデンズによれば、現代のリスクの新しい特徴は、たんに経済的な損失だけではなく、社会的・文化的な要素にも関わっている点、天災や不可抗力の事故という「外部リスク」だけでなく、巨大科学技術やキンユウ工学によって作られた「人工リスク」が大きい点にあり、「外部リスク」が生み出す重大なアクシデントを確実には予測・制御できなくなっている。また、現代社会でのリスクは、国境を越えたグローバルな広がりを持っている点にも特徴がある。

d　アンソニー・ギデンズによれば、現代のリスクの新しい特徴は、リスクの意味が経済的な損失だけではなく、社会的・文化的な要素にも関わっている点、巨大科学技術やキンユウ工学によって作られた「人工リスク」が大きい点、リスクのグローバル性と貧富に関係なく多くの人びとに影響する点にある。ウルリッヒ・ベックは、その三つ目の特徴に注目して、現代社会をたんにリスクの種類が量的に増えただけでなく、リスクによって質的に変化している社会ととらえている。

e　アンソニー・ギデンズによれば、現代のリスクの新しい特徴は、リスクの意味が経済的な損失だけではなく、社会的・文化的な要素にも関わっている点、巨大科学技術やキンユウ工学によって作られた「人工リスク」が大きい点、国境を越えたグローバルな広がりを持っている点にある。ウルリッヒ・ベックは、このリスクのグローバル性と貧富に関係なく多くの人びとに影響する点に注目して著作『リスク社会』を発表したが、それにより人々のリスク意識の上昇がもたらされた。

問3　ベックやギデンズのようにリスク社会論を唱える人びとは、どのような疑問を投げかけていると筆者は述べているか。最も適当なものを選択肢から一つ選び、その記号をマークせよ。

a　技術や産業がうまく扱うことのできるリスクとは、過去のデータにもとづいた知という限界を持っており、また、複数のリスクが組み合わさった複合効果は現実には完全に評価することはできない。さらに、アカデミズムのなかの科学は、それが実用化された後の現実社会での人為的ミスや政治的な問題を軽視してしまいがちであり、巨大な科学技術や産業が富や財を生産して豊かな社会を実現するうえで大きな役割を果たしてきたという点に対し疑問を投げかけている。

b　技術や産業がうまく扱うことのできるリスクとは、過去のデータにもとづいた知という限界を持っており、また、複数のリスクが、同時に発生することを予測できないという限界を持っている。さらに、アカデミズムのなかの科学は自然現象の研究であるために、科学者や技術者に任せるには重要すぎる問題で、巨大な科学技術や産業が富や財を生産して豊かな社会を実現するうえで大きな役割を果たしてきたという点に対し疑問を投げかけている。

c　技術や産業がうまく扱うことのできるリスクとは、過去のデータにもとづいた知という限界を持っており、また、複数のリスクが組み合わさった複合効果は現実には完全に評価することはできない。さらに、現代社会でのリスクは、「単純な科学」ではなく、「再帰性・自己反省性(reflexive)」を持つ科学者や技術者に任せるには重要すぎる問題で、巨大な科学技術や産業は、現在のリスク社会でも同じように有効かという点に対し疑問を投げかけている。

d　技術や産業がうまく扱うことのできるリスクとは、過去のデータにもとづいた知という限界を持っており、また、複数のリスクが、同時に発生することを予測できないという限界を持っている。さらに、アカデミズムのなかの科学は自然現象の研究であるために、科学者や技術者は「再帰性・自己反省性(reflexive)」という言葉をキーワードとして取り組む必要があり、巨大な科学技術や産業がリスク社会でも同じように有効かという点に対し疑問を投げかけている。

e　技術や産業がうまく扱うことのできるリスクとは、過去のデータにもとづいた知という限界を持っており、また、複数のリスクが組み合わさった複合効果は現実には完全に評価することはできない。さらに、アカデミズムのなかの科学は、それが実用化された後の現実社会での人為的ミスや政治的な問題を軽視してしまいがちであり、巨大な科学技術や産業は、現在のリスク社会でも同じように有効かという点に対し疑問を投げかけている。

問4　「再帰的な知」について、筆者はどのように述べているか。最も適当なものを選択肢から一つ選び、その記号をマークせよ。

a　「再帰的な知」とは、科学や産業自身の生みだした結果や有害作用を研究対象として、そこにあらためて働きかける学問であり、一つの専門領域しか知らない専門家よりも、科学知識を十分に理解する市民の方がこうした「再帰的な知」について情報開示をおこなって説明責任を果たすことには適しているが、リスクに関わる事柄を情動の視点から見直すとき、リスク社会では再帰的な近代化を目指すべきだという合理的な指針は、ただの絵空事にすぎない。

b　「再帰的な知」とは、科学や産業自身の生みだした結果や有害作用を研究対象として、そこにあらためて働きかける学問であり、これまで自然を対象に研究や介入をしてきた「単純な科学」しか知らない専門家に任せるべきではなく、複数の専門領域の科学知識を十分に理解する市民が扱うのに適しているが、リスクに関わる事柄を情動の視点から見直すとき、リスク社会では再帰的な近代化を目指すべきだという合理的な指針は、ただの絵空事にすぎない。

c　「再帰的な知」とは、科学や産業自身の生みだした結果や有害作用を研究対象として、そこにあらためて働きかける学問であり、専門家が情報開示をおこなって説明責任を果たしたうえで、再帰的な知にイキョした健全な活力ある市民社会が、専門家の暴走を押さえる民主主義を実践しつつリスクに対応することを理想とするが、こうした指針は、リスクをめぐる情動という視点から見直すと、ただの絵空事にすぎない。

d　「再帰的な知」とは、健全な活力ある市民社会が、専門家の暴走を押さえる民主主義を実践しつつリスクに対応することを理想とし、一つの専門領域しか知らない専門家よりも、科学知識を十分に理解する市民の方が扱うのに適しているとされるが、それはただの理想にすぎず、現実には、リスクに関わる事柄は、「再帰的な知」と情動をめぐるリアリティとが真摯に切り結ぶ質を備えるようにする必要がある。

e　「再帰的な知」とは、健全な活力ある市民社会が、専門家の暴走を押さえる民主主義を実践しつつリスクに対応するものであり、社会的な影響も含めた広い視野を必要とする「単純な科学」に対して、科学や産業自身の生みだした結果や有害作用を研究対象として、そこにあらためて働きかける学問であるとされるが、それはただの理想にすぎず、現実には、リスクに関わる事柄は、将来の「危険」に対する恐れの情動と必然的に関わり合っている。

問５　筆者は風評リスクをどのようなものと考えているか。最も適当なものを選択肢から一つ選び、その記号をマークせよ。

a　風評リスクとは、鳥インフルエンザが家禽で流行した際に、鶏肉消費が低迷したように、小さなリスクの隠蔽事件により、マスメディアでの報道などを介して、その組織全体の信頼性や企業のブランドイメージを揺るがす一種のパニック的事態であると筆者は考えている。

b　風評リスクとは、「年金記録・支給漏れ」問題に見られたように、実際の経済的損失としては、総額と比較して些細な額の不整合が、マスメディアでの報道などを介して、その被害を止め処なく拡大していくパニック的事態を指していると筆者は考えている。

c　風評リスクとは、「年金記録・支給漏れ」問題に見られたように、実質的な直接的害としては些細なリスクが、マスメディアでの報道などを介して、間接的にジンダイな影響を引き起こすという一種のパニック的事態をもたらし、そのことがリスクの隠蔽事件のきっかけとして作用しているものと筆者は考えている。

d　風評リスクとは、二次的なうわさである風評によって生じる風評被害が直接的な実害を凌駕し、マスメディアでの報道などを介して、間接的にジンダイな影響を引き起こすという一種のパニック的事態に変質したものであるが、どんなきっかけでリスクが風評リスクとなるかは予測ができないと筆者は考えている。

e　風評リスクとは、実害として計算可能な害よりも大きな影響を、社会的にもたらすリスクのことを意味し、実質的な損害がどんなに小さなリスクや違法行為であっても、いったん風評リスクとなれば、実態とかけ離れて巨大化する可能性を秘めており、事前のリスクマネジメントが対応することはきわめて困難だと筆者は考えている。

問6　筆者の述べるリスクの、ある種の構造的な隠蔽とはどのようなことか。最も適当なものを選択肢から一つ選び、その記号をマークせよ。

a　実害として計算可能な害よりも大きな影響を、社会的にもたらすリスクである風評リスクの構造のなかでは、計算の困難なリスクは、存在しないものとして扱われがちであるため、既知のリスクにターゲットをしぼったリスクマネジメントが拡大すると、可視化しやすいものだけをマニュアル化しがちであり、意図的な隠蔽やギソウを起こすということ。

b　リスク社会において、リスクマネジメントが拡大すると、その構造のなかでは、可視化しやすいものだけをマニュアル化するため、可視化されにくいリスクや扱いにくいリスクや計算の困難なリスクは、意図的に存在しないものとして扱われがちだということ。

c　既知のリスクにターゲットをしぼったリスクマネジメントが拡大すると、その構造のなかでは、可視化されにくいリスクや扱いにくいリスクや計算の困難なリスクは、存在しないものとして扱われがちであるため、その背後に隠された見えにくいリスクへの対応は一層の機能不全を起こしがちになるということ。

d　些細なリスクであっても、それが隠蔽されたリスクとしてマスメディアの舞台に出現すると、リスクは既知でコントロールされているというリスクマネジメントの安心させる言説に対する信頼を打ち砕いて不安を引き起こすため、可視化しやすいものだけをマニュアル化するリスクマネジメントの構造が一層の機能不全を起こしがちになるということ。

e　可視化しやすいものだけをマニュアル化するリスクマネジメントの構造のなかでは、しばしば隠蔽者への憎悪に満ちた風評リスクのフンシュツを招くため、専門家や行政の指令に従おうとしない人びとは、風評という流言飛語を広める無責任な人びととして激しく非難されるということ。

問7　二重傍線部㋐㋑㋒㋓㋔のカタカナと同じ漢字を用いる語を選択肢から一つ選び、その記号をマークせよ。

㋐　キンユウ

a　新入生をクラブ活動にカンユウする。
b　旅行を楽しむヨユウができた。
c　借金の返済をユウヨする。
d　自然と人間のユウワをはかる。
e　ユウチョウに温泉めぐりをする。

Ⓘ　ジンダイ
a　会社の存続のためにジンリョクする。
b　ご連絡いただければコウジンに存じます。
c　仕事に追われジンジョウでなく疲れた。
d　ジンソクな対応を心がける。
e　昔から医はジンジュツと言われている。

Ⓤ　フショウジ
a　五輪のハッショウの地オリンピアを訪ねる。
b　外交上のセッショウを重ねる。
c　大きなショウガイを乗り越えて仕事を完成させる。
d　エンショウを起こして傷口がはれる。
e　会社の経営不振にショウリョする。

Ⓔ　ギソウ
a　物事の本質に至らないヒソウな観察。
b　工作機械をソウサする。
c　自作の曲をピアノでエンソウする。
d　私の車はドライブレコーダーをソウビしている。
e　とりとめのないモウソウにふける。

㋔　フンシュツ

a　大規模なコフンを発見する。
b　大きな岩石をフンサイする。
c　あの人の言い訳はフンパンものだ。
d　重要な書類をフンシツする。
e　少し高いものをフンパツして買う。

問８　風評リスクが現代社会のなかで破壊力を発揮するとはどのようなことか、五十字以内で記せ。なお、句読点・符号も字数に含めるものとする。

二　次の文章は、『平家物語』の一節である。白拍子(しらびょうし)（女芸能者）である祇王(ぎおう)は清盛（本文中では入道相国・浄海）に気に入られていたが、同業の仏御前が、招かれてもいないのに清盛の邸にやってきたことから状況は一変し、清盛の邸を追われることになる。これを読んで、後の問いに答えよ。

祇王もとより思ひまうけたる道なれども、さすがに昨日今日とは思ひよらず。いそぎ出(い)づべき由、しきりにのたまふあひだ、はきのごひ塵(ちり)ひろはせ、みぐるしきものどもとりしたためて、出づべきにこそ定まりけれ。＊1一樹のかげに宿りあひ、同じ流れをむすぶだに、別れはかなしきならひぞかし。ましてこの三年(みとせ)が間、住みなれしところなれば、名残もをしうかなしくて、かひなきなみだぞこぼれける。さてもあるべきことならねば、祇王すでに、今はかうとて出でけるが、なからん跡の、忘れがたみにもとや思ひけむ、障子[*2]になくなく、一首の歌をぞかきつけける。

もえ出づるも枯るるもおなじ野辺の草いづれか秋にあはではつべき

さて車に乗つて宿所に帰り、障子のうちに倒れふし、ただなくより外のことぞなき。母や妹これをみて、「いかにやいかに」ととひけれども、とかうの返事にも及ばず。具したる女に尋ねてぞ、さることありとも知りてんげれ。

さるほどに毎月におくられたりける、百石百貫[*3]をも今はとどめられて、仏御前がゆかりの者どもぞ、はじめて楽しみ栄えける。京中の上下、「祇王こそ入道殿よりいとまたまはつて出でたんなれ。いざ見参(げんざん)してあそばむ」とて、あるいは文をつかはす人もあり、あるいは使ひを立つる者もあり。祇王、さればとて、いまさら人に対面してあそびたはぶるべきにもあらねば、文をとりいるることもなく、まして使ひにあひしらふまでもなかりけり。これにつけてもかなしくて、いとど涙にのみぞ沈みにける。

かくてことしも暮れぬ。あくる春のころ、入道相国、祇王がもとへ使者を立てて、「いかに、その後何事かある。仏御前があまりにつれづれげにみゆるに、参つて今様[*4]をもうたひ、舞なんどをも舞うて、仏なぐさめよ」とぞのたまひける。祇王とかうの御返事にも及ばず。入道、「など祇王は返事はせぬぞ。参るまじいか。参るまじくはそのやうを申せ。浄海もはからふむねあり」とぞのたまひける。母とぢ[*5]これをきくにかなしくて、いかなるべしともおぼえず。なくなく教訓しけるは、「いかに祇王御前、ともかうも御返事を申せかし。さやうにしかられまゐらせんよりは」といへば、祇王、「参らんと思ふ道ならばこそ、やがて参るとも申さめ。参らざらむもの故に、なにと御返事を申すべしともおぼえず。このたび召さむに参らずは、はからふむねありと仰せらるるは、都の外へ出ださるるか、さらずは命を召さるるか、このふたつにはよも過ぎじ。たとひ都を出ださるるとも、なげくべき道にあらず。たとひ命を召さるるとも、をしかるべき又我が身かは。ひとたびうきものに思はれまゐらせて、ふたたびおもてを向かふべきにもあらず」とて、なほ御返事をも申さざりけるを、母とぢ重ねて教訓しけるは、「天が下に住まんほどは、ともかうも入道殿の仰せをば背くまじきことにてあるぞとよ。男女の縁、宿世[*6]、今にはじめぬことぞかし。千年万年とちぎれども、やがてはなるるなかもあり。あからさまとは思へども、ながらへはつることもあり。世に定めなきものは男女のならひなり。それにわごぜ[*7]は、この三年までおもはれまゐらせたれば、ありがたき御情けでこそあれ。召さんに参らねばとて、Ⓐ命をうしなはるまではよもあらじ。ただ都の外へぞ出だされんずらん。たとひ都を出ださるとも、わごぜたちは年若ければ、いかならん岩木のはざまにても、過ごさんことやすかるべし。年老いおとろへたる母、都の外へぞ出だされんずらむ。ならはぬひなのすまひこそ、かねておもふもかなしけれ。ただ、われを都のうちにて、住みはてさせよ。それぞ今生後生の孝養と思はむずる」といへば、祇王うしと思ひし道なれども、おやの命をそむかじと、なくなくまた出で立ちける、心のうちこそ無慚[*8]なれ。

（『平家物語』による）

注　＊1　一樹のかげに宿りあひ、同じ流れをむすぶだに＝慣用句。同じ木陰に雨を避けて宿るのも、同じ川の水を汲んで飲むのも、前世からの因縁であることをいう。　＊2　障子＝襖（ふすま）。唐紙障子。現在の「明かり障子」とは異なる。　＊3　百石百貫＝米を百石と銭を百貫。一石は百升、一貫は千文。　＊4　今様＝当時流行していた歌謡。　＊5　母とぢ＝祇王の母親。　＊6　男女の縁、宿世、今にはじめぬことぞかし＝男と女の結びつきや運命がはかりがたいことは、今に始まったことではない。　＊7　わごぜ＝我御前。女性に親しみをこめて呼ぶ語。　＊8　無慚（むざん）なれ＝痛ましく気の毒なことだ。

問１　清盛邸から追い出されることになった祇王の様子を述べたものとして、最も適当なものを選択肢から一つ選び、その記号をマークせよ。

ａ　祇王は、清盛に気に入られた当初から、心のなかでは準備していたことだが、それでも昨日今日に退去することになるとは思っていなかった。しきりに出て行くように言われるなかで、自らが使っていた部屋の片付けなどしていたが、ついに退去することとなった。わずかな因縁でさえ別れはつらいのに、三年もの年月を過ごしたところなので、退去するのは名残惜しく悲しくて、泣いてもどうにもならないが涙がこぼれた。しかし、いつまでもそうしてはいられないので、自分がいたあかしにでもと、襖に和歌を書き付けた。

b　祇王は、しばしの経済的な安定を望んでいただけだったが、それでも昨日今日に退去することになるとは思っていなかった。しきりに出て行くように言われるなかで、自らが使っていた部屋の片付けなどしていたが、ついに退去することとなった。清盛との因縁だけは別れてもきっと続くとは思うものの、三年もの年月を過ごしたところなので、退去を命じられたことが悔しくて自然と涙がこぼれた。しかし、いつまでもそうしてはいられないので、清盛が忘れないようにと、襖に和歌を書き付けた。

c　祇王は、清盛に気に入られた当初から、心のなかでは準備していたことだが、それでも昨日今日に退去することになるとは思っていなかった。しきりに出て行くように言われるなかで、自らが使っていた部屋の片付けなどしていたが、ついに退去することとなった。清盛との因縁だけは別れてもきっと続くとは思うものの、三年もの年月を過ごしたところなので、退去するのは名残惜しく悲しくて、泣いてもどうにもならないが涙がこぼれた。しかし、いつまでもそうしてはいられないので、清盛を呪う和歌を襖に書き付けた。

d　祇王は、白拍子は一人の人物に永遠にお世話になることはないと思っていたが、それでも昨日今日に退去することになるとは思っていなかった。しきりに出て行くように言われるなかで、自らが使っていた部屋の片付けなどしていたが、ついに退去することとなった。わずかな因縁でさえ別れはつらいのに、三年もの年月を過ごしたところなので、退去するのは名残惜しく悲しくて、泣いてもどうにもならないが涙がこぼれた。しかし、いつまでもそうしてはいられないので、清盛を呪う和歌を襖に書き付けた。

e　（選択肢削除）

問２　祇王が襖に書き付けた和歌を説明するものとして、最も適当なものを選択肢から一つ選び、その記号をマークせよ。

a　萌え出る草を仏御前に、枯れる草を自分にたとえて、二人の奇妙な宿命が悔しく思われることを、反語表現を使って表現したもので、秋になるまでには、仏御前も清盛に飽きられて、また立場が逆転するだろうと言っている。

b　萌え出る草を仏御前に、枯れる草を自分にたとえて、どちらが長く清盛の寵愛を受けることができるかとこれからの仏御前の行く末を案じている気持ちを詠んだもので、縁語を巧みに使って、自分を捨てた清盛に恨み言を伝えている。

c　萌え出る草を仏御前に、枯れる草を自分にたとえて、どちらもいずれは捨てられる運命にあることを、掛詞を巧みに使って表現したもので、仏御前も結局は、自分と同じように、清盛に飽きられる運命であることを言っている。

d　萌え出る草を清盛に、枯れる草を自分にたとえて、自分は清盛のために捨てられてしまったけれど、いずれ清盛も衰えてしまうことを、反語表現を使って表現したもので、清盛に対する恨み言を伝えている。

e　萌え出る草を仏御前に、枯れる草を清盛にたとえて、どちらもいずれは勢いが衰えてしまう運命にあることを詠んだもので、掛詞を巧みに使って、秋になるまでには清盛も衰えて、仏御前を捨てざるをえなくなるだろうと言っている。

問３　清盛邸を追われた後の祇王の境遇を説明するものとして、最も適当なものを選択肢から一つ選び、その記号をマークせよ。

a　祇王が清盛邸を追われたと知った京中の人々は、文を送ったり、使者を立てたりして、祇王を呼んで技芸を披露させようとしたが、祇王は、そうかといって、このような境遇となっては、ほかの人と遊び戯れることはできるはずもないので、手紙を受け取ることも、使者に応対することもなかった。こんなことのおこることまでもが哀れに思えて、祇王はますます涙にくれるばかりであった。

b　祇王が清盛邸を追われたと知った京中の人々は、文を送ったり、使者を立てたりして、祇王のところに行って遊興しようとしたが、祇王は、もう清盛のもとを退去した身なので、ほかの人と遊び戯れたいとは思うものの、そうもできずに手紙を受け取ることも、使者に応対することもなかった。こんなことのおこることが悲しくて、祇王はただ涙を流すことしかできなかった。

c　祇王が清盛邸を追われたと知った京中の人々は、文を送ったり、使者を立てたりして、祇王を呼んで技芸を披露させようとしたが、祇王は、もう清盛のもとを退去した身であって、ほかの人と遊び戯れることは止められていたので、手紙を受け取ることも、使者に応対することもなかった。こんなことのおこることまでもが哀れに思えて、祇王はただ涙にくれる毎日であった。

d　祇王が清盛邸を追われたと知った京中の人々は、文を送ったり、使者を立てたりして、祇王のところに行って遊興しようとしたが、祇王は、そうかといって、このような境遇となっては、ほかの人と遊び戯れることはできるはずもないので、手紙を受け取ることも、使者に応対することもなかった。こんな境遇に置かれたことが信じられず、祇王はただ涙を流すことしかできなかった。

e　祇王が清盛邸を追われたと知った京中の人々は、文を送ったり、使者を立てたりして、祇王を呼んで技芸を披露させようとしたが、祇王は、もう清盛のもとを退去した身なので、ほかの人と遊び戯れたいとは思うものの、そうもできずに手紙を受け取ることも、使者に応対することもなかった。こんな境遇に置かれたことが信じられず、祇王はなおいっそう涙をおさえることができなかった。

問4　祇王が清盛邸を去った翌年、清盛は使者を立てて、祇王にどのように言ってきたか。最も適当なものを選択肢から一つ選び、その記号をマークせよ。

a　「どうだ、その後、どうしているか。仏御前が、所在なくすごしているお前のことをとても心配しているので、こちらに来て、一緒に今様をもうたい、舞などまって、仏御前を安心させてくれ」と、清盛邸に来るように言ってきた。

b　「どうだ、その後、どうしているか。仏御前が、とても退屈そうに日々をすごしているので、こちらに来て、今様をもうたい、舞などまって、仏御前の気を紛らわせてくれ」と、清盛邸に来るように言ってきた。

c　「どうだ、その後、どうしているか。仏御前が、物思いにふけっているお前の話を聞きたいと思っているので、こちらに来て、今様をもうたい、舞などまって、仏御前と仲良くしてくれ」と、清盛邸に来るように言ってきた。

d　「どうしたのだ、その後、どうしているか。仏御前が、とても寂しそうに日々をすごしているので、こちらに来て、一緒に今様をもうたい、舞などまって、私を安心させてくれ」と、清盛邸に来るように言ってきた。

e　「どうしたのだ、その後、どうしているか。仏御前が、私が退屈にすごしていることをとても気にしているので、こちらに来て、今様をもうたい、舞などまって、私の気を紛らわせてくれ」と、清盛邸に来るように言ってきた。

問5　祇王が清盛に返事をしないことに対して、清盛はどうしたか。最も適当なものを選択肢から一つ選び、その記号をマークせよ。

a　清盛は「どうして祇王は返事をしないのだ。参上しないつもりか。参上するつもりであれば、そういってこい。こちらもそれなりに援助してやる」と、とにかく返事をするようにいった。

b　清盛は「どうして祇王が返事をしないということがあろうか。参上するつもりか。参上しないつもりであれば、その理由をいってこい。こちらにも、それなりのこころづもりがある」と、返事のないことを怒っていった。

c　清盛は「どうして祇王は返事をしないのだ。参上するつもりか。参上するつもりであれば、そういってこい。こちらもそれなりに援助してやる」と、とにかく返事をするようにいった。

d　清盛は「どうして祇王が返事をしないということがあろうか。参上できないなら、参上できない理由をいってこい。こちらにも、都合がある」と、返事のないことを怒っていった。

e　清盛は「どうして祇王は返事をしないのだ。参上しないつもりか。参上しないつもりであれば、その理由をいってこい。こちらにも、それなりのこころづもりがある」と、返事のないことを怒っていった。

問6　祇王の母は、清盛に返事をしない祇王にどのようにいったか。最も適当なものを選択肢から一つ選び、その記号をマークせよ。

a　祇王の母は、「どうしてなの、祇王。どうでもこうでも返事だけはしなさいよ。清盛さまも、このようにいってくださっているのに」といった。

b　祇王の母は、「ねえ、祇王。どうでもこうでも返事だけはしなさいよ。清盛さまもこんなに怒っていらっしゃるでしょう」といった。

c　祇王の母は、「どうしてなの、祇王。何とも返事しないことがありましょうか。清盛さまも、このようにいってくださっているのに」といった。

d　祇王の母は、「ねえ、祇王。どうでもこうでも返事だけはしなさいよ。このように清盛さまのおしかりをうけるよりはましでしょう」といった。

e　祇王の母は、「ねえ、祇王。何とも返事しないことがありましょうか。このように清盛さまのおしかりをうけるよりはましでしょう」といった。

問7　祇王は母のことばに対してどうしたか。最も適当なものを選択肢から一つ選び、その記号をマークせよ。

a　祇王は、「参上するつもりなら、すぐに返事もいたしましょうが、そのつもりがないので、返事を申し上げるつもりはありません。参上しなくても、都から追放されるか命を召されるかのどちらかにすぎないでしょう。どちらにしても、一度嫌われたものが、再びお会いするものではありません」といって、やはり返事はしなかった。

b　祇王は、「参上するつもりなら、そのうち返事もいたしましょうが、そのつもりがないので、どう返事すればいいのかわかりません。参上しなくても、都から追放されるか命を召されるかのどちらかにすぎないでしょう。どちらにしても、一度嫌われたものが、再びお会いすることなどあってはならないことです」といって、やはり返事はしなかった。

c　祇王は、「参上するつもりなら、そのうち返事もいたしましょうが、そのつもりがないので、どう返事すればいいのかわかりません。参上しなくても、都から追放されるか命を召されるかのどちらかにすぎないでしょう。どちらにしても、一度嫌われたものが、再び会っていただけるなどとは思いません」といって、やはり返事はしなかった。

d　祇王は、「参上するつもりなら、そのうち返事もいたしましょうが、そのつもりがないので、返事を申し上げるつもりはありません。参上しなくても、都から追放されるか命を召されるかのどちらかにすぎないでしょう。どちらにしても、一度嫌われたものが、再びお会いすることなどあってはならないことです」といって、やはり返事はしなかった。

e　祇王は、「参上するつもりなら、すぐに返事もいたしましょうが、そのつもりがないので、どう返事すればいいのかわかりません。参上しなくても、都から追放されるか命を召されるかのどちらかにすぎないでしょう。どちらにしても、一度嫌われたものが、再びお会いするものではありません」といって、やはり返事はしなかった。

問8　祇王のことばに対して祇王の母は、重ねてどのようにいったか。最も適当なものを選択肢から一つ選び、その記号をマークせよ。

a　母は、「生きているうちは、清盛さまのいうことに背いてはなりません。あなたがた若い人は、都を離れてもなんとか生きていくことはできるでしょう。しかし、年老いた母には、慣れない田舎暮らしなど想像するだけでもつらいことです。どうか今までどおり都のうちに住まわせてください。それが親孝行だとは思いませんか」といった。

b　母は、「この国に住んでいるうちは、清盛さまのいうことに背いてはなりません。あなたがた若い人は、都を離れてもなんとか生きていくことはできるでしょう。しかし、年老いた母には、慣れない田舎暮らしなど想像するだけでもつらいことです。どうか都のうちで一生を終えさせてください。それが親孝行だと思いたいのです」といった。

c　母は、「この国に住んでいるうちは、清盛さまのいうことに背くことなどありましょうか。あなたがた若い人は、都を離れてもなんとか生きていくことはできるでしょう。しかし、年老いた母には、慣れない田舎暮らしなど相応の覚悟が必要です。どうか今までどおり都のうちに住まわせてください。それが親孝行だとは思いませんか」といった。

d　母は、「生きているうちは、清盛さまのいうことに背くことなどありましょうか。あなたがた若い人は、都を離れてもなんとか生きていくことはできるでしょう。しかし、年老いた母には、慣れない田舎暮らしなど想像するだけでもつらいことです。どうか今までどおり都のうちに住まわせてください。それが親孝行だとは思いませんか」といった。

e　母は、「生きているうちは、清盛さまのいうことに背いてはなりません。あなたがた若い人は、都を離れてもなんとか生きていくことはできるでしょう。しかし、年老いた母には、慣れない田舎暮らしなど相応の覚悟が必要です。どうか都のうちで一生を終えさせてください。それが親孝行だと思いたいのです」といった。

問9　傍線部Ⓐを現代語訳せよ。

二月三日実施分

解答

一

出典 美馬達哉『リスク化される身体――現代医学と統治のテクノロジー』〈序章 リスク論の視座〉（青土社）

解答

問1 ㋐硬派 ㋑依拠
問2 d
問3 e
問4 c
問5 e
問6 c
問7 ㋐―d ㋑―b ㋒―a ㋓―d ㋔―c
問8 既存の秩序の自明性が問い直されて、人びとの集合的想像力が発動した結果、安全神話や権威を打破すること。（五十字以内）

◆要 旨◆

現代社会は不確実で制御できないリスクが多様化した、リスク社会である。近代社会が作り出した巨大な科学技術や産業は、現在のリスク社会に対し有効ではないので、専門家に任せるのではなく、市民が「再帰的な知」を発揮して対応することが理想である。しかし、マスメディアを通じて大衆社会に突発的に生じるパニック的事態である風評リスクに対して、リスクマネジメントをすることは、現実には極めて困難である。ただし、この錯綜した状況のなかで読みとるべきは、社会的な信認や確実なものへの信念が揺らぐことによって、潜在していた人々の集合的想像力が体現されていくという、風評リスクのもつ破壊力である。

◀解　説▶

問２　設問の「現代のリスクの新しい特徴」を手がかりとして本文中をみると、第一段落に「現代のリスクの新しい特徴をアンソニー・ギデンズは……」とあり、「一つ目は……」「さらに……」「三つ目の特徴は……」と段落ごとに明示されているので、①経済的な損失だけでなく、社会的・文化的な要素にも関わる点、②「外部リスク」だけでなく、「人工リスク」が大きい点、③グローバルな広がりを持っている点、の三点は容易に捉えられるが、すべての選択肢に含まれているため、これでは判断できない。選択肢を見比べると、d・eは上記の三点に加えて「ウルリッヒ・ベック」について述べており、第四段落に「現代社会はたんにリスクの種類が量的に増えた社会であるだけでなく、リスクによって質的に変化している社会である」とあることから、dが正解。

問３　設問の「どのような疑問を投げかけている」を手がかりとして本文中をみると、第五段落に「しかし、この科学技術や産業は、現在の『リスク社会』でも同じように有効であり続けるのだろうか。……こうした疑問を投げかける」とあることから、a・bは消え、c・d・eが残る。cは「『再帰性・自己反省性（reflexive）』を持つ科学者や技術者」が本文と異なる。dは「同時に発生することを予測できないという限界」の記述が本文になく、「自然現象の研究であるために」と「キーワードとして取り組む必要があり」を直接因果関係で結びつけている点も誤りである。理由と結論をすべて正しく説明しているeが正解。

問４　設問の「再帰的な知」を手がかりとして本文中をみると、第九段落に「『再帰的な知』とは、科学や産業自身の生みだした結果や有害作用を研究対象として、そこにあらためて働きかける学問だという。一つの専門領域しか知らない専門家よりも、科学知識を十分に理解する市民の方がこうした『再帰的な知』を扱うには適している」とあることから、bは消える。続いて第十段落に「広い視野を必要とする点で、『単純な科学』ではなく、『再帰的な知』であることが求められる」とあることから、eも消える。さらに「専門家が情報開示をおこなって説明責任を果たしたうえで」とあることから、aも消える。そして第十一段落に「将来の『危険』に対する恐れの情動と必然的に関わり合っている。その視点から見直すとき、……絵空事にすぎない」とあることから、cが正解。なお、dは末尾の部分では消し難いが、cに比べると肝心の「再帰的な知」の定義が不十分。

問5　設問の「風評リスク」を手がかりとして本文中をみると、第十三段落に「風評リスクという場合には、……一種のパニック的事態を指している……ブランドイメージを揺るがすきっかけとして作用する」とあることから、cが消える。第十四段落に「たとえば……『年金記録・支給漏れ』」とあることから、aも消える。第十五段落に「実質的な損害がどんなに小さなリスクや違法行為であっても、いったん風評リスクとなれば、実態とかけ離れて巨大化する可能性を秘めている」、第十六段落に「風評リスクの場合、事前のリスクマネジメントがそれに対応することは原理的にきわめて困難……そもそも風評リスクとは、実害として計算可能な害よりも大きな影響を、社会的にもたらすリスクのことを意味している」とあることから、eが正解。なお、bはおおむね正しいが、「リスクマネジメント」について触れられていないので、不十分。また、dは「風評被害」の要素が混じっており、不適。

問6　設問の「ある種の構造的な隠蔽」を手がかりとして本文中をみると、第十七段落に「そのうえ、既知のリスクにターゲットを……なぜなら、可視化しやすいものだけをマニュアル化する……ある種の構造的な隠蔽として機能する」とあることから、b・cが残る。bは「意図的に存在しないものとして扱われがち」の部分が本文で「意図的な隠蔽やギソウではない」としていることと矛盾するため、不適。

問8　設問の「破壊力」を手がかりとして本文中をみると、第二十段落に「結局のところ、風評リスクが現代社会のなかで発揮する破壊力とは、ネガティブな形であるにせよ、人びとの集合的想像力の持つ社会的な潜勢力の一つの現れでもある」ので、ここを解答の核にするとよい。そして、「現代社会」はどのような社会であって、「潜勢力」がなぜ「現れ」たのかを考える。第二十段落に「確実なものへの信念が揺らぎ……集合的想像力が発動」とあるので、ここを用いる。さらに、直後の「蔓延する風評は試行錯誤のなかで積極的な内実を獲得していく」から、集合的想像力が発動した結果、「安全神話や権威」（第十八段落）を打ち崩し、「不確実な事象についての真偽」（第十九段落）に迫っていくことになると考えられる。

二

出典　『平家物語』〈巻第一　祇王〉

解答

問1　a
問2　c
問3　a
問4　b
問5　e
問6　d
問7　e
問8　b
問9　命を取られるまでのことはまさかあるまい。

◆全　訳◆

祇王は以前から（いずれは清盛の邸を追われることは）心の準備をしていたことではあったが、それでも昨日今日（のように近い将来のこと）とは思いもよらなかった。急いで出て行くように、しきりに（清盛が）おっしゃるので、部屋を掃いたり床を拭いたり塵を拾ったりさせ、見苦しい物などを取り片付けて、出て行くことになった。（単に）同じ木陰に雨宿りし、同じ川の水を汲んで飲む（ような、ほんのわずかな）縁でさえも、別れは悲しいのが世の常である。ましてこの三年間、住み慣れた所であるので、名残りも惜しく悲しくて、泣いてもしかたないのに涙がこぼれるのであった。そうはいってもそのままいるわけにもいかないので、祇王はもう、今はこれまでと出て行ったが、いなくなった後の、忘れ形見にでもと思ったのか、襖に泣く泣く、一首の歌を書きつけた。

萌え出る草（＝これから清盛に寵愛される仏御前）も、枯れる草（＝寵愛を失って追い出される私）も、同じ野辺の草なのだ。どちらも秋になって枯れるように、清盛に飽きられないで終わることがあろうか

そうして車に乗って自分の家に帰り、襖の内に倒れ伏し、ただ泣くことしかできなかった。母や妹はこれを見て、「いったいどうしたのか」と聞いたが、あれこれと返事もできない。供をしてきた女に尋ねて初めて、そういうことがあったと知ったのであった。

そのうちに毎月贈られていた、米百石・銭百貫も今はとめられて、仏御前の縁者たちが、初めて楽しみ栄えることになった。京都中の身分の高い者も低い者も、「祇王は入道殿からお暇をいただいて邸から出たらしい。さあ会って遊ぼう」といって、手紙をよこす人もあり、使いを立ててくる者もある。祇王は、だからといって、今さら人に会って遊び戯れることができるはずもないので、手紙を取り入れることもなく、まして使いに応対することもなかった。これにつけても悲しくて、ますます涙に沈んでばかりいた。

こうして今年も暮れた。翌年の春頃に、入道相国が、祇王の所へ使者をよこして、「どうだ、その後どうしているか。仏御前があまり退屈そうに見えるから、こちらへ参って今様も歌い、舞なども舞って、仏御前の気を紛らわせてくれ」とおっしゃった。祇王はあれこれのご返事もできない。入道は、「どうして祇王は返事をしないのか。参上しないつもりか。参上しないのならそのわけを申せ。浄海（＝自分清盛）も（祇王の返事次第によっては）こころづもりがある」とおっしゃった。祇王の母親はこれを聞くと悲しくて、どうしたらよいかわからない。泣く泣く娘に諭したのは、「ねえ祇王御前、ともかくもお返事を申し上げなさいよ、このようにお叱りを受けるよりは」と言うと、祇王は、「お邸へ参上しようと思うのであれば、すぐに参りますとも申し上げよう。参らないつもりだから、なんとお返事を申してよいかわからない。

（清盛が）この度召したのに参上しないのであれば、こころづもりがあるとおっしゃるのは、（私が）都の外へ追い出されるのか、さもなければ命を召されるのか、この二つ以外のことはまさかありますまい。たとえ都を追い出されるにしても、嘆くべきことではない。たとえ命を召されるにしても、また惜しいようなわが身だろうか。一度いとわしい者と入道殿に思われた以上、二度と顔を向けるべきではない」といって、やはりお返事も申し上げなかったのを、母親は重ねて教訓して言うには、「この国に住んでいる間は、ともかくも入道殿の仰せに背いてはなりませんぞ。男と女の結びつきや運命がはかりがたいことは、今に始まったことではない。千年万年（でも長く添い遂げよう）と約束しても、まもなく別れる男女の仲もある。ほんのちょっとと思っても、そのまま連れ添って生涯を終えることもある。まことに定めのないものは、男女の仲の常なのです。それなのにあなたは、この三年もの間（入道殿に）大事に思われ申し上げたのだから、ありがたいお情けであることだよ。呼び出したのに参上しないからといって、命を取られるまでのことはまさかあるまい。ただ都の外へ追放されるのかもしれない。たとえ都を追い出されても、あなたたちは年が若いから、どんな山奥でも、暮らすことはたやすいだろう。年老い衰えた母（＝自分）も、（一緒に）都の外へ追放されるかもしれない、慣れない田舎住まいを、前もって想像するだけでも悲しいことだ。ただ、私を都の中で、一生住めるようにしておくれ。それが何より現世・来世での親孝行だと思うのだよ」と言うので、祇王は嫌だと思っていた道だが、親の命令に背くまいと、泣く泣くまた出かけた、その心中はまことに痛ましいことであった。

▲解　説▼

問1　設問の「清盛邸から追い出されることになった祇王」を手がかりに本文中をみると、第一段落一行目に「祇王もとより思ひまうけたる道なれども」とあり、「まうけ（設け）」は〝準備する。設置する〟の意なので、b・dは消え、a・cが残る。続いて「同じ流れをむすぶだに」とあり、「だに」は類推の副助詞〝～さえ。～でも〟の意なので、〝わずかな縁でさえも、別れは悲しい〟となることから、aが正解。さらに「なからん跡の、忘れがたみにもとや思ひけむ」は、〝いなくなった後の、忘れ形見にでもと思ったのか〟となることからも、aが正しい。

問2　設問の「祇王が襖に書き付けた和歌」を手がかりとして本文中をみると、「もえ出づるも枯るるもおなじ野辺の草……」がその和歌に該当する。リード文には「白拍子（女芸能者）である祇王は清盛（本文中では入道相国・浄海）に気に入られていたが、同業の仏御前が……」とあり、和歌の下の句は、どちらの草も「秋」=「飽き」にあわないではすまない、という意味になることから、cが正解。「枯（か）るる」と「離（か）るる」、「秋」と「飽き」が掛詞になっている。

問3　設問の「清盛邸を追われた後の祇王」と、選択肢の「京中の人々は、文を送ったり」を手がかりとして本文中をみると、第二段落二行目に「京中の上下、『祇王こそ……いざ見参してあそばむ』」とある。「見参」は〝参上する。お目にかかる。会うこと〟の意で、「祇王を呼んで」でも「祇王のところに行って」でもよい。次の文の「あそびたはぶるべきにもあらねば」の主語は祇王本人なので、「べき」は命令ではない。「あらねば」は順接確定条件。したがって、逆接で「遊び戯れたいとは思うものの」とするb・e、命令で「遊び戯れることは止められていた」とするcは不適切。最後の「これにつけてもかなしくて、いとど涙にのみぞ沈みける」は、（清盛に追い出されたのが悲しいうえに）今までは清盛に遠慮して誰も祇王に声を掛けなかったのに、追い出された途端に誘いが相次いだことにつけても悲しくて、ますます涙を流した、ということであり、これを「信じられず」「ただ涙を流す」とするdは不適切。「いとど」は〝ますます〟の意。aが「京中の上下……沈みける」を正しく説明している。

問4　設問の「祇王にどのように言ってきたか」を手がかりとして本文中をみると、第三段落一行目に「いかに、その後……」とあり、「いかに」は相手に呼びかける語で、〝おい。どうだ。どうしたのか〟の意である。続いて「つれづれげにみゆる」とあり、「つれづれ」は〝手持ちぶさただ。退屈だ。物寂しい〟の意、「みゆる」は〝見える。思われる〟の意なので、b・dが残る。さらに「仏なぐさめよ」とあることから、bが正解。

問5　設問の「祇王が清盛に返事をしないことに対して」を手がかりとして本文中をみると、第三段落三行目に「など祇王は返事はせぬぞ。参るまじいか」とあり、「まじい」は打消意志の助動詞「まじ」のイ音便化したものなので、a・eが残る。続いて「参るまじくはそのやうを申せ」とあり、「やう（ヨウ）（様）」は〝事情。理由〟の意なので、

eが正解。

問6　設問の「祇王の母は」を手がかりとして本文中をみると、第三段落四行目に「母とぢ……『いかに祇王御前、ともかうも御返事を申せかし」とある。「いかに」は相手に呼びかける語で、〝おい。どうだ。どうしたのか〟の意。「ともかうも」は「ともかくも」のウ音便、「かし」は念を押し意味を強める語で、〝〜よ。〜ね〟の意であることから、b・dが残る。続いて「さやうにしかられまゐらせんよりは」とあり、「よりは」に着目すると、〈叱られるよりは返事をしたほうがまし〉の意となることから、dが正解。

問7　設問の「祇王は母のことばに対して」を手がかりとして本文中をみると、第三段落五行目に「やがて参るとも申さめ」とあり、「やがて」は〝そのまま。すぐに〟の意なので、a・eが残る。続いて「なにと御返事を申すべしともおぼえず」とあり、「おぼえず」は〈下二段動詞「おぼゆ（覚ゆ）の未然形＋打消の助動詞「ず」の終止形〉なので、eが正解。

問8　設問の「祇王の母は、重ねてどのようにいったか」を手がかりとして本文中をみると、第三段落九行目に「母とぢ重ねて教訓しけるは、『天が下に住まんほどは……背くまじきことにてあるぞとよ」とあり、「天（あめ）の下」は〝天下。この世。日本の全国土〟の意で、「まじき」は禁止の助動詞「まじ」の連体形なので、a・b・eが残る。続いて「ならはぬひなのすまひこそ、かねておもふもかなしけれ。ただ、われを都のうちにて、住みはてさせよ」とあり、「ひな」（鄙）は〝田舎〟の意で、「かなし」は〝①（愛し）いとおしい。かわいい。②（悲し）かわいそうだ。泣きたくなるほどつらい〟の意、「住みはて」の「はて（果て）」は〝終わる。死ぬ〟の意なので、bが正解。

問9　傍線部Ⓐ「命をうしなはるるまでは」とあり、「るる」は受身の助動詞「る」の連体形なので、〈命を取られるまでのことは〉となる。続いて「よもあらじ」とあり、「よも」は〝まさか。よもや〟の意で、下に打消推量の助動詞「じ」を伴って、十中八九そのようなことは起こるまいという予想を表す。〈まさかあるまい〉となる。

❖講　評

現代文一題、古文一題という構成は例年通り。内容説明の問題に傍線を引かないという出題形式も例年通り。問題文は長文であるが、設問は文章の流れに沿って出されている。尋ねられているポイントを見極めたい。

一は、現代社会というリスク社会における、風評リスクについて考察した評論である。抽象的な概念が散見されるものの、具体例が豊富なので筆者の主張をイメージするのは難しくない。ただし、選択肢はどれも紛らわしいので、丁寧な読解が求められる。

まず、設問を手がかりとして本文中の該当箇所を正確に探すことが求められる。そして、選択肢と本文中の該当箇所とを照合し、合致しないものを消去していく。その際、選択肢同士の見比べも有効だが、考えなしに選択肢をみてしまうと迷いやすくなるので、安易に消去法に頼るのではなく、記述式問題を解くのと同様に、本文中の根拠となる部分をもとに自分なりの答えを想定するよう心がけたい。

二は、『平家物語』からの出題。出題箇所は、清盛と女芸能者の祇王にまつわる話で、和歌が一首含まれていた。

現代文と比較すると、古文の選択肢はどれも似通っており、解釈を導いてくれる。したがって、設問に対する解答箇所を、選択肢と本文とを照らし合わせて素早く見つけ、その部分を古典文法および古文単語、古文常識等の知識や文脈に基づいて解釈することで、選択肢を絞ることができる。

古文では、主体、客体などが頻繁に省略されるため、日頃からそれらを意識して場面状況や心理状況をイメージしつつ読解することが大切である。また、今回のように和歌が出題された場合は、歌の詳細な理解に拘泥するのではなく、前後の文脈から大意をつかむことが肝要である。いずれにせよ、普段から重要語句・文法の定着を図り、その上で高校教科書レベルの標準的な文章読解の演習を積んでおきたい。

二月五日実施分

問　題

（七五分）

一　次の文章を読んで、後の問いに答えよ。

緊急事態のもとでの国家権力――緊急権――というものは、はっきり言えば、憲法違反です。まずそのことを押さえておかなくてはなりません。今回の緊急事態宣言は、「改正新型インフルエンザ等特別措置法」に基づいて発出されているのだから、合法的ではないか、と言われるでしょう。もしそれを言うなら、この法律自体が、憲法違反です。憲法というのは、もともと、（国民ではなく）政府を縛るものです。憲法によって、政府は、国民の人権を守るように、と国民から命令されているのです。しかし、緊急権というものは、私権を制限する等、基本的な人権の制限や否定を含むことになります。だから、仮に、それ用の法律があったとしても、緊急事態のもとで発動される国家権力は、憲法違反なのです。

さらに付け加えておけば、憲法に「緊急事態条項」が入っていれば、憲法違反にならないだろう、と思うでしょうが、そうではありません。そういう条項が憲法に書き込まれていても、憲法違反なのです。その場合には、憲法それ自体の中に、数学の決定不能命題のように、自己否定的な条項が入っている、と考えるべきです。

というわけで、緊急権は、どうあがいても憲法違反です。「だからいけない」というのが左翼の論法だったわけです。しかし――ここが大事なことです――、憲法違反だから緊急権は一般によくない、ということにはならないのです。まったく逆です。

憲法には逆説があります。憲法の本来の目的を果たすために、憲法違反でもある緊急権が必要となるときがあるのです。公共の利益を守るために——もう少し厳密に言えば多くの人民のとりわけ重要な人権を守るために——、一部の人に、人権の部分的な制限を甘受させなくてはならない、という状況が生ずるわけです。今回のパンデミック*2もそうです。多くの人の命への脅威を避けるために、一部の人に、たとえば商売をする自由とかを部分的・一時的に(あ)ホウキしてもらわなくてはならなくなる。他に、こうした状況として考えられるのは、戦争のときです。あるいは、緊急事態として想定しておかなくてはならないことは、異常なハイパーインフレーション*3などによって経済が破綻してしまうような状況です。

このような状況においては、政府の長は——つまり首相は——緊急権を行使しなくてはなりません。パンデミックになっているのに、あるいはハイパーインフレーションになっているのに、「何とか特措法」に規定がないから手をこまねいている、としたら、それはもう政治家失格だといわねばならない。

緊急権はどのように正統化*4されるのか。先ほど述べたように、正統性の根拠は憲法にも、普通の法律にもありません。緊急権の正統性の源泉を元まで遡ると、そこに見いだされるのは憲法制定権力です。憲法が存在しているということは、憲法制定権力があった、ということです。誰にあったのかというと、人民(国民)に、です。憲法制定権力は、憲法や法律によって承認されて与えられる権力ではありません。それは、人民に本来的に備わっている力です。たとえば国民の自衛権というのは、憲法に書いてあるから存在する権利ではない。憲法に自衛権について何も書かれていなくても、自然の権利として、国民には自衛権がある。それと同じように、憲法制定権力は、主権者である人民(国民)に本来的に備わっているものです。政府が、緊急事態のときに憲法の制約から逃れて行動できるのは、憲法制定権力を有する人民が、自分たちの利益にかなったその政府の行動を許容するからです。こう考えると、緊急権というのは、憲法制定権力が、例外状況の中で、かたちをかえて再来したものだ、と解釈することができます。

だから、憲法制定権力を認めれば、緊急権も認められます。ただ、実は、日本人は、現在の日本国憲法の成立において、憲法制定権力を行使したという歴史的な実感や記憶がまったくない。憲法は、アメリカからもらった、という感覚をもっているからです。強いていえば、憲法制定権力は、＊5ＧＨＱが行使したわけです。しかし、そんな論理では、国民主権の憲法の正統性が危うくなります。少なくとも、論理の上では、国民（人民）に憲法制定権力があったということを前提にせざるをえません（ちなみに、戦前の天皇主権の憲法に対しては、憲法制定権力は天皇に帰属していた、という論理になります）。この前提に即するような事実があったと考えると、＊6八月革命説になります。八月革命は、憲法制定権力の論理の無理矢理ガッチ(い)させた仮構（フィクション）です。

今は、この点は深入りしません。左翼のために言っておきます。憲法制定権力と革命権とは同じものです。人民には革命の権利がある。とすれば、人民は憲法制定権力をもつ。憲法制定権力は、憲法が成立した後には、国家の緊急権というかたちでその姿を露出させることがある。だいたいこんな筋になります。

（中略）

さて、緊急権について以上に述べてきたことは、最も基本的なことです。とりたてて大澤のオリジナルではない。このあと、以上の基本的なコッカク(う)に、もう少しひねりを加えていきます。哲学的な繊細さを与え、微妙な変更を加えていきます。

手がかりになるのは、＊7ベンヤミンの「暴力批判論」という有名な論文です。ベンヤミンの書くものは謎めいています。この論文もそうです。この中で、ベンヤミンは、暴力を大きく二種類——下位分類も含めると三種類——に分けています。ひとつは神話的暴力。これは、それほど難解ではない。神話的暴力は、さらに、法を措定する暴力（法を作る暴力）と法を維持する暴力に分けられる。後者は、たとえば警察が行使する暴力です。前者は、先ほど述べた、憲法制定権力とほぼ同じです。ここまでは難しくはありません。ベンヤミンによると、神話的暴力のほかに、神的暴力というものがある。これが何を意味しているのか、難しいのです。

アガンベン[*8]のベンヤミン読解が手掛かりになります。アガンベンによると、ベンヤミンは、カール・シュミット[*9]への対抗として「暴力批判論」を書いている。シュミットは、ナチス[*10]のイデオローグ[*11]になったとして戦後批判されますが、しかし、その議論はたいへん魅力的でもある。ベンヤミンはシュミットの思想の持っている危険性と、しかし同時にそこに並々ならぬ真実もあることも知っている。ベンヤミンの念頭にあるのと、シュミットの『政治神学』における「主権者」の定義。ここで、主権者とは、例外状態に関して決定を下す者、とされる。例外状態と緊急事態はほぼ同じ意味ですから、この主権者の定義は、先ほど述べた話との関係では、緊急権を行使する者ということになります。ここで、緊急権は、憲法制定権力が変形したものだ、という先ほど述べたことを思い出してください。憲法制定権力は、ベンヤミンのコンテクスト[*12]では、法措定的暴力です。したがって整理すると、シュミットの主権者の定義は、法措定的暴力と結びついています。ベンヤミンは、この法措定的暴力とは異なるものとして、神的暴力を構想しているわけです。神的暴力というのは、革命する暴力です。先ほど、憲法制定権力と革命権は同じものだと言ってしまいましたが、そして、第一次近似としてはそれでかまわないのですが、ベンヤミンは、見まごうばかりに似ているこの二つには違いがある、ということを示そうとした、と解釈できます。

では、神的暴力とは何なのか。僕の解釈を述べます。それは、「民主主義」を出発点にして考えていくとわかりやすい。普通は、こんな構図で考えられています。民主主義があって、それに対し国家が緊急事態（例外状態）において独裁的な権力をもったりすると、民主主義への違反が生ずる、と。しかし、こうした見方は、民主主義というものに必然的に孕(はら)まれている――ヘーゲル[*13]的に言うと――「疎外」を見逃している。民主主義が孕む疎外というのは、代表制民主主義における、人民と代表者の間の乖離(かいり)に関係している。代表者は人民の意志や欲望を代表する、ということになっています。しかし、実際には、必ず、人民は、自分たちの意志や欲望は政治において「（十分に）代表されていない」という感覚をもつ。自分たちのものとして政治において表明されることが、自分たちの意志や欲望には思えない。こういうフラストレーションが、民主主義に孕まれる疎外ということです。それは、民主主義に必ず伴うコストのようなものです。

例外状態というのは、民主主義に内在しているこの「疎外」が極大化する状況です。通常状態においては、政治家が、法律に従って行動すれば、その政治家に代表されている人民の目からみると、自分たちの意志との関係で「あたらずといえども遠からず」的なことをやってくれている、と感じる。つまり、完全に透明に自分たちの意志が代表されているとは感じられませんが、そこそこ、望んでいることが政治の実践において反映されている、と感じることができる。しかし、例外状態においては、政治家が普通に合法的に行動すると、かえって人民の欲していることとの乖離が大きくなってしまう。ここで重要なことなのですが、例外状態や非常事態において、人民が、自分たちの代表者であるべき政治家の行動との間に感じるこの乖離の感覚というのは、民主主義というものが本来孕んでいるあの「疎外」が大きくなり、見えるようになったものだ、と考えるわけです。シュミットは、——普通は一般的なものがまずあってそこからの逸脱として二次的に例外を考えるわけですが——例外を通じてこそ一般的なものがわかる、という趣旨のことを述べているわけですが、この場合も、例外状態において顕在化している疎外は、民主主義一般に内在している疎外だと見なさなくてはなりません。

さて、神的暴力とは何かが問題でした。これを理解するには、神的暴力の反対物のほうを先に見ておいたほうがよい。反対物は何かというと、二十世紀の政治の言葉でいえば全体主義です。たいていの全体主義は民主主義から出てきます。全体主義は一見、民主主義の敵のように見えるのに、どうして民主主義から出てくるのか。全体主義は、いま言ったばかりの民主主義の内在的な限界との関係で出現するからです。全体主義的な指導者——あるいはいわゆる「党」(一党独裁の党)——は、民主主義に内在する疎外を原因として出てくるのです。つまり、人民と代表との間の乖離を無化する(かのように見える)ものこそ、全体主義的な指導者です。どういうことかと言うと、民主主義の下では、人民は、自分たちの欲望、自分たちの意志、自分たちの利害が

（十分に）代表されていないというフラストレーションをもっているわけですが、このとき、まさにそのフラストレーションを代表するものが現れる。それが、全体主義なるものを生み出すカリスマ的な「指導者」です。指導者が有能だから、人民のフラストレーションを代表できるわけではありません。逆です。民主主義的な疎外にもとづくフラストレーションがあるから、そこに指導者が出現するのです。すると指導者は、「（それまで）代表されていない」という人民の感覚を、あるいは自分たちは代表されてこなかったという感覚をもつ特定の階級や集団を、直接的に透明に代表する者として現れる。こうして全体主義になるわけです。

では全体主義によって、民主主義に内在する「疎外」が克服されるのか。そうではないのです。ここにまた強烈な逆説が働き、疎外は逆に拡大する。どうしてか。今述べたようなメカニズムで指導者は出てくるわけだから、指導者（や党）は、定義上、「人民」を完全に透明に代表する。つまり、指導者こそ「人民」を具現している、ということになる。このとき「人民」は、現実の人民、経験的な人々の集合としての〈人民〉ではなく、理念的な実体です。がともかく、指導者こそが「人民」として現れる。全体主義以前の民主主義においては、人民は、いくらでも、代表者・政治家を批判し、不満を言うことができました。「お前はわれわれ人民の意志を代表していない」と。しかし、全体主義的な指導者に対してはそれが不可能です。なぜなら、指導者に対しては、人民との乖離ということを指摘することが不可能だからです。指導者は、われこそは人民だ、というかたちで人民の前に姿を現わすのですから。こうして人民は抵抗のための根拠を失ってしまう。ほんとうは、指導者が具現しているのは、理念的な「人民」であって、経験的な〈人民〉ではない。しかし、〈人民〉と「人民」の間の相違は否認され、存在しないことになってしまう。〈人民〉は相変わらず疎外されているにもかかわらず、その疎外という事実そのものが否認されてしまうので、全体主義以前の民主主義の疎外よりももっと深刻な疎外がここには出現したことになります。全体主義は、だから、人民を支配する、というのではなく、むしろ人民の名において支配する。全体主義のもとでの粛清が苛烈を極めるのはそのためです。

（中略）

さて、ここまで話しておけば、やっと神的暴力とは何か、を説明することができます。まず、原点には、民主主義にはある過剰があります。全体主義の原因にもなりうる「過剰」が、です。ここで「過剰」と呼んでいるのは、先ほど、疎外と呼んだものの言い換えです。人民と代表の間の乖離、つまり人民（の欲すること）の代表に対する過剰です。この過剰は、全体主義（的な指導者）へと向かいうるわけですが、この過剰を、全体主義に向かうことを抑止する力、それとは反対の方向にもっていく力というものがありうるし、なければならない。それこそが、神的暴力なのです。〈人民〉の意志というのは何か固定したものとして存在しているわけではなく、解消できない不確定性をもつ。その不確定性は、「不断に更新される」という方法でしか満たされません。全体主義に至らないようにする、というのは、通常の民主主義的な政治のなかで満たされていない過剰性というものの不確定性そのものを代表する力が必要だ、ということです。その力が神的暴力です。神的暴力というのは、あらたな権力や法を措定するというより、つねに権力の場所を更新する能力なのです。民主主義の持っている内在的な(え)ケッカンは、全体主義へと向かうベクトルと、神的暴力へ向かうベクトルと、その両方を誘発する。両者は、同じところに原因をもっているのです。

ベンヤミンの議論にそって整理すると、次のようになります。神話的暴力、つまり法措定的暴力と法維持的暴力の二つは、民主主義の内部で、互いに互いを支え合うように(お)ジュンカンして機能している。それに対して、神的暴力は、民主主義の限界、民主主義がその内部に孕んでいる自己否定的な過剰性（疎外）と相関して機能している。民主主義の内部にある神話的暴力と民主主義の限界部で働く神的暴力。そんなふうに図式的に整理することができます。

緊急事態（例外状態）の権力ということに関しては、次のように言うことができます。緊急権には、実は二つの権力、つまり全体主義的な権力（法措定的な暴力）と神的暴力（革命する権力）とが混じり合っているのです。緊急権は、神的暴力としての側面を切り離さない限りにおいてのみ、正当なものと見なしうる。これが僕の考えです。

（大澤真幸「不可能なことだけが危機をこえる―連帯・人新世・倫理・神的暴力」による　※一部省略したところがある）

注　＊1　今回の緊急事態宣言＝新型コロナウイルス感染症の感染拡大防止のために、二〇二〇年四～五月に発出された第一回目の緊急事態宣言のこと。当時の首相は安倍晋三氏。　＊2　パンデミック＝感染症の全国的・世界的な大流行。　＊3　ハイパーインフレーション＝超高率の物価上昇。極端な貨幣価値の下落。　＊4　正統＝国民が政治の仕組みと政府の活動を承認、支持すること。　＊5　GHQ＝連合国軍最高司令官総司令部。一九四五年にアメリカ政府が設置した対日占領政策の実施機関。　＊6　八月革命説＝一九四五年八月のポツダム宣言受諾により、日本において革命が起こり主権が天皇から国民に移行し、日本国憲法は国民が制定したと考える学説。　＊7　ベンヤミン＝ドイツの哲学者、批評家、思想家。（一八九二～一九四〇）　＊8　アガンベン＝イタリアの哲学者。（一九四二～　）　＊9　カール・シュミット＝ドイツの思想家、法学者、政治学者、哲学者。（一八八八～一九八五）　＊10　ナチス＝一九二〇年にドイツ労働党を改称して成立した、ヒトラー（一八八九～一九四五）を党首としてドイツに擡頭（たいとう）した政党。　＊11　イデオローグ＝あるイデオロギーの創始者・代表者。また、歴史的、階級的立場を代表する理論的指導者・唱導者。　＊12　コンテクスト＝文脈、脈絡、状況。　＊13　ヘーゲル＝ドイツの哲学者。（一七七〇～一八三一）

問1　筆者は、緊急権についてどのように述べているか。最も適当なものを選択肢から一つ選び、その記号をマークせよ。

a　憲法によって政府は国民の人権を守るようにと国民から命令されているので、国民の人権を守るために発動される緊急権は憲法違反とは言えない、と述べている。

b　憲法によって政府は国民の人権を守るようにと国民から命令されているので、緊急事態のもとでは、政府は憲法を改正して緊急権を行使する必要がある、と述べている。

c　緊急事態のもとで発動される緊急権は明らかな憲法違反であるが、それ用の法律に基づいて発動されるのであれば憲法違反にはならない、と述べている。

d　緊急事態のもとで発動される緊急権は明らかな憲法違反であるが、一方で多くの国民の人権を守るために、一部の人の人権を部分的に制限する緊急権の発動が必要な場合がある、と述べている。

e　緊急権というものは、私権を制限する等、基本的な人権の制限や否定を含むものであるが、緊急事態のもとで発動されるのであれば憲法違反とは言えず、政府はこれを積極的に行使しなくてはならない、と述べている。

問2　筆者は、緊急権と憲法制定権力の関係についてどのように述べているか。最も適当なものを選択肢から一つ選び、その記号をマークせよ。

a　緊急権は憲法違反であるが認められる場合があり、それは政府に憲法制定権力が備わっているからで、政府が緊急事態のときに緊急権を発動できるのは、憲法制定権力を有する政府が、国民の利益にかなうように憲法を改正することができるからである、と述べている。

b　緊急権は必ずしも憲法違反であるとは言えず、それは主権者である国民に本来的に憲法制定権力が備わっているからで、政府が緊急事態のときに緊急権を発動できるのは、国民がそのための法整備を行うことを許容するからである、と述べている。

c　緊急権は憲法違反であるが認められる場合があり、それは主権者である国民に本来的に憲法制定権力が備わっているからで、政府が緊急事態のときに緊急権を発動できるのは、国民が自分たちの利益にかなった政府の行動を許容するからである、と述べている。

d　緊急権は必ずしも憲法違反であるとは言えず、それは政府に憲法制定権力が備わっているからで、政府が緊急事態のときに緊急権を発動できるのは、憲法制定権力を有する政府が、自分たちの利益にかなった法整備を行うことができるからである、と述べている。

e 緊急権は憲法違反であるが認められる場合があり、それは主権者である国民に本来的に憲法制定権力が備わっているからで、政府が緊急事態のときに緊急権を発動できるのは、憲法制定権力を有する国民が、政府による憲法改正を許容するからである、と述べている。

問3 ベンヤミンの神話的暴力と神的暴力について述べたものとして、最も適当なものを選択肢から一つ選び、その記号をマークせよ。

a 神話的暴力は法を措定する暴力と法を維持する暴力の二種類に分けられ、前者は例えば警察が行使する暴力を、後者は憲法制定権力を指すのに対し、神的暴力は革命する暴力であり、神話的暴力とは区別される。

b 神話的暴力は法を措定する暴力と法を維持する暴力の二種類に分けられ、前者は憲法制定権力を、後者は例えば警察が行使する暴力を指すのに対し、神的暴力は革命する暴力であり、神話的暴力とは区別される。

c 神話的暴力は法を措定する暴力と法を維持する暴力の二種類に分けられ、前者は憲法制定権力を、後者は例えば警察が行使する暴力を指すのに対し、神的暴力は革命する暴力であり、憲法制定権力と同じものである。

d 神話的暴力は革命する暴力と法を維持する暴力の二種類に分けられ、前者は憲法制定権力を、後者は例えば警察が行使する暴力を指すのに対し、神的暴力は法を廃止する暴力であり、憲法制定権力と同じものである。

e 神話的暴力は革命する暴力と法を維持する暴力の二種類に分けられ、前者は憲法制定権力を、後者は例えば警察が行使する暴力を指すのに対し、神的暴力は法を廃止する暴力であり、神話的暴力とは区別される。

問4　例外状態と民主主義における人民のあり方について説明したものとして、最も適当なものを選択肢から一つ選び、その記号をマークせよ。

a　代表制民主主義では、代表者は人民の意志や欲望を代表しているはずだが、実際には人民は十分にそれが代表されていないというフラストレーションを感じており、こうした民主主義に内在している「疎外」が極大化する例外状態においては、国家が独裁的な権力を行使しても、人民は民主主義への違反が生じるとは見なさない。

b　代表制民主主義では、代表者は人民の意志や欲望を代表しており、人民の大多数は望んでいることが政治の実践において反映されていると感じているが、一部の人民が感じているフラストレーションが極大化する例外状態においては、フラストレーションを感じている人が「疎外」され、人民同士の間に乖離の感覚が生じる。

c　代表制民主主義では、代表者は人民の意志や欲望を代表しているはずだが、人民の意志や欲望は多様であるため、すべての人民の意志や欲望が政治家によって代表されるわけではなく、一部の人民には自分の意志や欲望が十分に代表されていないと感じる例外状態が生じる。

d　代表制民主主義では、代表者は人民の意志や欲望を代表しており、政治家が法律に従って行動すれば、人民は自分たちの望んでいることが政治の実践において反映されていると感じられるが、政治家の独裁的な権力が極大化する例外状態においては、人民は自分たちの代表者であるべき政治家の行動との間に乖離の感覚を感じるようになる。

e　代表制民主主義では、代表者は人民の意志や欲望を代表しているはずだが、人民は完全に透明に自分たちの意志が代表されているとは感じておらず、そうした民主主義に内在している「疎外」が極大化する例外状態においては、人民が自分たちの代表者であるべき政治家の行動との間に感じる乖離の感覚が顕在化する。

問5　全体主義が生み出されるプロセスについて説明したものとして、最も適当なものを選択肢から一つ選び、その記号をマークせよ。

a　全体主義は、人民と代表との間の乖離を無化する(かのように見える)カリスマ的な指導者が、民主主義の内在的な限界を解消するために、一党独裁の党を成立させることによって生み出される。

b　全体主義は、人民と代表との間の乖離を無化する(かのように見える)有能な指導者が、民主主義のもとでは自分たちの欲望、意志、利害が代表されてこなかったというフラストレーションをもつ人民の支持を受けた結果生み出される。

c　全体主義は、民主主義のもとでは自分たちの欲望、意志、利害が代表されてこなかったという人民のフラストレーションがあり、そこにカリスマ的な指導者が現れるというように、民主主義に内在する疎外を原因として生み出される。

d　全体主義は、民主主義のもとでは自分たちの欲望、意志、利害が代表されてこなかったというフラストレーションをもつ特定の階級や集団を、直接的に代表する指導者が現れ、民主主義に内在する疎外を克服することによって生み出される。

e　全体主義は、民主主義のもとでは自分たちの欲望、意志、利害が代表されてこなかったというフラストレーションをもつ特定の階級や集団から、民主主義を否定する指導者が出現することによって生み出される。

問6　全体主義の指導者について説明したものとして、最も適当なものを選択肢から一つ選び、その記号をマークせよ。

a　全体主義の指導者は、人民を完全に透明に代表する存在として現れるので、人民は指導者に対して人民との乖離を指摘することはできず、人民は抵抗の根拠を失い、民主主義に内在する疎外は解消することになる。

b　全体主義の指導者は、人民を完全に透明に代表する存在として現れるので、人民は指導者に対して人民との乖離を指摘することはできず、人民は抵抗の根拠を失い、民主主義に内在する疎外よりも深刻な疎外が出現することになる。

c　全体主義の指導者は、経験的な人民を具現し、かつ理念的な人民の代表者でもあるので、経験的な人民と理念的な人民の間の相違は否認され、存在しないことになる。

d　全体主義の指導者は、理念的な人民を具現し、かつ経験的な人民の代表者でもあるので、民主主義に内在する疎外よりも深刻な疎外が出現することになる。

e　全体主義の指導者は、経験的な人民ではなく、理念的な人民を具現する存在なので、経験的な人民は民主主義に内在する疎外から解放され、疎外という事実そのものが否認されることになる。

問7　筆者は、神的暴力とは何かについてどのように述べているか。最も適当なものを選択肢から一つ選び、その記号をマークせよ。

a　神的暴力とは、人民と代表の間の乖離、つまり人民（の欲すること）の代表に対する過剰が、全体主義に向かうことを抑止し、それとは反対の方向にもっていく力のことで、つねに権力の場所を更新する能力であり、民主主義がその内部に孕んでいる自己否定的な過剰性（疎外）と相関して機能している、と述べている。

b　神的暴力とは、人民と代表の間の乖離、つまり人民（の欲すること）の代表に対する過剰が、全体主義に向かうことを抑止し、それとは反対の方向にもっていく力のことで、つねに権力の場所を更新する能力であり、これによって民主主義のもっている内在的なケッカンを解消することができる、と述べている。

c　神的暴力とは、人民と代表の間の乖離、つまり人民（の欲すること）の代表に対する過剰が、全体主義に向かうことを抑止し、それとは反対の方向にもっていく力のことで、あらたな権力や法を措定する能力であり、民主主義がその内部に孕んでいる自己否定的な過剰性（疎外）と相関して機能している、と述べている。

d　神的暴力とは、民主主義的な政治の中で満たされていない人民(の欲すること)の過剰性や不確定性そのものを代表し、その過剰が全体主義に向かうことを抑止し、それとは反対の方向にもっていく力のことで、民主主義の内部で、互いに互いを支え合うようにジュンカンして機能している、と述べている。

e　神的暴力とは、民主主義的な政治の中で満たされていない人民(の欲すること)の過剰性や不確定性そのものを代表し、その過剰が全体主義に向かうことを抑止し、それとは反対の方向にもっていく力のことで、民主主義のもっている内在的なケッカンを解消する力である、と述べている。

問8　二重傍線部ⓐⓘⓤⓔⓞのカタカナと同じ漢字を用いる語を選択肢から一つ選び、その記号をマークせよ。

ⓐ　ホウキ

a　選手たちはスタンドからの大声援にフンキした。
b　平和をキキュウする。
c　人を信用できずギシンアンキになる。
d　不運が重なりジボウジキになる。
e　キバツなデザインの服を着る。

ⓘ　ガッチ

a　国会に参考人をショウチする。
b　国をトウチするシステムを整える。
c　不測の事態を適切にショチする。
d　会社の経営がキュウチに追い込まれる。
e　補助金がチタイなく交付される。

㋒　コッカク

a　隣の人とカンカクを空けて座る。
b　顔のリンカクを描く。
c　若手社員が会社のチュウカクを担う。
d　陰であれこれカクサクする。
e　倉庫に大量の資材をカクノウする。

㋓　ケッカン

a　ミカンの小説を残した作家。
b　トンネルがカンツウする。
c　困難な事業にカカンに挑む。
d　道路がカンボツする。
e　消化器系のシッカン。

㋔　ジュンカン

a　消火活動中にジュンショクした消防士。
b　論理のムジュンを指摘する。
c　インジュン姑息（こそく）な態度を取り続ける。
d　武器を捨ててキジュンする。
e　通商条約をヒジュンする。

二　次の文章は、『平中物語』の一部である。これを読んで、後の問いに答えよ。

また、この男、志賀[*1]へとてまうづるに、逢坂の走井[*2]に、女どもあまた乗れる車を、牛おろして立てたりければ、この男、馬からおりて、とばかり立てりけるに、車、人来ぬと見て、牛かけさせていきけり。この男、車の供(とも)なる人に、「いづちおはします人ぞ」と問ひければ、「志賀へ」と答へければ、女車(をんなぐるま)よりすこしたち遅れていきければ、かの逢坂の関越えて、待つ。来けるあひだに、車よりかかることぞいひたる。

逢坂の名に頼まれぬ関川のながれて音に聞くひとを見て

かかりければ、あやしと見て、さすがに来て、男、返し、

名に頼むわれも通はむ逢坂を越ゆれば君にあふみなりけり

といひて、この女、「いづちぞ」といひければ、男、「志賀へなむまうづる」といひければ、やがて、「さは、もろともに。ここにもさなむ」とて、いきける。「さりとて、うれしきこと」とて、もろともにまうでて、寺にまうで着きても、男の局(つぼね)、女の局近くなむしたりける。かくて、物語などあまた、をかしきやうにかたみにいひければ、をかしと思ふ。この男、まうでたる所より、寺[*3]ぞふたがりける。明くるまで、えあるまじかりければ、たがふべきところにゆきけり。「命をしきことも、ただ行先(ゆくさき)のためなり」といひて、いきければ、女どもも、なほあるよりはものさうざうしくて、「さらば、いかがはせむ。京にてだにとぶらへ」とて、内裏(うち)わたりに宮仕へしける人々なれば、曹司[*4]も、使ひける人々の名なども問ひけり。この男、うちつけながらも、立つことをしかりければ、かうぞ。

立ちてゆくゆくへも知らずかくのみぞ道の空にてまどふべらなる

女、返し、

かくのみしゆくへまどはばわが魂(たま)をたぐへやせまし道のしるべに

また、返しせむとするほどに、男女の供なる者ども、「夜明けぬべし」といひければ、立ちとどまらで、この男、浜辺の方に、人の家に入りにけり。

さて、朝(あした)に、車にあはむとて、網引かせなどしけるに、知れる人、逍遙[*5]せむとて、よびければ、そちぞこの男はいにける。そのほどに、この女は帰り来て、内裏にまゐりて、友だちどもに、志賀にまうでてありつるやうなどいひける、それを、この男とものなどいひて知れるが、そのなかにありける、「さて、この男はたれとかいひつる」といひければ、名をいひければ、このあしと思ひける女、「あれはさこそあれ。それがうきこと」とて、よになくあさましきことを、作りいだしつつ、いひ散らしければ、「あな、いとほし。知らで過ぎぬべかりけり。さらば、いと心うきものにこそありけれ。もし、人来とも、その文取り入るな」など、使ふ人に、みな教へてけり。

それをば知らで、この男、帰り来て、教へに従ひて、人をやりたれば、「いまだ里になむ。志賀へとてまかでたまひにしままに、まゐりたまはず」とて、文も取らずなりにければ、使帰りて、「さなむいひつる」といひければ、案内を知らで、しきりつつ、二三日やりけれど、つひに取り入れずなりにければ、かの志賀に率(ゐ)てまゐりける友だちめきたるが、もののゆゑ知りたるを、この男、よびにやりて、ことのあるやう、ありしことなど、もろともに見ける人なれば、「げに、あやし。人やいひそこなひたらむ」などぞ、いひける。

(『平中物語』による)

注　＊1　志賀(しが)＝志賀寺(崇福寺)のこと。滋賀県大津市滋賀里(しがさと)の山中にあった。　＊2　逢坂(あふさか)の走井(はしりゐ)＝「逢坂」は滋賀県大津市逢坂。京都府(山城国)と滋賀県(近江国)との境界で逢坂の関があった。「走井」は水が勢いよく湧く泉。ここの「走井」は「関の清水」とも呼ばれ、旅人の休憩所となっていた。　＊3　寺ぞふたがりける＝志賀寺が男にとって方違(かたたが)えの禁忌の方角に当たっていた。そのため、男は夜が明けるまでに志賀寺から別の場所に行く必要があった。　＊4　曹司(ざうし)＝宮中において女房に与えられる部屋。　＊5　逍遙(せうえう)＝散策。

問1　「逢坂の走井」でどのようなことが起きたか。最も適当なものを選択肢から一つ選び、その記号をマークせよ。

a　大勢の女が乗っている牛車が止まっていたので、この男は馬から降りてしばらくのあいだ立っていたところ、車は、人がやってきたと思って、牛の準備をして動き出した。

b　少人数の女が乗っている牛車が止まっていたので、この男は馬から降りてしばらくのあいだ立っていたところ、車は、待ち人がこないようで、牛の準備をして動き出した。

c　少人数の女が乗っている牛車が止まっていたので、この男は馬から降りようとして立ち上がったところ、車は、人がやってきたと思って、牛の準備をして動き出した。

d　大勢の女が乗っている牛車が止まっていたので、この男は馬から降りてしばらくのあいだ立っていたところ、車は、待ち人がこないようで、牛の準備をして動き出した。

e　大勢の女が乗っている牛車が止まっていたので、この男は馬から降りようとして立ち上がったところ、車は、人がやってきたと思って、牛の準備をして動き出した。

問2　牛車が動き出した後、どのようなことが起きたか。最も適当なものを選択肢から一つ選び、その記号をマークせよ。

a　この男は自分の車の供のものに、「どちらへお出かけの方ですか」と尋ねさせると、「志賀寺へ」と答えたので、女車に少し遅れ気味について行き、男はあの「逢坂の関」で追い越して女車が来るのを待っていた。男が近づいて行くと、女車から歌が贈られてきた。

b　この男は自分の車の供のものに、「どちらへお出かけの方ですか」と尋ねさせると、「志賀寺へ」と答えたので、女車に少し遅れ気味について行くと、あの「逢坂の関」を越えたあたりで女車は待っていた。男が近づいて行くと、女車から歌が贈られてきた。

c　この男は自分の車の供のものに、「どちらへお出かけの方ですか」と尋ねさせると、「志賀寺へ」と答えたので、女車に少し遅れてついて行き、男はあの「逢坂の関」で追い越して女車が来るのを待っていた。すると、女車が近づいてきて、歌が贈られてきた。

d　この男は女車の供のものに、「どちらへお出かけの方ですか」と尋ねると、「志賀寺へ」と答えたので、女車に少し遅れてついて行き、男はあの「逢坂の関」で追い越して女車が来るのを待っていた。すると、女車が近づいてきて、歌が贈られてきた。

e　この男は女車の供のものに、「どちらへお出かけの方ですか」と尋ねると、「志賀寺へ」と答えたので、女車に少し遅れ気味について行くと、あの「逢坂の関」を越えたあたりで女車は待っていた。男が近づいて行くと、女車から歌が贈られてきた。

問3　女車からの歌に男はどのように反応したか。最も適当なものを選択肢から一つ選び、その記号をマークせよ。

a　どうして歌を贈ってくるのだろうと気味が悪いものの、なるほど趣き深い歌であると感心して、女車に近づいて、「恋人に「逢ふ」逢坂という地名を頼みにしている私もそこを通って行きましょう。逢坂の関を越えれば、そこは「近江」の国となり、私はあなたに「逢ふ身」となるのです」という歌を返した。

b　どうして自分のことを知っているのだろうといぶかしく思うものの、そうはいっても悪い気もしないので、女車に近づいて、「恋人に「逢ふ」逢坂という地名を頼みにしている私もそこを通って行きましょう。逢坂の関を越えれば、そこは「近江」の国となり、私はあなたに「逢ふ身」となるのです」という歌を返した。

c　どうして自分のことを知っているのだろうといぶかしく思うものの、そうはいっても悪い気もしないので、女車に近づいて、「逢坂という地名のように世に知られた私もそこを通って行きましょう。逢坂の関を越えれば、そこは「近江」の国となり、私はあなたに「逢ふ身」となるのです」という歌を返した。

d　どうして自分のことを知っているのだろうといぶかしく思うものの、なるほど趣き深い歌であると感心して、女車に近づいて、「恋人に「逢ふ」逢坂という地名を頼みにしている私もそこを通って行きましょう。逢坂の関を越えれば、そこは「近江」の国となり、私はあなたに「逢ふ身」となるのです」という歌を返した。

e　どうして歌を贈ってくるのだろうと気味が悪いものの、そうはいっても悪い気もしないので、女車に近づいて、「逢坂という地名のように世に知られた私もそこを通って行きましょう。逢坂の関を越えれば、そこは「近江」の国となり、私はあなたに「逢ふ身」となるのです」という歌を返した。

問４　最初の歌の贈答の後、この男と女はどうなったか。最も適当なものを選択肢から一つ選び、その記号をマークせよ。

a　女が「どちらへ」というので、男は「志賀寺に参るのですよ」というと、すぐに「では、一緒に参りましょう。私たちもそうなのです」といって、ともに行った。男も「そういうことだと、嬉しいことです」といって一緒に行って、寺に到着しても男の部屋を女の部屋の近くにした。そして、世間話をあれこれ、互いにおもしろく語り合って、男は風情があると思っていた。

b　女が「どちらへ」というので、男は「志賀寺に参るのですよ」というと、すぐに「では、一緒に参りましょう。ここにいてもしかたありませんから」といって、ともに行った。男も「去りがたいことですし、嬉しいことです」といって一緒に行って、寺に到着しても男の部屋を女の部屋の近くにした。そして、物語をあれこれ、一方的におもしろく語り、風情があると思っていた。

c　女が「どちらへ」というので、男は「志賀寺に参るのですよ」というと、しばらくしてから「では、一緒に参りましょう。私たちもそうなのです」といって、ともに行った。男も「そういうことだと、嬉しいことです」といって一緒に行って、寺に到着しても男の部屋を女の部屋の近くにした。そして、世間話をあれこれ、互いにおもしろく語り合って、男は風情があると思っていた。

d　女が「どちらへ」というので、男は「志賀寺に参るのですよ」というと、しばらくしてから「では、一緒に参りましょう。ここにいてもしかたありませんから」といって、ともに行った。男も「去りがたいことですし、嬉しいことです」といって一緒に行って、寺に到着しても男の部屋を女の部屋の近くにした。そして、物語をあれこれ、一方的におもしろく語り、風情があると思っていた。

e　女が「どちらへ」というので、男は「志賀寺に参るのですよ」というと、すぐに「では、一緒に参りましょう。私たちもそうなのです」といって、ともに行った。男も「去りがたいことですし、嬉しいことです」といって一緒に行って、寺に到着しても男の部屋を女の部屋の近くにした。そして、世間話をあれこれ、互いにおもしろく語り合って、男は風情があると思っていた。

問5　男が方違えの所に出かけるとき、女たちとどのような会話があったか。最も適当なものを選択肢から一つ選び、その記号をマークせよ。

a　「命を惜しんで方違えをするのも、これから行くところが不吉なためなのです」というと、女たちも、男がいることに比べて、いないことを思うとものさびしくて、「それならばいったいどうすればよいのでしょう。せめて京に帰ってからお尋ねください」といった。

b　「命を惜しんで方違えをするのも、これから行くところが不吉なためなのです」というと、女たちも、男がいなくなってしまうことをあれこれ騒ぎ立てて、「それならばいったいどうすればよいのでしょう。京に帰ったらすぐにお尋ねくださ い」といった。

c　「命を惜しんで方違えをするのも、これから先あなた方とお付き合いしたいためなのです」というと、女たちも、はじめから自分たちだけでいたときよりものさびしくて、「それならばしかたありません。せめて京に帰ってからお尋ねくださ い」といった。

d　「命を惜しんで方違えをするのも、これから先あなた方とお付き合いしたいためなのです」というと、女たちも、男がいなくなってしまうことをあれこれいい合って、「それならばしかたありません。せめて京に帰ったらすぐにお尋ねくださ い」といった。

e　「命を惜しんで方違えをするのも、これから行くところが不吉なためなのです」というと、女たちも、男がいなくなってしまうことをものさびしく思って、「それならばいったいどうすればよいのでしょう。京に帰ったらすぐにお尋ねくださ い」といった。

問6　二組目の歌の贈答の説明として、最も適当なものを選択肢から一つ選び、その記号をマークせよ。

a　男は、失礼だと思ってはいるものの、出発の準備を整えたうえで、「出かけて行く行く先もわかりません。こんなふうに心も上の空なので、道の途中で迷ってしまいそうです」という歌を贈ったのに対し、女は「そんなふうに行く先もわからずに迷うのでしたら、私の魂を道案内に添えてさしあげますのに」と答えた。

b 男は、突然の思い付きではあるようだが、出発の準備を整えたうえで、「出かけて行く行く先もわかりません。こんなふうに心も上の空なので、道の途中で迷ってしまいそうです」という歌を贈ったのに対し、女は「そんなふうに行く先もわからずに迷うのでしたら、私の魂を道案内に添えてさしあげますのに」と答えた。

c 男は、突然の思い付きではあるようだが、出発することも残念なので、「出かけて行く行く先もわかりません。こんなふうに心も上の空なので、道の途中で迷ったらどうすればよいでしょう」という歌を贈ったのに対し、女は「そんなふうに行く先もわからずに迷うのでしたら、私の魂を道案内として頼りになさったらよろしいのに」と答えた。

d 男は、突然の思い付きではあるようだが、出発することも残念なので、「出かけて行く行く先もわかりません。こんなふうに心も上の空なので、道の途中で迷ってしまいそうです」という歌を贈ったのに対し、女は「そんなふうに行く先もわからずに迷うのでしたら、私の魂を道案内に添えてさしあげますのに」と答えた。

e 男は、失礼だと思ってはいるものの、出発の準備を整えたうえで、「出かけて行く行く先もわかりません。こんなふうに心も上の空なので、道の途中で迷ったらどうすればよいでしょう」という歌を贈ったのに対し、女は「そんなふうに行く先もわからずに迷うのでしたら、私の魂を道案内として頼りになさったらよろしいのに」と答えた。

問7 夜が明けた後、男はどうしたか。最も適当なものを選択肢から一つ選び、その記号をマークせよ。

a 女たちを乗せた車に出会いたいと、琵琶湖(びわこ)のほとりで魚を捕るための網を引かせるなどして待っていたところ、女の知人がそのあたりを散策しましょうとよびにきたので、そちらの方に行ってしまった。

b 女たちを乗せた車に出会いたいと、琵琶湖のほとりで魚を捕るための網をお引きになるなどして待っていたところ、知人がそのあたりを散策しましょうとよびにきたので、そちらの方に行ってしまった。

c　志賀寺へ向かう車がくるまで、琵琶湖のほとりで魚を捕るための網をお引きになるなどして待っていたところ、女の知人がそのあたりを散策しましょうとよびにきたので、そちらの方に行ってしまった。

d　志賀寺へ向かう車がくるまで、琵琶湖のほとりで魚を捕るための網を引かせるなどして待っていたところ、女の知人がそのあたりを散策しましょうとよびにきたので、そちらの方に行ってしまった。

e　女たちを乗せた車に出会いたいと、琵琶湖のほとりで魚を捕るための網を引かせるなどして待っていたところ、知人がそのあたりを散策しましょうとよびにきたので、そちらの方に行ってしまった。

問8　京に帰った女たちはどうしたか。最も適当なものを選択肢から一つ選び、その記号をマークせよ。

a　宮中に帰参して、同僚の女房たちに、志賀寺に参詣したときにあったことを話したところ、この男ともやりとりがあってなじみだった女がその中にいて、「ところで、この男は名前を何といいましたか」というので名前をいうと、男を悪くは思っていなかった女は、「あの人はいつもそうなのですよ。そこにひかれるのです」といって、またとない驚くようなことを作り上げてあれこれいった。

b　宮中に帰参して、同僚の女房たちに、志賀寺に参詣したときに方違えしたことを話したところ、この男ともやりとりがあってなじみだった女がその中にいて、「ところで、この男は名前を何といいましたか」というので名前をいうと、男をよからず思っていた女は、「あの人はいつもそうなのですよ。だから私はつらい思いをしていたのです」といって、またとない嘆かわしいことを作り上げていいふらした。

c　宮中に帰参して、同僚の女房たちに、志賀寺に参詣したときに方違えしたことを話したところ、この男ともやりとりがあってなじみだった女がその中にいて、「ところで、この男は名前を何といいましたか」というので名前をいうと、男を悪くは思っていなかった女は、「あの人はいつもそうなのですよ。そこにひかれるのです」といって、またとない驚くようなことを作り上げてあれこれいった。

d　宮中に帰参して、同僚の女房たちに、志賀寺に参詣したときにあったことを話したところ、この男ともやりとりがあってなじみだった女がその中にいて、「ところで、この男は名前を何といいましたか」というので名前をいうと、男をよからず思っていた女は、「あの人はいつもそうなのですよ。だから私はつらい思いをしていたのです」といって、またとない驚くようなことを作り上げていいふらした。

e　宮中に帰参して、同僚の女房たちに、志賀寺に参詣したときにあったことを話したところ、この男ともやりとりがあってなじみだった女がその中にいて、「ところで、この男は名前を何といいましたか」というので名前をいうと、男をよからず思っていた女は、「あの人はいつもそうなのですよ。それが嫌なのです」といって、またとない嘆かわしいことを作り上げていいふらした。

問9　男となじみだった女の話を聞いて、志賀寺に行った女はどうしたか。最も適当なものを選択肢から一つ選び、その記号をマークせよ。

a　「ああ、それは大変なことでした。そんな人だと知らずに過ごしてしまうところでした。それにしても、とても辛いことです。もしも男の使いの者がきたとしても、その手紙をわたしに取り次がないように」と、召使いに男のあれこれ全てを教えてしまった。

b　「ああ、それはお気の毒でした。そんな人だと知らずに過ごしてしまうところでした。それでは、とても不愉快な男だったのですね。もしも男の使いの者がきたとしても、その手紙をわたしに取り次がないように」と、召使いにあれこれと指図しておいた。

c　「ああ、それでもまたお逢いしたいです。そんな人だと知らずに過ごしていたいのです。そんなうわさが立つとは、とても辛いことです。もしも男の使いの者がきたら、その手紙をお前の手許(てもと)に置かずにわたしに渡しなさい」と、召使いにあれこれと指図しておいた。

d　「ああ、それでもいとしく感じます。そんな人だと知らずに過ごしていたいのです。そんなうわさが立つような、とても不愉快な男だとは思えません。もしも男の使いの者がきたら、その手紙をお前の手許に置かずにわたしに渡しなさい」と、召使いにあれこれと指図しておいた。

e　「ああ、困ってしまいました。そんな人だと知らずに過ごしてしまうところでした。それでは、とても不愉快な男だったのですね。もしも男の使いの者がきたとしても、その手紙をわたしに取り次がないように」と、召使いに男のあれこれ全てを教えてしまった。

問10　京に帰ってきた男はどうしたか。最も適当なものを選択肢から一つ選び、その記号をマークせよ。

a　女のもとに、使いの者を遣わしたところ「まだ里に下がったままです。志賀寺に参詣されるといってお出かけになられたまま、参内されておりません」といって手紙も受け取ってもらえなかった。使いが帰ってきて、「かくかくしかじかといいました」と報告するので、事情を知らずに重ねて二日三日と手紙を送るけれども、結局受け取ってもらえなかった。

b　女のもとに、使いの者を遣わしたところ「まだ里に下がったままです。志賀寺に参詣されるといってお出かけになられたまま、帰宅されておりません」といって手紙も受け取ってもらえなかった。使いが帰ってきて、「かくかくしかじかといいました」と報告するので、作法を知らずに二日三日おいて手紙を送るけれども、結局受け取ってもらえなかった。

c　女のもとに、使いの者を遣わしたところ「まだ里に下がったままです。志賀寺に参詣されるといってお出かけになられたまま、帰宅されておりません」といって手紙も受け取ってもらえなかった。使いが帰ってきて、「かくかくしかじかといいました」と報告するので、事情を知らずに重ねて二日三日と手紙を送るけれども、結局受け取ってもらえなかった。

d　女のもとに、使いの者を遣わしたところ「まだ里に下がったままです。志賀寺に参詣されるといってお出かけになられたまま、帰宅されておりません」といって手紙も受け取ってもらえなかった。使いが帰ってきて、「かくかくしかじかといいました」と報告するので、事情を知らずに二日三日おいて手紙を送るけれども、結局受け取ってもらえなかった。

e　女のもとに、使いの者を遣わしたところ「まだ里に下がったままです。志賀寺に参詣されるといってお出かけになられたまま、参内されておりません」といって手紙も受け取ってもらえなかった。使いが帰ってきて、「かくかくしかじかといいました」と報告するので、作法を知らずに重ねて二日三日と手紙を送るけれども、結局受け取ってもらえなかった。

二月五日実施分

解答

一

出典　大澤真幸「不可能なことだけが危機をこえる――連帯・人新世・倫理・神的暴力」（『思想としての〈新型コロナウイルス禍〉』）（河出書房新社）

解答

問１　d

問２　c

問３　b

問４　e

問５　c

問６　b

問７　a

問８　㋐―d　㋑―a　㋒―e　㋓―d　㋔―c

◆要　旨◆

新型コロナウイルス感染症の感染拡大防止のために発出された緊急事態宣言は、憲法違反である。しかし、公共の利益を守るため、人権の部分的な制限をしなくてはならないときには、たとえ憲法違反であっても緊急権は必要となり、憲法制定権力を有する人民が、自分たちの利益にかなった政府の行動を許容するので、緊急権は正統化される。ベンヤミンは、民主主義内部の法措定的暴力と法維持的暴力を神話的暴力とし、民主主義の限界部で働き全体主義に向かうことを抑止する力を神的暴力として分類した。それを踏まえると、緊急権には法措定的な暴力と神的暴力とが混じり合っており、その神的暴力としての側面を切り離さない限りにおいてのみ、緊急権は正当なものといえる。

◀解　説▶

問1　設問の「緊急権」を手がかりとして本文中をみると、まず、第一段落に「緊急事態のもとでの国家権力——緊急権——というものは、はっきり言えば、憲法違反です」とあり、第二・三段落でも憲法違反であることが繰り返し述べられていることから、憲法違反にならないとするa・c・eは消え、b・dが残る。次に、第三段落に「しかし——ここが大事なことです——、憲法違反だから緊急権は一般によくない、ということにはならない……憲法違反でもある緊急権が必要となるときがある……一部の人に、人権の部分的な制限を甘受させなくてはならない、という状況」とあることから、dが正解。

問2　まず、問1でみたように緊急権は憲法違反なので、b・dは消える。次に、設問の「緊急権と憲法制定権力の関係」を手がかりとして本文中をみると、第五段落に「緊急権の正統性の源泉を元まで遡ると、そこに見いだされるのは憲法制定権力です」とあり、さらに同段落に「憲法制定権力は、主権者である人民（国民）に本来的に備わっているものです。政府が、緊急事態のときに憲法の制約から逃れて行動できるのは、憲法制定権力を有する人民が、自分たちの利益にかなったその政府の行動を許容するからです」とあることから、cが正解。

問3　設問の「神話的暴力」を手がかりとして本文中をみると、第九段落に「神話的暴力は、さらに、法を措定する暴力（法を作る暴力）と法を維持する暴力に分けられる。後者は、たとえば警察が行使する暴力です。前者は、先ほど述べた憲法制定権力とほぼ同じです」とあることから、b・cが残る。次に、設問の「神的暴力」を手がかりとして本文中をみると、第十段落に「神的暴力というのは、革命する暴力です。先ほど、憲法制定権力と革命権は同じものだと言ってしまいましたが……ベンヤミンは、見まごうばかりに似ているこの二つには違いがある」とあることから、bが正解。

問4　設問の「例外状態と民主主義における人民のあり方」を手がかりとして本文中をみると、第十二段落に「例外状態というのは、民主主義に内在しているこの『疎外』が極大化する状況です。通常状態においては……しかし、例外状態においては、政治家が普通に合法的に行動すると、かえって人民の欲していることとの乖離が大きくなってしまう。ここで重要なことなのですが、……この乖離の感覚というのは、民主主義というものが本来孕んでいるあの『疎外』が大きくなり、見えるようになったものだ、と考えるわけです」とあることから、ｅが正解。

問５　設問の「全体主義が生み出されるプロセス」を手がかりとして本文中をみると、第十三段落に「たいていの全体主義は民主主義から出てきます。……全体主義は、いま言ったばかりの民主主義の内在的な限界との関係で出現する……全体主義的な指導者……は、民主主義に内在する疎外を原因として出てくる……民主主義の下では、人民は、自分たちの欲望、自分たちの意志、自分たちの利害が（十分に）代表されていないというフラストレーションをもっている……逆です。民主主義的な疎外にもとづくフラストレーションがあるから、そこに指導者が出現するのです」とあることから、ｃが正解。

問６　設問の「全体主義の指導者」を手がかりとして本文中をみると、第十四段落に「今述べたようなメカニズムで指導者は出てくるわけだから、指導者（や党）は、定義上、『人民』を完全に透明に代表する。……指導者に対しては、人民との乖離ということを指摘することが不可能……こうして人民は抵抗のための根拠を失ってしまう。……全体主義以前の民主主義の疎外よりももっと深刻な疎外がここには出現した」とあることから、ｂ・ｄが残る。そして、同段落の「ほんとうは、指導者が具現しているのは、理念的な『人民』であって、経験的な〈人民〉ではない」とあることから、ｂが正解。

問７　設問の「神的暴力とは何か」を手がかりとして本文中をみると、第十五段落に「やっと神的暴力とは何か、を説明することができます。まず、原点には、民主主義にはある過剰があります。……人民と代表の間の乖離、つまり人民（の欲すること）の代表に対する過剰です。……この過剰を、全体主義に向かうことを抑止する力、それとは反対の方向にもっていく力……それこそが、神的暴力なのです」とあるが、ここまでの要素はすべての選択肢に含まれている。続いて「満たされていない過剰性というものの不確定性そのものを代表する力……その力が神的暴力です」「神的暴力というのは、あらたな権力や法を措定するというより、つねに権力の場所を更新する能力なのです」とあり、ようやくcだけが消せる。さらに、選択肢の末尾に注目し、「相関して機能」か「ジュンカンして機能」か「ケッカンを解消する力」か、で判断する。第十六段落に「神的暴力は、民主主義の限界、民主主義がその内部に孕んでいる自己否定的な過剰性（疎外）と相関して機能している」とあることから、aが正解。

二

出典　『平中物語』〈二十五　歌のしるべ〉

解答

問1　a

問2　e

問3　b

問4　a

問5　c

問6　d

問7　e

問8　e

問9　b

問10　a

◆全　訳◆

また、この男が志賀寺へ参詣するときに、逢坂の関の走井の休憩場所に、女たちが大勢乗っている牛車が、牛を外して立ち止まっていたので、この男は、馬から降りて、ちょっとの間立っていると、女車は、人が来たと思って、牛を車につけて動き出した。この男が、女車の供をしている人に「どちらへお出かけになる方ですか」と尋ねると、「志賀寺へ」と答えたので、（男は）女車に少し遅れて行くと、あの「逢坂の関」を越えたところで、女車は待っている。男がやって来る間に、女車からこんな歌が詠みかけられた。

「人に逢う」という、逢坂の地名は頼もしいことです。関川が音を立てて流れるように、世間によく知られた方にお逢いできました。

このような歌だったので、（どうして自分のことを知っているのだろうと）不思議に思ったが、そうはいっても悪い気はしないので（女車のところに）来て、歌を返した。

逢坂の地名を頼みにしている私も、そこを通って行きましょう。逢坂の関を越えれば近江で、私はあなたに逢う身となるのです。

と詠んで、この女が、「どちらへ」と尋ねるので、男が「志賀寺へお詣りするのです」と答えると、すぐに、「では、ご一緒に。私たちもそうなのです」といって、一緒に行った。男も「そういうことだとは、うれしいことです」と、一緒に参詣して、寺に着いても、男の部屋を、女の部屋の近くにした。そして、いろいろな話などをたくさん、おもしろくお互いに語り合ったので、風情があることだと思う。この男が、参詣に出かけて来た家から、志賀寺が男にとって方違えの禁忌の方角に当たっていた。夜が明けるまで、寺にいることはできないので、方違えに行った。「命が惜しい（から方違えをする）ことも、ただこれから先（のあなた方とのお付き合い）のためなのです」といって、行こうとしたので、女たちも、はじめから自分たちだけでいたときよりはなんとなくさびしくて、「そういうことなら、仕方がありません。せめて京へ帰ってからお尋ねください」といって、宮中に仕えている女房たちだったので、宮中の局も、取り次ぎをする侍女たちの名なども聞いておいた。この男は、（女との交流は）突然の思い付きではあるようだが、出発することも残念なので、こう詠んだ。

別れに心が乱れて、出かけて行く行く先もわからない。こんなふうにうわの空なので、道中で迷ってしまいそうです。

女の返歌は、

そんなふうに行く先もわからず迷うのなら、私の魂をあなたに添えてさしあげますのに、道案内として。

また、（男が）返歌を詠もうとすると、男女両方の供人たちが、「夜が明けてしまいます」といったので、立ち止まらないで、この男は、琵琶湖の浜辺の方にある、（方違えのための）人の家に入った。

そうして、翌朝、女の車に出会いたいと、（女を楽しませるために、湖のほとりで魚を捕る）網を引かせなどして（待って）いると、知人が、その辺を散策しよう、と呼びに来たので、そちらへこの男は行ってしまった。その間に、この女は（京に）帰ってきて、宮中に参内して、同僚の女房たちに、志賀寺に参詣してこんなことがあったと話したところ、それを、この男ともやりとりがあってなじみだった女が、その中にいて、「ところで、この男は名前を何といいましたか」というので、名前をいうと、この（男を）悪く思っていた女は、「あの男は、いつもそうなのだ。それが嫌なこと」と、またとない嘆かわしいことを、作り上げては、いいふらしたので、「ああ、それはお気の毒でした。（そんな人だと）知らないで過ごしてしまうところでした。それでは、とても嫌な男だったのですね。もし、（男からの）使いが来ても、その手紙を取り次がないように」など、召使いに、あれこれと指図しておいた。

それを知らないで、この男は、帰ってきて、（女の）教えに従って、（宮中に）使いをやったところ、（女の召使いが）「まだ里に下がっています。志賀寺へ参詣するといってお出かけになられたまま、（宮中には）参内されておりません」といって、手紙も受け取ってもらえなかったので、使いは帰って、「（先方は）このようにいいました」と報告するので、事情を知らないで、重ねて、二日三日と（手紙を）送るけれど、結局受け取ってもらえなかったので、あのとき志賀寺に伴って参詣した、友達のように親しくしていて、世間の事情に通じている男を、この男は、呼びにやって（事情を話したところ）、（友達は）いきさつや、今まであったことを、一緒に見てきた人なので、「なるほど、奇妙だ。誰かが中傷したのだろうか」などと、いった。

▲解　説▼

問1　設問の「逢坂の走井」を手がかりに本文中をみると、第一段落一行目に「逢坂の走井に、女どもあまた乗れる車を」とあり、「あまた」は〝数多く。たくさん〟の意なので、b・cが消え、a・d・eが残る。続いて「馬からおりて、とばかり立てりけるに」とあるので、a・dに絞れる。さらに「人来ぬ」の「ぬ」は、打消の助動詞「ず」の連体形（来ぬ）か、完了の助動詞「ぬ」の終止形（来ぬ）なのか、「来」に振り仮名がないため接続から判断できず迷うところだが、車が「人来ぬ」と「見」たという、文脈から判断して、「やってきたと思って」とする、aが正解。

問2　設問の「牛車が動き出した後」を手がかりとして本文中をみると、第一段落二行目に「牛かけさせていきけり。この男、車の供なる人に……と問ひければ」とあり、「問ひければ」は〈已然形＋「ば」〉で順接確定条件の〝～と。～たところ〟なので、「尋ねると」とする、d・eが残る。続いて「女車よりすこしたち遅れていきければ」とあり、この「いきければ」も同じく順接確定条件なので、「遅れ気味について行くと」とする、eが正解。「ば」で男から女車に主語が変わっている。

問3　設問の「女車からの歌に男はどのように反応したか」を手がかりとして本文中をみると、第一段落六行目に「かかりければ、あやしと見て」とあり、「あやし」は〝不思議だ。不審だ〟の意なので、b・c・dが残る。続いて「さすがに来て」とあり、「さすがに」は〝そうはいってもやはり〟の意なので、b・cが残る。さらに「名に頼む」とあり、「頼む」は〝期待する。頼りに思う〟の意なので、bが正解。

問4　設問の「最初の歌の贈答の後」を手がかりとして本文中をみると、第一段落八行目に「男……といひければ、やがて」とあり、「やがて」は〝そのまま。すぐに〟の意なので、a・b・eが残る。続いて「ここにもさなむ」の「さ」は〝そのように〟の意なので、a・eが残る。さらに「さりとて、うれしきこと」の「さり（然り）」は〝そうだ。そのようだ〟の意なので、aが正解。

問5　設問の「男が方違えの所に出かけるとき」を手がかりとして本文中をみると、第一段落十一行目に「たがふべきところにゆきけり。『命をしきことも、ただ行先(ゆくさき)のためなり』といひて」とあり、「行先」は〝行く手。行く末。将来〟の意なので迷うところだが、注3にあるように、志賀寺が男にとって禁忌の方角に当たっているため、志賀寺から別の場所に行く必要があったのだから、「これから行くところ」が不吉なわけはなく、c・dが残る。続いて「なほあるよりはものさうざうしくて」とあり、「さうざうし」は〝もの足りない。寂しい。つまらない〟の意なので、cが正解。ちなみに、「さうざうし」は現代語の〈騒々しい〉と発音は同じだが、〝うるさい〟の意はない。

問6　設問の「二組目の歌の贈答」を手がかりとして本文中をみると、第一段落十三行目に「この男、うちつけながらも」とあり、「うちつけなり」は〝突然だ。軽々しい〟の意なので、b・c・dが残る。続いて「立つことをしかりければ」とあり、〈已然形＋ば〉で順接確定条件の〝〜ので。〜から〟の意なので、c・dが残る。さらに「まどふべらなる」とあり、「べらなる」は和歌に多い表現で、〝〜ようだ。〜しそうだ〟の意だが、これを覚えていなくても、疑問の助詞や助動詞がないことから、cは消え、dが正解。

問7　設問の「夜が明けた後」を手がかりとして本文中をみると、第二段落一行目に「さて、朝に、車にあはむとて」とあり、「む」は意志の助動詞なので、a・b・eが残る。続いて「網引かせなどしける」とあり、「せ」は使役・尊敬の助動詞で、これまで男に対して尊敬表現が用いられていないことから、bが消える。さらに「知れる人」とあり、動作主は男であることから、aが消え、eが正解。

問8　設問の「京に帰った女たち」を手がかりとして本文中をみると、第二段落二行目に「この女は帰り来て、…志賀にまうでてありつるやうなどいひける」とあり、「ありつる」は〈ラ変動詞「あり」＋完了の助動詞「つ」の連体形〉なので、a・d・eが残る。方違えをしたのは女ではなく男である。続いて「このあしと思ひける女」とあり、「あし」は〝悪い〟の意なので、d・eが残る。さらに「それがうきこと」とあり、「うし（憂し）」は〝つらい。薄情だ。いとわしい。嫌だ〟などの意で、d・eの判断はつき難いので保留。続いて「よになくあさましきことを」とあり、「あさまし」は〝意外なことに驚きあきれる。嘆かわしい〟の意なので、ここでもd・eは絞り切れない。しかし、この女がいいふらしたことを聞いた女が、もうこの男とやりとりはしたくない、という反応をすることから考えると、「嘆かわしい」とするeが正解。

問９　設問の「男となじみだった女の話を聞いて……」を手がかりとして本文中をみると、第二段落五行目に「あな、いとほし……いと心うきもの」とあり、「いとほし」は〝かわいそうだ。かわいい〟の意で、「うし（憂し）」は〝つらい。薄情だ〟の意なので、bが正解。aは紛らわしいが、「大変なことでした」は「あないみじ」の訳になるので、不適。また、〈取り次がないようにと言って、全てを教えてしまった〉というのは意味が通らず、〈取り次がないようにと指図した〉とするべき。

問10　設問の「京に帰ってきた男」を手がかりとして本文中をみると、第三段落一行目に「この男、帰り来て」とあるが、選択肢の前半はどれも同じなので、中ほどの「参内」か「帰宅」かを考えると、二行目に「まゐりたまはず」とある。「まゐる」は〝参上する。参詣する〟の意なので、a・eが残る。続いて、「事情」か「作法」かを考えると、「案内（あない）」は〝草案。実情。熟知〟の意なので、aが正解。女が男の悪口を聞かされたために手紙の受け取りを拒否している、という事情を男は知らなかったので、何度も手紙を送ったのである。作法に問題があって受け取ってもらえなかったのではない。

❖講　評

現代文一題、古文一題という構成は例年通り。内容説明の問題に傍線を引かないという出題形式も例年通り。問題文は長文であるが、設問は文章の流れに沿って出されている。尋ねられているポイントを見極めたい。

一は、ベンヤミンの神的暴力に関する考察を交え、緊急権について述べた評論である。抽象的な概念が頻出するものの、コロナ禍という緊急事態に関連する内容なので、具体的にイメージし易かったと思われる。問７はやや難。

まず、設問を手がかりとして本文中の該当箇所を正確に探すことが求められる。そして、選択肢と本文中の該当箇所とを照合し、合致しないものを消去していく。その際、選択肢同士の見比べも有効だが、考えなしに選択肢をみてしまうと迷いやすくなるので、安易に消去法に頼るのではなく、記述式問題を解くのと同様に、本文中の根拠となる部分をもとに自分なりの答えを想定するよう心がけたい。

二は、『平中物語』からの出題。出題箇所は、志賀寺へ参詣した道中に出会った男女にまつわる話で、和歌の贈答が二組含まれていた。問8はやや難。

現代文と比較すると、古文の選択肢はとても似通っており、解釈を導いてくれる。したがって、設問に対する解答箇所を、選択肢と本文とを照らし合わせて素早く見つけ、その部分を古典文法および古文単語、古文常識等の知識や文脈に基づいて解釈することで、選択肢を絞ることができる。

古文では、主体、客体などが頻繁に省略されるため、日頃からそれらを意識して場面状況や心理状況をイメージしつつ読解することが大切である。また、今回のように和歌が複数出題された場合は、歌の詳細な理解に拘泥するのではなく、前後の文脈から大意をつかむことが肝要である。いずれにせよ、普段から重要語句・文法の定着を図り、その上で高校教科書レベルの標準的な文章読解の演習を積んでおきたい。

二月七日実施分

問　題

（七五分）

一　次の文章を読んで、後の問いに答えよ。

「精神の文字化」とは、われわれの思考の働きが徹底的に文字の存在に依存するようになっており、文字なしではわれわれの思考が少しも働かないようになってしまっていることをいう。

例えば、われわれが日常普段使っている話し言葉の何と多くが漢字の存在を前提に成り立っていることだろうか。文字が伝来する以前の純粋なやまと言葉だけで現代の言語生活を充足することなどは想像もできない。私がちょっとした会話の中で「キショウ」という言葉を発したとする。その場合、聞き手はこの「キショウ」が「起床」なのか「気象」なのか「気性」なのか「記章」なのか、あるいは「稀少」なのかを、通常は話の文脈を通して即座に判断し理解する。そして、私の方も聞き手が「キショウ」という音声を聞いて、それが実は「稀少」であることを即座に理解してくれることを暗黙の前提にして話をする。こうしてわれわれはお互いにそれぞれが頭の中で文字言語を自由に駆使できることを当然のこととして言説世界（world of discourse）に参入する。もちろん、相手が子どもであれば「キショウ」などという言葉は不用意には使えない。したがって、会話の内容はおのずと制限されてくる。しかし、だからこそ、われわれはこの子どもに対しても、「キショウ」という音声を聞いて、それを頭の中で即座にしかるべき文字に的確に変換する能力を身につけることを要求する。かくして、この子どもの精神もやがては文字化される。

こうした「精神の文字化」が識字、つまり文字の読み書き能力の成果であることは言うまでもない。言うまでもないことだけれども、しかし一定の説明は必要である。なぜなら、われわれは通常「識字」というものをあまりにも単純に「文字の読み書きができること」(『広辞苑』第六版)といった程度にしか理解していないからである。ところが、識字は単にそれだけではすまない性質をもっている。

確かに、識字は即自的には文字を読み書きできる能力には違いない。だが、そうした能力をもつことが、実は文字の読み書きができることを暗黙の前提にして成り立っている社会的諸関係への参入の度合いを決定づけているという点に、識字の本来的な機能がある。つまり、「識字」とは一つのソシオロジカル[*1]な概念だということである。

しかも、文字の読み書きを暗黙の前提にして成り立っている社会的諸関係というのは、単に直接に文字バイタイ[あ]（例えば、新聞、雑誌、書籍、あるいは手紙や文書、広告、案内板など）を介して取り結ばれる間柄という狭い意味だけではない。さらに広い意味で、それは、文字がなければ本来は存在しないはずの特殊な言葉や表現、言い回し（つまりはフォーマルな文字言語表現）を自由に駆使しうる人びとの間で取り結ばれる言説空間全体を意味している。

例えば、文化講演会やシンポジウムのような場を支配している言説空間を思い起こせばよい。そこでは、話者の語る言葉は現象的にはオーラル[*2](oral)な話し言葉ではあっても、その話し言葉自体は基本的には文字言語を介在させたリテラル[*3](literal)な話し言葉になっている。つまり、文字言語や文字文化に関する一定の教養を前提とし、それに支えられて成り立っている話し言葉なのである。そして、聴衆の方にも、そうしたリテラルな話し言葉の内容を理解し受けとめるだけの一定の教養のわきまえがあることがはじめから当然の前提とされている。そうでなければ講演会やシンポジウムは成立しない。いわんや、話を聴いて理解するというだけではなく、その場で質問をしたり自由な意見の交換に参加したりするとなれば、文字言語や文字文化に関する教養のわきまえはさらに重要になるであろう。こうして、文化講演会のような場は、表向きだれでも参加できる公開の場とはなっていても、実際には一定水準以上のリテラルな教養を有している人びとを引き寄せ、そうでない人びとを遠ざけるという形で社会的な排除の力が作用する場となっている。

「消費動向は依然として低迷を続けており、これに円高と価格破壊が追い撃ちをかけて……」といった言語表現は、現代社会ではごくありふれた言語表現である。だが、こうした言語表現にどれだけ素直についていくことができるのか。それを決定づけるのが識字なのである。単に「消費」や「低迷」「価格破壊」を書き取りテストよろしく読み書きできることだけが識字なのではない。たとえこうした言語表現を読んだり書いたりすることができるとしても、その意味内容を素直に理解することができなければ、それは確かに一つの非識字(illiteracy)に違いない。

アメリカの英語学者E．D．ハーシュ＊4はこうした非識字を"cultural illiteracy"つまり「文化的非識字」または「教養文盲」と呼んでいる。だから、識字とは単に「文字記号を読み書きできる能力」というだけではすまないのであって、むしろそのような読み書き能力を当然の前提として成り立っている文字文化の世界(書き言葉の言語世界)を自らの精神の糧として、つまり思考の生きた構成要素として自由に駆使できることまで含む。要するに、識字とは文字文化の内面化である。それによってわれわれの精神の働きは文字化される。

かくして、われわれが取り結ぶ社会的コミュニケーションの場は、文字文化の上に成立する一定の教養のわきまえを絶えずわれわれに求めてくることになる。それは単にわれわれが無数の文字バイタイ(例えば新聞や雑誌、書籍、各種の文書など)に取り巻かれて生活をしているからということだけではない。さらに本質的な問題は、たとえわれわれがそのような純然たる書き言葉の世界を離れたとしても、われわれのオーラルな話し言葉の世界そのものが既にリテラルな書き言葉の世界によって深く(い)シントウされていて、もはや文字言語とその文化の存在を抜きにはわれわれの話し言葉の世界そのものが正常に機能しなくなっていることである。

一つの比喩的な例として、学校の授業場面を考えてみればよい。教師の発話は、なるほど一見したところではオーラルな話し言葉になっているが、本質は一定の教育内容を背後に据えたリテラルな話し言葉なのである。教師の発話は、あえて単純化して言えば、文字言語の範型に即して教師の頭の中にあらかじめ準備されているテキスト（教育内容）を音声に吹き替えているようなものである。そして、生徒は授業の中で教師や他の生徒たちとの言葉のやり取りについていくためには、自らの思考の回路を純然たるオーラルな言語世界から切り離して、多分にリテラルな言語世界の範型に合わせていかなければならない。このことは、いわゆる教師主導の㋒イッセイ授業だけではなく、生徒たちの自由な発言のやり取りを中心とする授業においても同じである。たとえ教科書やプリント類はいっさい使わないとしても、授業というコミュニケーションの場自体が生徒たちに文字文化を前提とした一群のボキャブラリーと論理の使用を要求するのである。それができなければ、生徒はディス・コミュニケーション＊5に遭遇し、授業の輪の外に投げ出され、自分の無力を味わわされることになる。

同様のことは、現代社会においてわれわれが取り結ぶ社会的コミュニケーションのあらゆる場において大なり小なり生じていることであろう。職場で、家庭で、地域で、街角で、純然たるオーラルなコミュニケーションなどというものがどれだけ存在しているのか。リテラルな言語表現はビジネスや各種の会議、講演会といったような場での言説空間ばかりでなく、一家団らんや喫茶店での言説空間の中にすら必ず何らかの形で介入してきているのが現実である。われわれもまた、先の学校の教師の例のように、有形無形の何らかのテキストをあらかじめ頭の中に準備しておいて語るということを日常の中で絶えずおこなっているし、書き言葉の範型に即して語るということをあらゆる場所であらゆる機会に求められ実践している。そして、学校の生徒たちと同様に、社会のあらゆる場面の中で、多種多様なリテラルな種類の語りかけの渦に適切に参加していくために、文字言語と文字文化を前提とした思考回路の使用を否応（いやおう）なく求められているのである。まさにそのために、われわれは識字能力を身につけなければならないのである。学校教育がそのような意味での識字能力の基本的な習得の場になっていることは言うまでもない。

したがって「精神の文字化」とは、われわれの精神の働きがオーラルな語りの世界からますます遠ざかり、リテラルな言語世界にますます依存するようになっていることをいう。もともと文字記号は、その場限りの語りの世界を記録の中に固定化するために発明された道具にすぎなかった。だが、この道具は語りの世界そのものに反作用し、本来はオーラルであったはずの躍動的な語りの世界を自らのリテラルな範型に従わせていく。話すように書くのではなく、書くように話すこと。話したことがそのままで美しい文章になるように話すこと。それがかつてのイギリス・ジェントルマン階級の洗練された言語生活の理想であった。そして、そのためにジェントルマン向けの厳しい家庭教育と学校での教養教育が準備された。イギリスのバジル・バーンシュティン[*6]が指摘した下層階級の「制限コード」[*7](restricted code)と中・上流階級の「精密コード」[*8](elaborated code)との違いは、前者がオーラルな語りの世界に多分に踏みとどまっているのに対して、後者が洗練された書き言葉の世界を彼らの精神生活の範型にしていることを表している。

こうして、識字は単なる識字術ではなく、むしろ現実には「文字文化の内面化」として機能する。そして、われわれの言語生活がオーラルな性格を失ってリテラルな範型に整えられると、言葉は人びとを社会的に結び付けたり排除したりする階層化の目に見えざる㋓シヒョウとなる。

以上のような「精神の文字化」という現象からは、リテラシーにまつわる一群の諸問題が浮かび上がってくる。繰り返すけれども、リテラシーは単なる文字の読み書き技能ではない。リテラシーは本質的には「文字によってものを考える精神」(literate mind)を表している。それは、オラリティすなわち「一次的な声の文化」(primary oral culture)との対照によってはじめてその意味内容が了解可能となる概念である。

オラリティは、人びとがface-to-faceの直接的な交流の中で、その場の生きたパフォーマンスとして言葉をやり取りしている世界である。そこでは言葉は身体や情動の動きと連動しており、生身の音声として躍動している。これに対して、リテラルな言語世界においては、言葉は発するものではなく記述するものである。そこでは発話でさえも、もはや即興としての性格を失い、言葉を道具として使用する一種の記述行為となる。言葉は語彙をつなぎ合わせ構成していくものと見なされ、言葉の使用は学習されるべきものと見なされる。

だが、オーラルな言語世界では、自分が既に話している言葉をわざわざ学習する必要などないのである。言葉の使用は生活の中で、人びととの交流を通して自然に身につくものである。その土地その土地に固有の言葉の使い方、決まり文句、トウイソクミョウ(お)の言い回し、格言、ことわざなど、言葉を巧みに操って自分と世界について語り合う独特のやり方は、テキストという形をとって提示されるのではなく、いわば日常生活のさまざまな場面の中に埋め込まれていて、言い争ったり慰めたり、うわさ話や子守歌、昔話などに耳を傾けたりすることの中で自然に吸収されていくのである。そこでは言葉の使用は語彙や単語の集合に分解されない一つながりの音声の上演となっていて、その場の情景に結び付いた特定の態度、物腰や手振り、身振り、心情などとともに習得されていく。

だが、リテラルな言語世界に生きている人間の場合はそうはいかない。われわれは自分の言葉を生活世界から切り離し、自分の身体からも切り離して、言葉の使用を意図的に学びなおさなければならないのである。そうなると、リテラシーは非識字者よりも実は識字者自身の問題だということになろう。つまり、制度化された文字文化を既にわがものとし、文字文化の中にすっぽり適応して生活しているわれわれ識字者自身の問題だということになる。リテラシーが「精神の文字化」という次元で問いなおされなければならないのはそのためである。

(小柳正司『リテラシーの地平—読み書き能力の教育哲学』による)

注　＊1　ソシオロジカル＝社会学上の。　＊2　オーラル＝口頭の。口述の。　＊3　リテラル＝文字の。　＊4　E.D.ハーシュ＝アメリカの英語学者。(一九二八〜　)　＊5　ディス・コミュニケーション＝コミュニケーション不全。　＊6　バジル・バーンシュ

ティン＝イギリスの社会学者・言語学者。（一九二四〜二〇〇〇）

＊7　制限コード＝個別的な文脈への依存性が高い言語表現の様式。

＊8　精密コード＝分析的で脱文脈的な言語表現の様式。

問1　われわれが日常会話で使う話し言葉について、筆者はどのように述べているか。最も適当なものを選択肢から一つ選び、その記号をマークせよ。

a　われわれが日常会話で使う話し言葉は、徹底的に文字の存在に依存するようになっており、文字が伝来する以前の純粋なやまと言葉だけで現代の言語生活を充足することはできないため、話し手は、ちょっとした会話においても同音異義語を使わざるをえず、聞き手は通常は話の文脈を通してそれがどの漢字のことかを即座に判断し理解する必要がある。

b　われわれが日常会話で使う話し言葉は、徹底的に文字の存在に依存するようになっており、文字が伝来する以前の純粋なやまと言葉だけで現代の言語生活を充足することはできないが、漢字には同音異義語が多く、話し手と聞き手がいちいちどの漢字のことなのかを即座に判断し理解しなければならず、頭の中で文字言語を自由に駆使することは難しい。

c　われわれが日常会話で使う話し言葉は、徹底的に文字の存在に依存するようになっており、われわれはお互いにそれぞれが頭の中で文字言語を自由に駆使できることを当然のこととして言説世界に参入するので、話し言葉に多く見られる同音異義語の漢字についての理解を深めることが、現代の言語生活を充足するために重要となってくる。

d　われわれが日常会話で使う話し言葉の多くは、漢字の存在を前提として成り立っており、話し手は、同音異義語を発する場合、聞き手が話の文脈を通してどの漢字のことなのかを即座に判断し理解してくれることを暗黙の前提にして話をするのであり、話し手と聞き手がともに文字言語を自由に駆使できることが言説世界に参入するための条件となっている。

e　われわれが日常会話で使う話し言葉の多くは、漢字の存在を前提として成り立っており、話し手が同音異義語を発した場合、聞き手は話の文脈を通してどの漢字のことなのかを即座に判断し理解する必要があるので、頭の中で同音異義語をしかるべき文字に的確に変換する能力を子どもに早いうちから身につけさせることが大切である。

問2　「識字」というものについて、筆者はどのように述べているか。最も適当なものを選択肢から一つ選び、その記号をマークせよ。

a　「識字」とは、単に技能の問題としてあるのではなく、文字の読み書き能力の成果である「精神の文字化」をいうものであり、文字の読み書きができることを暗黙の前提として成り立っている社会的諸関係に参入するためには、直接的な文字バイタイを介するのではなく、われわれがお互いに頭の中で文字言語を自由に駆使できる必要がある。

b　「識字」とは、単なる文字の読み書き能力のことではなく、話し言葉の音声を聞いて、それを頭の中で即座にしかるべき文字に的確に変換する能力としての「精神の文字化」をいうものであり、文字がなければ本来は存在しないはずの特殊な言葉や表現、言い回しを自由に駆使しうる人びとの間で取り結ばれる言説空間全体を意味している。

c　「識字」とは、即自的には文字を読み書きできる能力をいうが、その本来的な機能は、文字の読み書きを暗黙の前提にして成り立っている社会的諸関係に参入することにあり、「識字」の問題は、直接的な文字バイタイという狭い意味ではなく、文字がなければ本来は存在しないはずの特殊な言葉や表現、言い回しという広い意味で理解する必要がある。

d　「識字」は、これまで単に文字の読み書き能力として理解されてきたが、実は文字を読み書きできる能力によってもたらされる社会的諸関係への参入の度合いを決定づける一つのソシオロジカルな概念であり、人びとの間で取り結ばれる社会的関係の深さは、文字バイタイをどれだけ自由に駆使しうるかにかかっている。

e　「識字」には、文字の読み書きができることを暗黙の前提として成り立っている社会的諸関係への参入の度合いを決定づけるという本来的な機能があり、その社会的諸関係とは、直接に文字バイタイを介して取り結ばれる間柄だけでなく、フォーマルな文字言語表現を自由に駆使しうる人びとの間で取り結ばれる言説空間全体を意味している。

問3　文化講演会のような場における話者と聴衆の関係について、筆者はどのように述べているか。最も適当なものを選択肢から一つ選び、その記号をマークせよ。

a　文化講演会のような場で話者の語る言葉は、現象的にはオーラルな話し言葉ではあっても、その話し言葉自体は基本的には文字言語を介在させたリテラルな話し言葉であるため、聴衆も、オーラルな話し言葉をリテラルな話し言葉に変換して内容を理解し受けとめるだけの一定の教養のわきまえが必要であり、そうでなければこうした場は成立しない。

b　文化講演会のような場で話者の語る言葉は、現象的にはオーラルな話し言葉ではあっても、基本的には文字言語を介在させたリテラルな話し言葉であるため、聴衆も、その場で質問したり意見の交換に参加することのできる一定水準以上の教養が必要であり、実際には講演会は教養のない人びとを社会的に排除する力が作用する場になっている。

c　文化講演会のような場で話者の語る言葉は、基本的には文字言語を介在させたリテラルな話し言葉であり、聴衆も、そのリテラルな話し言葉の内容を理解しうる一定の教養のわきまえがあることが前提となっているため、表向きだれでも参加できる公開の場となっていても、実際には一定水準以上のリテラルな教養を有しない人びとは排除されてしまう。

d　文化講演会のような場で話者の語る言葉は、基本的には文字言語を介在させたリテラルな話し言葉であり、聴衆も、そのリテラルな話し言葉の内容を理解しうる一定の教養のわきまえがあることが前提となっているため、リテラルな教養がないと、話を聴いて理解することはできても、その場で質問したり自由な意見の交換に参加したりすることができない。

e　文化講演会のような場で話者の語る言葉は、文字言語や文字文化に関する一定の教養を前提とし、それに支えられて成り立っている話し言葉なので、聴衆も、そのリテラルな話し言葉の内容を理解できるだけの一定の教養のわきまえがあることが前提とされるが、それは一定水準以上の教養を有しない人びとを遠ざけるためにほかならない。

問4　現代社会における識字と非識字のあり方について、筆者はどのように述べているか。最も適当なものを選択肢から一つ選び、その記号をマークせよ。

a　現代社会においては、単に「消費」や「低迷」「価格破壊」といった言語表現を読んだり書いたりすることができるとしても、その意味内容を素直に理解することができなければ、それは一つの非識字であるのに対して、識字とは文字文化の内面化であり、文字文化の上に成立する一定の教養のわきまえを前提としなければ、われわれのオーラルな話し言葉の世界をリテラルな書き言葉の世界へと発展させていくことはできない。

b　現代社会においては、単に「消費」や「低迷」「価格破壊」といった言語表現を読み書きできることだけが識字なのではなく、その意味内容を素直に理解することができなければ、それは一つの非識字であり、識字とは読み書き能力を前提として成り立っている文字文化の世界を自らの精神の糧として駆使することを意味するが、もはやわれわれはそのような純然たる書き言葉の世界を離れつつある。

c　現代社会においては、たとえ文字を読み書きできる能力があっても、その言語表現の意味内容を素直に理解することができなければ、それは一つの非識字であり、識字とは文字文化を思考の生きた構成要素として自由に駆使できることまで含むが、それによってわれわれの精神の働きは文字化され、われわれの話し言葉の世界そのものが、もはや文字言語とその文化を抜きには正常に機能しなくなっている。

d　現代社会においては、ごくありふれた言語表現にどれだけ素直についていくことができるのかを決定づけるのが識字であり、単にその言語表現を読んだり書いたりすることができるとしても、その意味内容を素直に理解することができなければ、それは一つの非識字であり、何が識字で何が非識字かは、文字言語とその文化の上に成立するリテラルな教養の水準と社会的諸関係にともなって変化する。

e　現代社会においては、単に文字の読み書き能力だけが識字なのではなく、その意味内容を素直に理解することができなければ、それは一つの非識字であり、文字文化の内面化という意味での識字によってわれわれの精神の働きは文字化され、われわれが取り結ぶ社会的コミュニケーションの場は、単に無数の文字バイタイに取り巻かれた生活をすることから文字文化の上に成立する一定の教養のわきまえを求めることへと変化してきている。

問5　現代社会においてわれわれが取り結ぶ社会的コミュニケーションのあらゆる場で起きていることとして、筆者はどのようなことを述べているか。最も適当なものを選択肢から一つ選び、その記号をマークせよ。

a　学校の授業場面において、教師の発話は、文字言語の範型に即した教育内容にもとづくリテラルな話し言葉であり、生徒は授業を通して自らの思考回路を純然たるオーラルな言語世界から切り離して、多分にリテラルな言語世界の範型に合わせていくことを求められるが、それは社会的コミュニケーションのあらゆる場において大なり小なり生じていることであり、学校教育はそのような識字能力の基本的な習得の場になっている。

b　学校の授業場面において、教師の発話は、一定の教育内容を背後に据えたリテラルな話し言葉であり、生徒はリテラルな言語世界の範型に合わせていくことができなければ、ディス・コミュニケーションに遭遇し、授業から脱落せざるをえないが、同様のことは、社会的コミュニケーションのあらゆる場において大なり小なり生じているので、社会から脱落しないために、われわれは家庭の一家団らんの場でもリテラルな言語表現をしっかり身につけなければならない。

c　学校の授業場面において、教師の発話は、文字言語の範型に即して教師の頭の中にあらかじめ準備されているテキスト（教育内容）を音声に吹き替えているようなものであり、生徒がリテラルな話し言葉を習得するようになると、生徒たちの自由な発言のやり取りを中心とする授業をおこなうようになるが、社会的コミュニケーションのあらゆる場においても同様に、リテラルな言語表現を適切に駆使することが求められている。

d　学校の授業場面において、教師の発話は、文字言語の範型に即して教師の頭の中にあらかじめ準備されているテキスト（教育内容）を音声に吹き替えているようなものであるが、同様のことは、社会的コミュニケーションのあらゆる場において大なり小なり生じていることであり、われわれは純然たるオーラルな話し言葉を書き言葉の範型に即して語るということをあらゆる場所であらゆる機会に求められ実践している。

e　学校の授業場面において、生徒は授業の中で教師や他の生徒たちとの言葉のやり取りについていくためには、自らの思考回路を純然たるオーラルな言語世界から切り離して、多分にリテラルな言語世界の範型に合わせていくことを求められるが、同様のことは、社会的コミュニケーションのあらゆる場において大なり小なり生じていることであり、もはや純然たるオーラルなコミュニケーションなどというものはどこにも存在しない。

問６　「精神の文字化」という現象の説明として、最も適当なものを選択肢から一つ選び、その記号をマークせよ。

a　「精神の文字化」とは、われわれの精神の働きがリテラルな言語世界にますます依存するようになっていることをいい、かつてのイギリスの下層階級が「制限コード」のオーラルな語りの世界に踏みとどまっていたのに対して、ジェントルマン階級は「精密コード」にもとづく洗練された言語生活を理想としていたように、われわれの言語生活がリテラルな範型に整えられると、言葉は人びとを目に見えないかたちで社会的に階層化するシヒョウとなる。

b　「精神の文字化」とは、われわれの精神の働きがリテラルな言語世界にますます依存するようになっていることをいうものであり、本来はオーラルであったはずの躍動的な語りの世界を、自らのリテラルな範型に従わせていく道具として発明された文字記号は、学校教育により洗練された書き言葉の世界を精神生活の範型とすることによって、人びとを社会的に結びつけたり排除したりする階層化の目に見えざるシヒョウとして機能する。

c　「精神の文字化」とは、われわれの精神の働きがオーラルな語りの世界からますます遠ざかり、リテラルな言語世界にますます依存するようになっていることをいうものであり、話したことがそのままで美しい文章になることを洗練された言語生活の理想としたイギリス・ジェントルマン階級のように、日本においても厳しい家庭教育と学校での教養教育により、下層階級の「制限コード」ではなく、中・上流階級の「精密コード」を獲得することが求められている。

d　「精神の文字化」とは、われわれの精神の働きがオーラルな語りの世界からますます遠ざかり、リテラルな言語世界にますます依存するようになっていることをいい、かつてのイギリス・ジェントルマン階級が、厳しい家庭教育と学校での教養教育により、下層階級の「制限コード」から中・上流階級の「精密コード」へと転換していったように、「精神の文字化」としての識字は、現実には「文字文化の内面化」として機能するのであり、単なる識字術ではないといえる。

e　「精神の文字化」とは、われわれの精神の働きがオーラルな語りの世界からますます遠ざかり、リテラルな言語世界にますます依存するようになっていることをいうが、書くように話すのではなく、話したことがそのままで美しい文章になるように話すことは、われわれの言語生活がオーラルな性格を失ってリテラルな範型に整えられることによって、人びとを社会的に結びつけたり排除したりする階層化をもたらすことにつながる。

問7　リテラシーとオラリティについて、筆者はどのように述べているか。最も適当なものを選択肢から一つ選び、その記号をマークせよ。

a　リテラシーは、本質的には「文字によってものを考える精神」を表すが、オラリティは、「一次的な声の文化」との対照によってはじめてその意味内容が了解可能となる概念であり、そこでは言葉は身体や情動の動きと連動しており、生身の音声として躍動し、言葉を巧みに操って自分と世界について語り合う独特のやり方は、テキストという形をとって提示されるのではなく、いわば日常生活のさまざまな場面の中に埋め込まれている。

b　リテラシーは、本質的には「文字によってものを考える精神」を表すが、オラリティの世界では、言葉は身体や情動の動きと連動して発せられる即興的な性格をもち、そこでは言葉の使用は生活の中で、人びととの交流を通して自然に身につくものであり、語彙や単語の集合に分解されない一つながりの音声の上演となっていて、その場の情景に結び付いた特定の態度、物腰や手振り、身振り、心情などとともに習得されていく。

c　リテラシーは、非識字者よりも実は識字者自身の問題であるのに対して、オラリティは、非識字者の問題であり、人びとが直接的な交流の中で、その場の生きたパフォーマンスとして言葉をやり取りしている世界であるが、そこでの言葉は語彙をつなぎ合わせ構成していくものと見なされ、言い争ったり慰めたり、うわさ話や子守歌、昔話などに耳を傾けたりすることの中で自然に吸収されていく。

d　リテラシーは、非識字者よりも実は識字者自身の問題であるのに対して、オラリティは、非識字者の問題であり、人びとが直接的な交流の中で、その場の生きたパフォーマンスとして言葉をやり取りしている世界であるが、そこでは発話でさえも、もはや即興としての性格を失い、その土地その土地に固有の言葉の使い方、決まり文句、トウイソクミョウの言い回し、格言、ことわざなど、言葉を巧みに操って自分と世界について語り合う独特のやり方をとっている。

e　リテラシーは、非識字者よりも実は識字者自身の問題であるのに対して、オラリティは、非識字者の問題であり、リテラルな言語世界に生きている人間の場合は、自分の言葉を生活世界から切り離し、自分の身体からも切り離して、言葉の使用を意図的に学びなおさなければならないが、オーラルな言語世界ではその必要はなく、道具として使用する一種の記述行為としての言葉は、人びととの交流を通して自然に身につくものである。

問8　二重傍線部ⓐⓘⓤⓔⓞのカタカナと同じ漢字を用いる語を選択肢から一つ選び、その記号をマークせよ。

ⓐ　バイタイ

a　微生物をバイヨウする。
b　祝賀の宴にバイセキする。
c　挙式のバイシャクの労をとる。
d　損害をバイショウする。
e　売り上げがバイカする。

ⓘ　シントウ

a　独創的でトウテツした理論。
b　シュウトウな計画を立てる。
c　やかんの湯がフットウする。
d　子供のしつけをトウカンにする。
e　前例をトウシュウする。

㋒　イッセイ

a　少し熱があるのでアンセイにする。
b　校歌をセイショウする。
c　よくトウセイのとれた組織。
d　借金をセイサンする。
e　日程をチョウセイする。

㋓　シヒョウ

a　引っ越しのためジュウミンヒョウを移す。
b　技術の高さにテイヒョウがある。
c　特許庁にショウヒョウを登録する。
d　永年勤続者をヒョウショウする。
e　衣類をヒョウハクする。

㋔　トウイソクミョウ

a　私とAさんはイシンデンシンの間柄だ。
b　イサイは面談のうえお話しします。
c　上司の命令にイイダクダクと従う。
d　手元フニョイな生活を送る。
e　英雄やイセイシャの歴史における役割を考える。

二　次の文章は、『源氏物語』葵巻の一節である。当該箇所は、新斎院による賀茂祭の御禊（斎院が賀茂川で行う儀式）の日、光源氏（本文中では、大将の君・大将殿）の正妻である葵の上（本文中では、大殿）一行と、光源氏の通い所である御息所（本文中では、斎宮の御母御息所）との間に、車争いが起こってしまう場面が語られている。これを読んで、後の問いに答えよ。

そのころ、＊1斎院もおりゐたまひて、后腹の女三の宮ゐたまひぬ。帝、后、いとことに思ひきこえたまへる宮なれば、筋異になりたまふをいと苦しう思したれど、他宮たちのさるべきおはせず、儀式など、常の神事なれど、いかめしうののしる。祭のほど、限りある公事に添ふこと多く、見どころこよなし。人柄と見えたり。

御禊の日、上達部など数定まりて仕うまつりたまふわざなれど、おぼえことに容貌ある限り、下襲の色、表袴の紋、馬、鞍までみなととのへたり。とりわきたる宣旨にて、大将の君も仕うまつりたまふ。かねてより物見車心づかひしけり。一条の大路、所なくむくつけきまで騒ぎたり。ところどころの御桟敷、心々にし尽くしたるしつらひ、人の袖口さへいみじき見物なり。

大殿には、かやうの御歩きもをさをさしたまはぬに、御心地さへなやましければ、思しかけざりけるを、若き人々、「いでや、おのがどちひき忍びて見はべらむこそ、はえなかるべけれ。おほよそ人だに、今日の物見には、大将殿をこそは、あやしき山がつさへ見たてまつらむとすなれ。遠き国々より、妻子をひき具しつつも参で来なるを、御覧ぜぬはいとあまりもはべるかな」と言ふを、＊2大宮聞こしめして、「御心地もよろしき隙なり。さぶらふ人々もさうざうしげなめり」とて、にはかにめぐらし仰せたまひて見たまふ。

日たけゆきて、儀式もわざとならぬさまにて出でたまへり。隙もなう立ちわたりたるに、よそほしうひき続きて立ちわづらふ。よき女房車多くて、雑々の人なき隙を思ひ定めて、みなさし退けさする中に、網代の少し馴れたるが、下簾のさまなどよしばめるに、いたうひき入りて、ほのかなる袖口、裳の裾、＊3汗衫など、物の色いときよらにて、ことさらにやつれたるけはひしるく見ゆる車二つあり。「これは、さらにさやうにさし退けなどすべき御車にもあらず」と、口強(くちごは)くて手触れさせず。いづ方にも、若き者ども酔(ゑ)ひすぎたち騒ぎたるほどのことは、えしたためあへず。おとなおとなしき御前の人々は、「かくな」など言へど、えとどめあへず。

＊4斎宮の御母御息所、もの思し乱るる慰めにもやと、忍びて出でたまへるなりけり。つれなしづくれど、おのづから見知りぬ。「さばかりにては、さな言はせそ。大将殿をぞ豪家＊5には思ひきこゆらむ」など言ふを、その御方の人もまじれれば、いとほしと見ながら、用意せむもわづらはしければ、知らず顔をつくる。つひに御車ども立て続けつれば、副車＊6の奥におしやられてものも見えず。心やましきをばさるものにて、かかるやつれをそれと知られぬるが、いみじうねたきこと限りなし。榻＊7などもみな押し折られて、すずろなる車の筒＊8にうちかけたれば、またなう人わろく、悔しう何に来つらむと思ふにかひなし。ものも見で帰らむとしたまへど、通り出でむ隙もなきに、「事なりぬ」と言へば、さすがにつらき人の御前渡りの待たるるも心弱しや。笹＊9の隈にだにあらねばにや、つれなく過ぎたまふにつけても、なかなか御心づくしなり。げに、常よりも好みととのへたる車どもの、我も我もと乗りこぼれたる下簾の隙間どもも、さらぬ顔なれど、ほほ笑みつつ後目(しりめ)にとどめたまふもあり。大殿のはしるければ、まめだちて渡りたまふ。御供(とも)の人々うちかしこまり、心ばへありつつ渡るを、おし消たれたるありさまこよなう思さる。

影をのみみたらし川のつれなきに身のうきほどぞいとど知らるる

と、涙のこぼるるを人の見るもはしたなけれど、目もあやなる御さま、容貌のいとどしう、出でばえを見ざらましかば、と思さる。

(『源氏物語』葵による)

注　＊1　斎院＝賀茂神社に奉仕する皇女。　＊2　大宮＝葵の上の母。　＊3　汗衫(かざみ)＝童女などの晴れ着。　＊4　斎宮＝伊勢神宮に奉仕する皇女。ここでは、御息所の娘。　＊5　豪家＝権勢のある家。頼みとするところの意も含む。　＊6　副車＝お供の女房用の車。　＊7　榻＝牛車を牛から外したとき、車の先端部分を載せる台。　＊8　車の筒＝車輪の中心の車軸を受けている部分。
＊9　笹の隈＝「笹の隈檜の隈川に駒とめてしばし水かへ影をだに見む」（古今集）による。

問1　この場面の冒頭で語られる、新たな斎院が決められた際の動向について、最も適当なものを選択肢から一つ選び、その記号をマークせよ。

a　新たな斎院には、后がお産みになった、帝の三人の姫君が就任することになった。斎院になると、普段の生活に大きな制約が出るため、帝と后はそのことを大変心苦しく思われたものの、他に適当な者もいなかったための就任だった。斎院の就任に伴って行われる儀式等は、通例の神事だが盛大に執り行われることとなった。

b　新たな斎院には、后がお産みになった、帝の三人の姫君が就任することになった。斎院になると、普段の生活に大きな制約が出るため、帝と后はそのことを大変心苦しく思われたものの、他の宮たちはそのようには思っておらず、そのまま就任となった。斎院の就任に伴って行われる儀式等は、作法にのっとり通例のとおり行われた。

c　新たな斎院には、后がお産みになった、帝の三番目の姫君が就任することになった。斎院になると、普段の生活に大きな制約が出るため、帝と后はそのことを大変心苦しく思われたものの、他に適当な者もいなかったための就任だった。斎院の就任に伴って行われる儀式等は、通例の神事だが盛大に執り行われることとなった。

d　新たな斎院には、后がお産みになった、帝の三番目の姫君が就任することになった。斎院になると、普段の生活に大きな制約が出るため、帝と后はそのことを大変心苦しく思われたものの、他の宮たちはそのようには思っておらず、そのまま就任となった。斎院の就任に伴って行われる儀式等は、質素にするよう厳重な命令が言い渡された。

e　新たな斎院には、后がお産みになった、帝の三番目の姫君が就任することになった。斎院になると、普段の生活に大きな制約が出るため、帝と后はそのことを大変心苦しく思われたものの、規定によって決められた就任だった。斎院の就任に伴って行われる儀式等は、作法にのっとり通例のとおり行われた。

問2　御禊の日に関する記述として、最も適当なものを選択肢から一つ選び、その記号をマークせよ。

a　御禊の儀式にお仕えする公卿は、特に人望が厚く、容姿の立派な人物ばかりが選ばれた。帝からの特段の命令により光源氏も奉仕することになった。斎院は、物見のための車をあらかじめ用意していた。世間の人々も楽しみにしていたため、御禊の当日は、一条大路はとんでもないほどの混みようであった。

b　御禊の儀式にお仕えする公卿は、特に人望が厚く、容姿の立派な人物ばかりが選ばれた。帝からの特段の命令により光源氏も奉仕することになった。世間の人々は、物見のための車の支度に気を配っているのであった。そのような訳で、御禊の当日は、一条大路はとんでもないほどの混みようであった。

c　御禊の儀式にお仕えする公卿は、特に人望が厚く、容姿の立派な人物ばかりが選ばれた。帝への特別な陳状により光源氏も奉仕することになった。斎院は、物見のための車をあらかじめ用意していた。世間の人々も楽しみにしていたため、御禊の当日は、一条大路はとんでもないほどの混みようであった。

d　御禊の儀式にお仕えする公卿は、特に人望が厚く、容姿の立派な人物ばかりが選ばれた。帝からの特段の命令により光源氏も奉仕することになった。斎院は、物見のための車をあらかじめ用意していた。世間の人々も楽しみにしていたため、御禊の当日は、一条大路では人々が場所取りで争っていた。

e　御禊の儀式にお仕えする公卿は、特に人望が厚く、容姿の立派な人物ばかりが選ばれた。帝への特別な陳状により光源氏も奉仕することになった。世間の人々は、物見のための車の支度に気を配っているのであった。そのような訳で、御禊の当日は、一条大路では人々が場所取りで争っていた。

問3 物見に出かける際の、葵の上周辺の描写として、最も適当なものを選択肢から一つ選び、その記号をマークせよ。

a 葵の上は、このように出歩くことがあまりできないほど、体調が良くなかったため、見物に繰り出すつもりではなかったが、若い女房たちは、「自分たちだけで見物するのは、ぱっとしないことです。一般の人でさえ大将殿を目当てに見に来るのに、ご覧にならないのは、あまりのことです」と、葵の上も一緒に出かけることを懇願した。

b 葵の上は、このような外出もめったにしないうえ、体調も良くなかったため、見物に繰り出すつもりではなかったが、若い女房たちは、「自分たちだけで見物するのは、ぱっとしないことです。一般の人でさえ大将殿を目当てに見に来るのに、ご覧にならないのは、あまりのことです」と、葵の上も一緒に出かけることを懇願した。

c 葵の上は、このような外出もめったにしないうえ、体調も良くなかったため、見物に繰り出すつもりではなかったが、若い女房たちは、「自分たちだけで見物するのは、恥ずかしいことです。おそらく人々は大将殿を目当てに見に来るのに、私たちだけが拝見するのは、過分のことです」と、葵の上も一緒に出かけることを懇願した。

d 葵の上は、このような外出もめったにしないうえ、体調も良くなかったため、見物に繰り出すつもりではなかったが、若い女房たちは、「自分たちだけで見物するのは、ぱっとしないことです。おそらく人々は大将殿を目当てに見に来るのに、皆で見てさしあげないのは、あまりのことです」と、葵の上も一緒に出かけることを懇願した。

e 葵の上は、このように出歩くことがあまりできないほど、体調が良くなかったため、見物に繰り出すつもりではなかったが、若い女房たちは、「自分たちだけで見物するのは、恥ずかしいことです。おそらく人々は大将殿を目当てに見に来るのに、私たちだけが拝見するのは、過分のことです」と、葵の上も一緒に出かけることを懇願した。

問４　若い女房たちの言葉を聞いて、大宮はどうしたか。最も適当なものを選択肢から一つ選び、その記号をマークせよ。

a　大宮は、「葵の上のご気分もまずまずの折です。お仕えしている人々ももの足りない気持ちでいるようですから」と言って、急に外出の準備をさせた。

b　大宮は、「葵の上のご気分もまずまずの折です。お仕えしている人々も騒がしくしているのですから」と言って、急に外出の準備をさせた。

c　大宮は、「葵の上のご気分もまずまずの折です。お仕えしている人々ももの足りない気持ちでいるようですから」と言って、強硬に葵の上を連れ出した。

d　大宮は、「葵の上の気分転換にも良い機会です。お仕えしている人々ももの足りない気持ちでいるようですから」と言って、強硬に外出の準備をさせた。

e　大宮は、「葵の上の気分転換にも良い機会です。お仕えしている人々も騒がしくしているのですから」と言って、急に葵の上を連れ出した。

問５　葵の上一行が一条大路に到着したとき、周りの車の人々とどのようなやりとりをしたか。最も適当なものを選択肢から一つ選び、その記号をマークせよ。

a　葵の上一行が、日が高くなってから一条大路へお出ましになると、物見車がひっきりなしに行き来していて、良い場所は既に取られていたので、他の車を立ち退かせようとしたが、そのうちの二つの車は、「これ以上多くの車を立ち退かせるべきではない」と強く諫めて、それ以上他の車に手出しをさせなかった。

b　葵の上一行が、日が高くなってから一条大路へお出ましになると、物見車がひっきりなしに行き来していて、良い場所は既に取られていたので、他の車を立ち退かせようとしたが、そのうちの二つの車は、「これはおまえたちがけっして立ち退かせることができる車ではない」と強く抵抗して、その車に手出しをさせなかった。

c　葵の上一行が、日が高くなってから一条大路へお出ましになると、物見車がずらりと並んでいて、車を止める場所が無かったので、他の車を立ち退かせようとしたが、そのうちの二つの車は、「これ以上多くの車を立ち退かせるべきではない」と強く諫めて、それ以上他の車に手出しをさせなかった。

d　葵の上一行が、日が高くなってから一条大路へお出ましになると、物見車がずらりと並んでいて、車を止める場所が無かったので、他の車を立ち退かせようとしたが、そのうちの二つの車は、「これはおまえたちがけっして立ち退かせることができる車ではない」と強く抵抗して、その車に手出しをさせなかった。

e　葵の上一行が、日が高くなってから一条大路へお出ましになると、物見車がずらりと並んでいて、良い場所は既に取られていたので、他の車を立ち退かせようとしたが、そのうちの二つの車は、「これ以上多くの車を立ち退かせるべきではない」と強く諫めて、それ以上他の車に手出しをさせなかった。

問6　葵の上一行といさかいになった相手方の様子として、最も適当なものを選択肢から一つ選び、その記号をマークせよ。

a　少し使い馴らした網代車で、下簾の様子など風情があり、目立たないようにしている様子がどことなくわかるものであった。実はこれは、御息所が、物思いで乱れた葵の上の心を慰めてあげたいと思って、語らうためにこっそりとお出かけになっていたもので、目立たないようにしていたのに、争いによって存在がはっきりと知られたのであった。

b　少し使い馴らした網代車で、下簾の様子など風情があり、目立たないようにしている様子がはっきりわかるものであった。実はこれは、御息所が、物思いで乱れた葵の上の心を慰めてあげたいと思って、語らうためにこっそりとお出かけになっていたもので、素性がそれと気付かれないように装っているけれども、自然とわかってしまうのであった。

c　少し使い馴らした網代車で、下簾の様子など風情があり、目立たないようにしている様子がはっきりわかるものであった。実はこれは、御息所が、物思いで乱れた自らの心を慰められるだろうかと思って、こっそりと行列を見にお出かけになっていたもので、目立たないようにしていたのに、争いによって存在がはっきりと知られたのであった。

d　少し使い馴らした網代車で、下簾の様子など風情があり、目立たないようにしている様子がどことなくわかるものであった。実はこれは、御息所が、物思いで乱れた自らの心を慰められるだろうかと思って、こっそりと行列を見にお出かけになっていたもので、平静を装っているけれど、ご自身でも動揺が表情に出ていることがわかってしまうのであった。

e　少し使い馴らした網代車で、下簾の様子など風情があり、目立たないようにしている様子がはっきりわかるものであった。実はこれは、御息所が、物思いで乱れた自らの心を慰められるだろうかと思って、こっそりと行列を見にお出かけになっていたもので、素性がそれと気付かれないように装っているけれど、自然とわかってしまうのであった。

問7　葵の上の従者から乱暴を受けた際の、御息所の心情について、最も適当なものを選択肢から一つ選び、その記号をマークせよ。

a　御息所は、葵の上の従者から受けた仕打ちの不愉快さはさることながら、光源氏への未練からこのように落ちぶれてみすぼらしくなった姿を、自分だと気付かれてしまったことが、何よりも腹立たしいし、車も壊れなどして体裁が悪く、悔しくて、何のために出てきたのかと思った。

b　御息所は、光源氏への未練から人目を忍んで物見に出かけてきたうしろめたさもさることながら、このように落ちぶれてみすぼらしくなった姿を、自分だと気付かれてしまったことが、何よりも腹立たしいし、車も壊されてしまって、葵の上のことがこの上なく悪者に思われて、悔しくて、何のために出てきたのかと思った。

c　御息所は、光源氏への未練から人目を忍んで物見に出かけてきたうしろめたさもさることながら、このように落ちぶれてみすぼらしくなった姿を、自分だと気付かれてしまったことが、何よりも腹立たしいし、車も壊れなどして体裁が悪く、悔しくて、何のために出てきたのかと思った。

d　御息所は、葵の上の従者から受けた仕打ちの不愉快さはさることながら、光源氏への未練からこのように粗末な装いをして人目を忍んで物見に出てきたのを、自分だと気付かれてしまったことが、何よりも腹立たしいし、車も壊れなどして体裁が悪く、悔しくて、何のために出てきたのかと思った。

e　御息所は、葵の上の従者から受けた仕打ちの不愉快さはさることながら、光源氏への未練からこのように粗末な装いをして人目を忍んで物見に出てきたのを、自分だと気付かれてしまったことが、何よりも腹立たしいし、車も壊されてしまって、葵の上のことがこの上なく悪者に思われて、悔しくて、何のために出てきたのかと思った。

問8　光源氏の行列が通りかかった際の、御息所の心情について、最も適当なものを選択肢から一つ選び、その記号をマークせよ。

a　御息所は物見を諦めて帰ろうとしたが、「行列が来ましたよ」と言うのが聞こえると、やはり冷淡な人が目の前を通り過ぎるのを待ちたい気持ちになってしまうのも、意志の弱さであることだ。光源氏がそっけなく通り過ぎる姿を見るにつけても、かえって心も尽き果てるほど苦しく思った。

b　御息所は物見を諦めて帰ろうとしたが、「行列が来ましたよ」と言うのが聞こえると、やはりたえがたいのは光源氏が目の前を通り過ぎるのを待っている時で、心が追い詰められるようである。光源氏を平静を装ってやり過ごすにつけても、かえって心も尽き果てるほど苦しく思った。

c　御息所は物見を諦めて帰ろうとしたが、「行列が来ましたよ」と言うのが聞こえると、やはりたえがたいのは光源氏が目の前を通り過ぎるのを待っている時で、心が追い詰められるようである。光源氏がそっけなく通り過ぎる姿を見るにつけても、かえって心も尽き果てるほど苦しく思った。

d　御息所は行列を見ないでは帰らないと思ったが、「行列が来ましたよ」と言うのが聞こえると、やはりたえがたいのは光源氏が目の前を通り過ぎるのを待っている時で、心が追い詰められるようである。光源氏を平静を装ってやり過ごすにつけても、かえって心も尽き果てるほど苦しく思った。

e　御息所は行列を見ないでは帰らないと思ったが、「行列が来ましたよ」と言うのが聞こえると、やはり冷淡な人が目の前を通り過ぎるのを待っているのもつらく、気が弱くなってしまう。光源氏がそっけなく通り過ぎる姿を見るにつけても、かえって心も尽き果てるほど苦しく思った。

問9　「影をのみ」の和歌についての説明として、最も適当なものを選択肢から一つ選び、その記号をマークせよ。

a　この和歌は、御息所が詠んだものである。自身の受けた酷(ひど)い仕打ちの全貌と、それによって惨めな姿になってしまったことを、この場にいる光源氏に直接伝えたものである。「みたらし川」「うき」など、複数の掛詞(かけことば)を用いながら、その切実さが端的に伝わるように工夫している。

b　この和歌は、御息所が詠んだものである。「川」「うき」など縁語を用いながら、光源氏の薄情さと自身の辛い状況を思い知ったことを、自発の助動詞「る」を用いて表現している。ただし、和歌は、光源氏には伝えられてはおらず、御息所が心の内で思い悩む描写となっている。

c　この和歌は、御息所が詠んだものである。光源氏と葵の上との夫婦仲が盤石であると分かり、光源氏との恋愛を諦めるための、心理的な余裕ができたことを「身のうきほど」によって表現している。また、その光源氏との恋愛関係を終えるという強い決意を、係助詞「ぞ」による係り結びを用いて述べている。

d　この和歌は、光源氏が詠んだものである。この和歌は、特定の女性に対して詠んだものではなく、様々な女性たちが自分をめぐって争っている現状を踏まえ、自分の罪深さを嘆く内容である。自身を「みたらし川」の流れにたとえ、多くの女性と関係を持ちつつも、「影」を宿しただけで流れ去ってしまうような自分を、悲劇的に演出している。

e　この和歌は、光源氏が詠んだものである。葵の上が御息所に対して行った仕打ちを心苦しく思うのと同時に、自身との恋に溺れてしまう御息所に対して、心惹(ひ)かれることを告げた内容である。また、これまでに御息所が経験した身の憂さについても、十分に理解していることを「いとど」によって表現し、彼女に寄り添おうとしている。

問10　この場面の末尾では、御息所の心情や人物描写がどのように語られているか。最も適当なものを選択肢から一つ選び、その記号をマークせよ。

a　御息所は、光源氏の姿を見なかったら良かったのに、と偶然の出来事を恨めしく思っている。葵の上一行に対する源氏の態度を見てしまったことへの後悔はあるものの、まばゆく素晴らしい容姿の光源氏への強い恋情が冷めたわけではない。かえって強く心惹かれてしまう様相が、やや滑稽な姿として語られている。

b　御息所は、光源氏の姿を見るべきではない、と強く決意している。それは、葵の上への強い恨みが存在するからである。

涙を流しつつもこの恨みを晴らそうとすることは、周囲の人からみっともないと見られてしまうが、それでも復讐(ふくしゅう)心を燃やす自制がきかない姿として語られている。

c　御息所は、光源氏の姿を見たくなかった、と軽率な自身の行動を後悔している。もし見物に来なかったのならば、酷い仕打ちを受けずに済んだからである。光源氏への恋心を断ち切れない自身の深層に気付き、現状を打破する方法を模索しようとする姿が、力強く語られている。

d　御息所は、光源氏の姿を見たことに対して、やはり見て良かった、と思っている。もし光源氏を見なかったならば、必ずや心残りになったであろうと考えているためである。周囲の人に泣く姿を見られてしまうことを、みっともないと感じつつも、なおも光源氏に執着してしまう心の動きが語られている。

e　御息所は、光源氏の姿を想像することで、今日起こった不幸な出来事を忘れようとしている。御息所の泣いている姿は、目も当てられないような、ひどくやつれたみすぼらしいありさまであり、周囲の人だけでなく読者の同情をも誘うように、御息所の落胆が視覚的な表現で語られている。

二月七日実施分

解 答

一

出典 小柳正司『リテラシーの地平——読み書き能力の教育哲学』〈第一章 識字と「精神の文字化」〉(大学教育出版)

解答

問1 d
問2 e
問3 c
問4 c
問5 a
問6 a
問7 b
問8 あ—c い—a う—b え—c お—d

◆要 旨◆

文字の読み書きができることを暗黙の前提にして成り立っている社会的諸関係への参入の度合いを決定づけるという点に、識字の本来的な機能がある。「精神の文字化」とは、その機能によって、われわれの精神の働きがオーラルな語りの世界から遠ざかり、リテラルな言語世界に依存するようになっていることをいう。オーラルな言語世界では、言葉は日常生活の中で人々の交流を通して身振りや心情とともに自然に身に付くものであるのに対して、リテラルな言語世界では、言葉は生活世界や身体から切り離して学び直すものである。そうなると、リテラシーは非識字者よりも実は識字者の問題だということになるので、リテラシーは「精神の文字化」という次元で問いなおされなくてはならない。

▲解　説▼

問1　設問の「われわれが日常会話で使う話し言葉について」を手がかりとして本文中をみると、第二段落に「われわれが日常普段使っている話し言葉の何と多くが漢字の存在を前提に成り立っている」とあり、続いて「聞き手は……話の文脈を通して即座に判断し理解する…私の方も……理解してくれることを暗黙の前提にして」、さらに「お互いにそれぞれが頭の中で文字言語を自由に駆使できることを当然のこととして言説世界に参入する」とあることから、dが正解。なお、aは「同音異義語を使わざるをえず」が、不適。「相手が子どもであれば……不用意には使えない」とあり、使わないことも可能である。bは「駆使することは難しい」、cは「理解を深めることが……重要」、eは「早いうちから身につけさせることが大切」の部分が、それぞれ不適。

問2　設問の「識字」を手がかりとして本文中をみると、第三段落最終文に「ところが、識字は単にそれだけではすまない性質をもっている」とあり、第四段落に「実は文字の読み書きができることを暗黙の前提にして成り立っている社会的諸関係への参入の度合いを決定づけているという点に、識字の本来的な機能がある」、さらに第五段落に「さらに広い意味で……（つまりはフォーマルな文字言語表現）を自由に駆使しうる人びとの間で取り結ばれる言説空間全体を意味している」とあることから、eが正解。なお、cは紛らわしいが、「自由に駆使しうる人びとの間で取り結ばれる言説空間全体」の要素が不足しているので、不適。aは「直接的な文字バイタイを介する」ことを否定している点で不適、bは第四段落の内容が不足、dは「社会的関係の深さは……かかっている」が不適。

問3　設問の「文化講演会」を手がかりとして本文中をみると、第六段落に①「例えば、文化講演会や……そこでは、話者の語る言葉は現象的にはオーラルな話し言葉ではあっても、その話し言葉自体は基本的には文字言語を介在させたリテラルな話し言葉になっている」とあり、続いて②「聴衆の方にも、そうしたリテラルな話し言葉の内容を理解し受けとめるだけの一定の教養のわきまえがあることがはじめから当然の前提とされている」、さらに③「実際には一定水準以上のリテラルな教養を有している人びとを引き寄せ、そうでない人びとを遠ざけるという形で社会的な排除の力が作用する場となっている」とあることから、cが正解。aは「オーラルな話し言葉を…変換」、bは「その場で質問……できる」、dは「話を聴いて理解することはできても」、eは「遠ざけるため」が不適。

問4　設問の「識字と非識字」を手がかりとして本文中をみると、「『消費動向は……』」から始まる第七段落に「たとえこうした言語表現を読んだり書いたりすることができるとしても、その意味内容を素直に理解することができなければ、それは確かに一つの非識字に違いない」とあり、第八段落に「要するに、識字とは文字文化の内面化である。それによってわれわれの精神の働きは文字化される」、第九段落に「さらに本質的な問題は、……もはや文字言語とその文化の存在を抜きにはわれわれの話し言葉の世界そのものが正常に機能しなくなっていることである」とあることから、cが正解。なお、eは紛らわしいが、第九段落の本質的な問題について触れていないので、不適。

問5　設問の「社会的コミュニケーションのあらゆる場で起きていること」を手がかりとして本文中をみると、第十一段落に「同様のことは、現代社会においてわれわれが取り結ぶ社会的コミュニケーションのあらゆる場において大なり小なり生じている」とあることから、何と「同様」なのかを考える。直前の第十段落をみると①「生徒は……自らの思考の回路を純然たるオーラルな言語世界から切り離して、多分にリテラルな言語世界の範型に合わせていかなければならない……それができなければ……授業の輪の外に投げ出され」とある。このことと「同様のこと」は何かを考え、第十一段落に戻ると②「リテラルな言語表現は……必ず何らかの形で介入してきている……文字言語と文字文化を前提とした思考回路の使用を否応なく求められている」とある。さらに③「学校教育が……習得の場になっている」とあることから、aが正解。bは「社会から脱落しないために」以下が不適、cは「生徒がリテラルな話し言葉を習得……おこなうようになる」、dは「純然たるオーラルな話し言葉を」以下、eは「どこにも存在しない」が不適。

問6　設問の「精神の文字化」を手がかりとして本文中をみると、第十二段落に①「したがって『精神の文字化』とは、われわれの精神の働きがオーラルな語りの世界からますます遠ざかり、リテラルな言語世界にますます依存するようになっていることをいう」、②「下層階級の『制限コード』と中・上流階級の『精密コード』との違いは、前者がオーラルな語りの世界……後者が洗練された書き言葉の世界」、第十三・十四段落に「言葉は人びとを社会的に結び付けたり排除したりする階層化の目に見えざるシヒョウとなる」「以上のような『精神の文字化』という現象」とあることから、ａが正解。ｂは「従わせていく道具として発明された」が不適。ｃは「日本においても」以下が不適。ｄは「へと転換していったように」が不適。ｅは「書くように話すのではなく」が不適。「話したことがそのままで美しい文章になるように話すこと」は、「書くように話すこと」の言い換えである。

問７　設問の「リテラシーとオラリティ」を手がかりとして本文中をみて、それを対比させてまとめると、第十四段落では「文字によってものを考える精神」と「一次的な声の文化」、第十五段落では〈発話でさえも記述行為〉と〈生身の躍動する音声〉、第十六・十七段落では〈自分の言葉を生活世界や自分の身体から切り離し、意図的に学びなおさねばならないという識字者自身の問題〉と〈生活の中での交流を通して自然に身につくので学習が不要で、その場の身振りや心情とともに習得されるもの〉となる。以上より、ｂが正解。ａは「オラリティは、『一次的な声の文化』との対照によって」が不適。ｃは「語彙をつなぎ合わせ構成していくもの」が不適。ｄは「発話でさえも、もはや即興としての性格を失い」が不適。ｅは「一種の記述行為としての言葉」が不適。

二

出典　紫式部『源氏物語』〈葵〉

解答

問１　ｃ

問２　ｂ

問３　ｂ

問4　a
問5　d
問6　e
問7　d
問8　a
問9　b
問10　d

◆全　訳◆

そのころ、斎院も退任なさって、皇太后を母とする女三の宮がご就任になった。父帝と母后が、たいそう特別に大事に思い申される皇女であるので、（俗世とは）異なる立場になりなさるのをたいそうつらくお思いになったけれど、他の皇女たちで適当な方がいらっしゃらず（女三の宮に決まったので）、儀式など、恒例の神事ではあるけれど、盛大に催す。賀茂祭のときは、定まった公の行事のほかに付け加わることが多く、見どころがこのうえなく多い。（それも女三の宮の）お人柄によると思われた。

御禊の日は、（例年）上達部などもきまった人数でご奉仕申しあげなさることになっているけれど、（今回は）特に人望が厚く容姿の立派な方々ばかりで、下襲の色合い、表袴の模様、馬、鞍までみな立派にととのえていた。帝からの特段の命令があって、大将の君（＝光源氏）もご奉仕なさる。（世間の人々は）かねてから物見のための車の支度に気を配っていた。一条大路は、（空いている）場所もなく恐ろしいほどに混雑している。ところどころの御桟敷では、思い思いに趣向をつくした飾りつけや、出し衣の袖口までもたいへんな見物である。

葵の上は、このようなお出かけもめったになさらないうえに、ご気分までもすぐれなかったので、（見物する）おつもりもなかったのだが、若い女房たちが、「さあ、自分たちだけでひっそりと見物いたしましても、ぱっとしないことだろう。ふつうの人たちでさえ、今日の見物には、大将殿を目当てに、いやしい田舎者までが拝見しようとするそうだ。遠い国々から、妻子を引き連れてでも（都に祭見物に）上ってくるらしいのに、（よりによって大将殿の奥方であるあなた様が）ご覧にならないのはいかにもあんまりでございますよ」と言うのを、（葵の上の母である）大宮がお聞きつけになって、「（葵の上の）ご気分もまずまずの折です。お付きの人々ももの足りない気持ちでいるようだ」とおっしゃって、急に思案しお命じになって（葵の上は祭を）ご覧になる。

日が高くなって、用意も格式ばらない程度でお出ましになった。隙間もなく（物見車が）立ち並んでいるので、（一行は）美々しく列をなしたまま、立ち往生する。身分のある女房の車が多くて、下々の者がいない場所を見定めて、（他の車を）みな立ち退かせている中に、網代車で少し使い馴らしていて、下簾の様子など風情があって、（車の主は）ずっと奥に引っ込んでいて、わずかに見える袖口、裳の裾、汗衫など、それらの色合いがまことにきれいで、わざと目立たないようにしている様子がはっきりわかる車が二つある。（供人が）「これは、けっしてそのように立ち退かせなどしてよいお車ではない」と強く言い張って手を触れさせない。どちらの側も、若い者たちが酔い過ぎ騒いでいるとあっては、とても取り鎮められない。年長の分別あるお供の人々は、「そんな乱暴はするな」などと言うけれど、とどめることができない。

斎宮の母君の御息所が、物思いで乱れる自らの心を慰められるだろうかと、お忍びでお出かけになった車なのだった。さりげないふうにしているけれど、自然とわかってしまった。「その（＝御息所の）程度では、そんなことは言わせるな。大将殿を権勢があるといって頼みに思い申しあげているのだろう」などと（葵の上の従者が）言うのを、（葵の上のお供の中には）大将殿の家の者もまじっているので、（御息所を）気の毒だとは思いながら、気遣いするのもめんどうなので、知らん顔をしている。ついに（葵の上一行の）お車の列を乗り入れてしまったので、（御息所の車は）お供の車の後ろに押しやられて何も見えない。不愉快さはもとよりとして、こうして人目を忍んで出てきたのをそれと知られてしまったのが、ひどく腹立たしいことこのうえない。榻などもみな押し折られて、（車の先端部分は）これということもない車の筒にうちかけてあるので、またとなく体裁が悪く、悔しくて何のために来たのかと思うがどうしようもない。

（御息所は）行列も見ないで帰ろうとなさるけれど、通り抜けて出る隙間もなくているうと、「行列が来ましたよ」と言うので、そうはいってもやはり冷淡な人（＝大将殿）のお通りを待ちたい気持ちになってしまうのも意志の弱さであることだ。（ここは「隈」ではあっても）「（馬をとめて水面に映る姿を見る）笹の隈」ですらもないからか、（大将殿が馬をとめずに）そっけなく通り過ぎなさるにつけても、かえってお心も尽き果てるほど苦しく思われた。まことに、例年よりも趣向をこらした数々の車の、我も我もとたくさん乗り込んで袖口のこぼれ出ている下簾の隙間隙間に対しても、（大将殿は）さりげない面持ちながら、笑みをたたえては流し目を送ったりもなさる。葵の上の車はそれとはっきりわかるので、（大将殿は）まじめな顔をつくってお通りになる。お供の人々もうやうやしく、敬意を表して通り過ぎるので、（御息所は）押し負かされてしまったわが有様をこのうえもなくみじめにお思いにならずにいられない。

水面に映る姿（のようにちらりとしか見えなかったあなたの姿）だけを見て、流れ去る御手洗川のようなあなたのつれなさゆえに、わが身の不幸せがいよいよ思い知られます。

と涙がこぼれるのを（周囲の）人が見るのもきまりがわるいけれど、（大将殿の）まばゆいくらいのお姿、お顔だちがますます、晴れの場で映えまさっているのをもし見なかったならば（心残りであっただろう）、とお思いになる。

▲解　説▼

問1　冒頭部分をみると、第一段落一行目に「后腹の女三の宮ゐたまひぬ」とあり、「女三の宮」は〝三番目の皇女〟の意なので、a・bが消え、c・d・eが残る。続いて「他宮たちのさるべきおはせず」とあり、「さる（然る）」は〝そのような。相当な〟の意で、「べき」は適当の助動詞「べし」の連体形なので、cが正解。

問2　設問の「御禊の日」を手がかりとして本文中をみると、第二段落一行目に「御禊の日……」とあり、選択肢を見比べると、まず違いは「とりわきたる宣旨にて」の部分。「宣旨」は〝勅命の趣旨を述べ伝える公文書〟の意なので、a・b・dが残る。「かねてより物見車心づかひしけり。一条の大路、所なくむくつけきまで騒ぎたり」とあり、「むくつけし」は〝気味が悪い。恐ろしい〟の意で、〈恐ろしいほどの騒ぎ〉になったのは世間の人々が準備していたからであり、斎院が主体ではないのでｂが正解。

問３　設問の「物見に出かける際の、葵の上」を手がかりとして本文中をみると、第三段落一行目に「大殿には、かやうの御歩きもをさをさしたまはぬに」とあり、「をさをさ」は〝（下に打消しの表現を伴って）ほとんど～ない〟の意なので、ｂ・ｃ・ｄが残る。続いて「はえなかるべけれ」とあり、「はえ（映え）」は〝ぱっと引き立つこと。見ばえ〟の意なので、ｃは消える。さらに「おほよそ人だに」とあり、「だに」は軽いものから重いものを類推する副助詞〝～さえ。～でも〟の意なので、ｂが正解。

問４　設問の「大宮はどうしたか」を手がかりとして本文中をみると、第三段落四行目に「大宮聞こしめして、『御心地もよろしき隙なり」とある。「よろし」は〝悪くない〟の意なので、ａ・ｂ・ｃが残る。続いて「さぶらふ人々もさうざうしげなめり」とあり、「さうざうし」は〝もの足りない。寂しい。つまらない〟の意なので、ｂは消える。「さうざうし」は現代語の〈騒々しい〉と発音は同じだが、〝うるさい〟の意はない。さらに「にはかにめぐらし仰せ」とあり、「にはか」は〝突然。いきなり〟の意なので、ａが正解。

問５　選択肢の共通している冒頭部分を手がかりとして本文中をみると、第四段落はじめに「日たけゆきて……隙もなう立ちわたりたるに」とある。「わたる」は〝～し続ける。一面に～する〟の意なので、ｃ・ｄ・ｅが残る。続いて「立ちわづらふ」とあり、「わづらふ」は〝苦しむ。困る〟の意なので、ｅが消える。さらに「これは、さらにさやうにさし退けなどすべき御車にもあらず」とあり、「さやうに」の「さ」は〝そのように〟の意なので、ｄが正解。

問６　選択肢の共通している冒頭部分を手がかりとして本文中をみると、第四段落二行目に「網代の少し馴れたるが……ことさらにやつれたるけはひしるく見ゆる車二つあり」とある。「しるく」は形容詞「しるし（著し）」の連用形で〝はっきりしている。まさにその通りだ〟の意なので、ｂ・ｃ・ｅが残る。なお、「しるからず・しるかりけれ……」のような活用形になると、動詞「しる（知る）」と誤認しやすいので要注意。第五段落冒頭に「斎宮の御母御息所、もの思し乱るる慰めにもやと」とあり、「もや」は軽い疑問を表し〝～か〟の意なので、ｂは消える。「つれなしづくれど、おのづから見知りぬ」とあり、「つれなしづくる」は〝なんでもないふうにする〟の意で、「おのづから」は〝自然に。たまたま〟の意なので、eが正解。

問7　設問の「葵の上の従者から乱暴を受けた」を手がかりとして本文中をみると、第五段落四行目に「心やましきをばさるものにて、かかるやつれをそれと知られぬるが」とあり、「こころやまし」は〝心が傷つけられた。不快だ〟の意。「やつれ」は〝粗末な格好になる〟の意で、ここでは御息所の「つれなしづく」った様子を表すので、d・eが残る。続いて「人わろく」は〝体裁が悪い。みっともない〟の意なので、dが正解。

問8　選択肢の冒頭部を手がかりとして本文中をみると、最後の段落に「ものも見で帰らむとしたまへど」とあり、「帰らむ」の「む」は意志の助動詞なので、a・b・cが残る。続いて「さすがにつらき人の御前渡りの待たるるも心弱しや」とあり、「さすがに」は〝そうはいってもやはり〟、「つらき人」は〝(つらいと思う本人ではなく)私をつらく思わせる薄情なあの人〟の意なので、aが正解。

問9　和歌の前後は御息所の心情であり、和歌の直後に「涙のこぼるるを」とある。したがって、御息所が詠んだ和歌で、涙をこぼしているので、c・d・eが消え(cは「心理的な余裕ができた」が不可)、a・bが残る。和歌の前に「まめだちて渡りたまふ」「心ばへありつつ渡る」とあり、光源氏は通り過ぎてしまっているので、aも消え、bが正解。

問10　本文末尾には「出でばえを見ざらましかば」とあり、この「ましかば」は反実仮想なので、〝もし光源氏の晴れ姿を見なかったとしたら〟の意となる。その後が省略されているので、推測しなくてはならない。そこで、直前の「涙のこぼるるを人の見るもはしたなけれど」に着目すると、「はしたなし」は〝①中途半端だ。②きまりが悪い。③失礼だ。④激しい〟の意なので、〝泣いているのを他人に見られるのはきまり悪いが、もし光源氏の晴れ姿を見なかったとしたら〟となり、〈見なかったとしたら後悔していた〉のだと考えられるので、dが正解。

❖講　評

現代文一題、古文一題という構成は例年通り。内容説明の問題に傍線を引かないという出題形式も例年通り。問題文は長文であるが、設問は文章の流れに沿って出されている。尋ねられているポイントを見極めたい。

一は、小柳正司の評論。「精神の文字化」について考察し、リテラルな言語世界とオーラルなそれとを対比して述べた文章である。抽象的な概念が散見されるものの、具体例が豊富なので筆者の主張をイメージするのは難しくない。ただし、選択肢はどれも紛らわしいので、丁寧な読解が求められる。

線が引かれていないので、まず、設問を手がかりとして本文中の該当箇所を正確に探すことが求められる。そして、選択肢と本文中の該当箇所とを照合し、合致しないものを消去していく。その際、選択肢同士の見比べも有効だが、考えなしに選択肢をみてしまうと迷いやすくなるので、安易に消去法に頼るのではなく、記述式問題を解くのと同様に、本文中の根拠となる部分をもとに自分なりの答えを想定するよう心がけたい。

二は、『源氏物語』からの出題。出題箇所は、葵の上と御息所との間に車争いが起こる場面。和歌が一首含まれていた。

現代文と比較すると、古文の選択肢は似通った部分が多く、解釈を導いてくれる。したがって、設問に対する解答箇所を、現代文と同様に選択肢と本文とを照らし合わせて素早く見つけた後は、その部分を古典文法および古文単語、古文常識等の知識や文脈に基づいて解釈することで、選択肢を絞ることができる。

古文では、主体、客体などが頻繁に省略されるため、日頃からそれらを意識して場面状況や心理状況をイメージしつつ読解することが大切である。また、今回のように和歌が出題された場合は、歌の詳細な理解に拘泥するのではなく、前後の文脈から大意をつかむことが肝要である。いずれにせよ、普段から重要語句・文法の定着を図り、その上で高校教科書レベルの標準的な文章読解の演習を積んでおきたい。

いつも受験生のそばに―赤本

大学入試シリーズ＋α
入試対策も共通テスト対策も赤本で

入試対策

赤本プラス

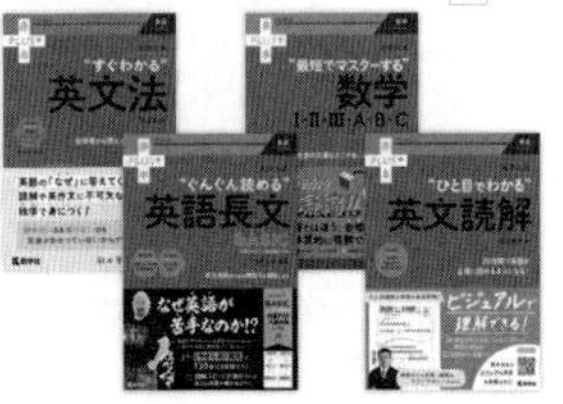

赤本プラスとは，**過去問演習の効果を最大にする**ためのシリーズです。「赤本」であぶり出された弱点を，赤本プラスで克服しましょう。

大学入試 すぐわかる英文法 DL
大学入試 ひと目でわかる英文読解
大学入試 絶対できる英語リスニング DL
大学入試 すぐ書ける自由英作文
大学入試 ぐんぐん読める 英語長文〔BASIC〕 DL
大学入試 ぐんぐん読める 英語長文〔STANDARD〕 DL
大学入試 ぐんぐん読める 英語長文〔ADVANCED〕 DL
大学入試 正しく書ける英作文
大学入試 最短でマスターする 数学Ⅰ・Ⅱ・Ⅲ・A・B・C
大学入試 突破力を鍛える最難関の数学
大学入試 知らなきゃ解けない 古文常識・和歌
大学入試 ちゃんと身につく物理
大学入試 もっと身につく 物理問題集（①力学・波動）
大学入試 もっと身につく 物理問題集（②熱力学・電磁気・原子）

入試対策

英検® 赤本シリーズ

英検®（実用英語技能検定）の対策書。
過去問集と参考書で万全の対策ができます。

▶過去問集（2024年度版）
英検®準1級過去問集 DL
英検®2級過去問集 DL
英検®準2級過去問集 DL
英検®3級過去問集 DL

▶参考書
竹岡の英検®準1級マスター DL
竹岡の英検®2級マスター CD DL
竹岡の英検®準2級マスター CD DL
竹岡の英検®3級マスター CD DL

CD リスニングCDつき　DL 音声無料配信
新 2024年新刊・改訂

入試対策

赤本プレミアム

赤本の教学社だからこそ作れた、
過去問ベストセレクション

東大数学プレミアム
東大現代文プレミアム
京大数学プレミアム〔改訂版〕
京大古典プレミアム

入試対策

赤本メディカルシリーズ

過去問を徹底的に研究し，独自の出題傾向をもつメディカル系の入試に役立つ内容を精選した実戦的なシリーズ。

〔国公立大〕医学部の英語〔3訂版〕
私立医大の英語〔長文読解編〕〔3訂版〕
私立医大の英語〔文法・語法編〕〔改訂版〕
医学部の実戦小論文〔3訂版〕
医歯薬系の英単語〔4訂版〕
医系小論文 最頻出論点20〔4訂版〕
医学部の面接〔4訂版〕

入試対策

体系シリーズ

国公立大二次・難関私大突破へ，自学自習に適したハイレベル問題集。

体系英語長文　体系世界史
体系英作文　体系物理〔第7版〕
体系現代文

入試対策

単行本

▶英語
Q&A即決英語勉強法
TEAP攻略問題集 CD
東大の英単語〔新装版〕
早慶上智の英単語〔改訂版〕

▶国語・小論文
著者に注目! 現代文問題集
ブレない小論文の書き方 樋口式ワークノート

▶レシピ集
奥薗壽子の赤本合格レシピ

入試対策　共通テスト対策

赤本手帳

赤本手帳（2025年度受験用）プラムレッド
赤本手帳（2025年度受験用）インディゴブルー
赤本手帳（2025年度受験用）ナチュラルホワイト

入試対策

風呂で覚えるシリーズ

水をはじく特殊な紙を使用。いつでもどこでも読めるから，ちょっとした時間を有効に使える！

風呂で覚える英単語〔4訂新装版〕
風呂で覚える英熟語〔改訂新装版〕
風呂で覚える古文単語〔改訂新装版〕
風呂で覚える古文文法〔改訂新装版〕
風呂で覚える漢文〔改訂新装版〕
風呂で覚える日本史〔年代〕〔改訂新装版〕
風呂で覚える世界史〔年代〕〔改訂新装版〕
風呂で覚える倫理〔改訂版〕
風呂で覚える百人一首〔改訂版〕

共通テスト対策

満点のコツシリーズ

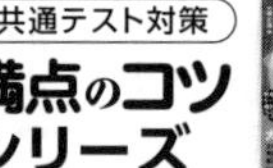

共通テストで満点を狙うための実戦的参考書。
重要度の増したリスニング対策は
「カリスマ講師」竹岡広信が一回読みにも
対応できるコツを伝授！

共通テスト英語〔リスニング〕 満点のコツ〔改訂版〕 新 DL
共通テスト古文 満点のコツ〔改訂版〕 新
共通テスト漢文 満点のコツ〔改訂版〕 新

入試対策　共通テスト対策

赤本ポケットシリーズ

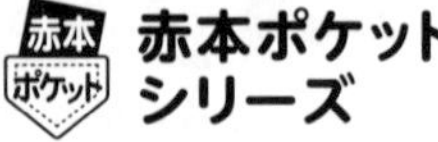

▶共通テスト対策
共通テスト日本史〔文化史〕

▶系統別進路ガイド
デザイン系学科をめざすあなたへ

共通テスト対策関連書籍

共通テスト対策 も 赤本で

① 過去問演習

2025年版

共通テスト赤本シリーズ

全12点

A5判／定価1,320円（本体1,200円）

- 英国数には新課程対応オリジナル実戦模試 掲載！
- 公表された新課程試作問題はすべて掲載！
- くわしい対策講座で得点力UP
- 英語はリスニングを10回分掲載！赤本の音声サイトで本番さながらの対策！

- 英語 リーディング／リスニング DL
- 数学I, A／II, B, C
- 国語
- 歴史総合, 日本史探究
- 歴史総合, 世界史探究
- 地理総合, 地理探究
- 公共, 倫理
- 公共, 政治・経済
- 物理
- 化学
- 生物
- 物理基礎／化学基礎／生物基礎／地学基礎

DL 音声無料配信

② 自己分析

赤本ノートシリーズ 過去問演習の効果を最大化

▶共通テスト対策には

赤本ノート（共通テスト用）

赤本ルーズリーフ（共通テスト用）

共通テスト赤本シリーズ

新課程攻略問題集

全26点に対応!!

▶二次・私大対策には

大学赤本シリーズ

全556点に対応!!

赤本ノート（二次・私大用）

③ 重点対策

共通テスト赤本プラス

新課程攻略問題集

基礎固め&苦手克服のための分野別対策問題集!!
厳選された問題でかしこく対策

- 英語リーディング
- 英語リスニング DL
- 数学I, A
- 数学II, B, C
- 国語（現代文）
- 国語（古文, 漢文）
- 歴史総合, 日本史探究
- 歴史総合, 世界史探究
- 地理総合, 地理探究
- 公共, 政治・経済
- 物理
- 化学
- 生物
- 情報I

DL 音声無料配信

全14点 好評発売中！

A5判／定価1,320円（本体1,200円）

手軽なサイズの実戦的参考書

目からウロコのコツが満載！

直前期にも！

満点のコツシリーズ

赤本ポケット

2025年版　大学赤本シリーズ

私立大学③

529 同志社大学(文・経済学部−学部個別日程)
530 同志社大学(神・商・心理・グローバル地域文化学部−学部個別日程)
531 同志社大学(社会学部−学部個別日程)
532 同志社大学(政策・文化情報〈文系型〉・スポーツ健康科〈文系型〉学部−学部個別日程)
533 同志社大学(理工・生命医科・文化情報〈理系型〉・スポーツ健康科〈理系型〉学部−学部個別日程)
534 同志社大学(全学部日程)
535 同志社女子大学 総推
536 奈良大学 総推
537 奈良学園大学 総推
538 阪南大学 総推
539 姫路獨協大学 総推
540 兵庫医科大学(医学部) 医
541 兵庫医科大学(薬・看護・リハビリテーション学部) 総推
542 佛教大学 総推
543 武庫川女子大学 総推
544 桃山学院大学 総推
545 大和大学・大和大学白鳳短期大学部 総推
546 立命館大学(文系−全学統一方式・学部個別配点方式)／立命館アジア太平洋大学(前期方式・英語重視方式)
547 立命館大学(理系−全学統一方式・学部個別配点方式・理系型3教科方式・薬学方式)
548 立命館大学(英語〈全学統一方式3日程×3カ年〉)
549 立命館大学(国語〈全学統一方式3日程×3カ年〉)
550 立命館大学(文系選択科目〈全学統一方式2日程×3カ年〉)
551 立命館大学(IR方式〈英語資格試験利用型〉・共通テスト併用方式)／立命館アジア太平洋大学(共通テスト併用方式)
552 立命館大学(後期分割方式・「経営学部で学ぶ感性+共通テスト」方式)／立命館アジア太平洋大学(後期方式)
553 龍谷大学(公募推薦入試) 総推
554 龍谷大学(一般選抜入試)

中国の大学(50音順)

555 岡山商科大学 総推
556 岡山理科大学 総推
557 川崎医科大学 医
558 吉備国際大学 総推
559 就実大学 総推
560 広島経済大学
561 広島国際大学 総推
562 広島修道大学
563 広島文教大学 総推
564 福山大学／福山平成大学
565 安田女子大学 総推

四国の大学(50音順)

567 松山大学

九州の大学(50音順)

568 九州医療科学大学
569 九州産業大学
570 熊本学園大学
571 久留米大学(文・人間健康・法・経済・商学部)
572 久留米大学(医学部〈医学科〉) 医
573 産業医科大学(医学部) 医
574 西南学院大学(商・経済・法・人間科学部−A日程)
575 西南学院大学(神・外国語・国際文化学部−A日程／全学部−F日程)
576 福岡大学(医学部医学科を除く−学校推薦型選抜・一般選抜系統別日程) 総推
577 福岡大学(医学部医学科を除く−一般選抜前期日程)
578 福岡大学(医学部〈医学科〉−学校推薦型選抜・一般選抜系統別日程) 医 総推
579 福岡工業大学
580 令和健康科学大学 総推

医 医学部医学科を含む
総推 総合型選抜または学校推薦型選抜を含む
DL リスニング音声配信　新 2024年 新刊・復刊

掲載している入試の種類や試験科目，収載年数などはそれぞれ異なります。詳細については，それぞれの本の目次や赤本ウェブサイトでご確認ください。

akahon.net

難関校過去問シリーズ

出題形式別・分野別に収録した
「入試問題事典」
20大学 73点
定価2,310〜2,640円(本体2,100〜2,400円)

先輩合格者はこう使った!
「難関校過去問シリーズの使い方」

61年，全部載せ!
要約演習で，総合力を鍛える
東大の英語
要約問題 UNLIMITED

国公立大学

東大の英語25カ年[第12版] 改
東大の英語リスニング20カ年[第9版] DL 改
東大の英語 要約問題 UNLIMITED
東大の文系数学25カ年[第12版] 改
東大の理系数学25カ年[第12版] 改
東大の現代文25カ年[第12版] 改
東大の古典25カ年[第12版] 改
東大の日本史25カ年[第9版] 改
東大の世界史25カ年[第9版] 改
東大の地理25カ年[第9版] 改
東大の物理25カ年[第9版] 改
東大の化学25カ年[第9版] 改
東大の生物25カ年[第9版] 改
東工大の英語20カ年[第8版] 改
東工大の数学20カ年[第9版] 改
東工大の物理20カ年[第5版] 改
東工大の化学20カ年[第5版] 改
一橋大の英語20カ年[第9版] 改
一橋大の数学20カ年[第9版] 改
一橋大の国語20カ年[第6版] 改
一橋大の日本史20カ年[第6版] 改
一橋大の世界史20カ年[第6版] 改
筑波大の英語15カ年 新
筑波大の数学15カ年 新
京大の英語25カ年[第12版]
京大の文系数学25カ年[第12版]
京大の理系数学25カ年[第12版]
京大の現代文25カ年[第2版]
京大の古典25カ年[第2版]
京大の日本史20カ年[第3版]
京大の世界史20カ年[第3版]
京大の物理25カ年[第9版]
京大の化学25カ年[第9版]
北大の英語15カ年[第8版]
北大の理系数学15カ年[第8版]
北大の物理15カ年[第2版]
北大の化学15カ年[第2版]
東北大の英語15カ年[第8版]
東北大の理系数学15カ年[第8版]
東北大の物理15カ年[第2版]
東北大の化学15カ年[第2版]
名古屋大の英語15カ年[第8版]
名古屋大の理系数学15カ年[第8版]
名古屋大の物理15カ年[第2版]
名古屋大の化学15カ年[第2版]
阪大の英語20カ年[第9版]
阪大の文系数学20カ年[第3版]
阪大の理系数学20カ年[第9版]
阪大の国語15カ年[第3版]
阪大の物理20カ年[第8版]
阪大の化学20カ年[第6版]
九大の英語15カ年[第8版]
九大の理系数学15カ年[第7版]
九大の物理15カ年[第2版]
九大の化学15カ年[第2版]
神戸大の英語15カ年[第9版]
神戸大の数学15カ年[第5版]
神戸大の国語15カ年[第3版]

私立大学

早稲田の英語[第11版] 改
早稲田の国語[第9版] 改
早稲田の日本史[第9版] 改
早稲田の世界史[第2版] 改
慶應の英語[第11版] 改
慶應の小論文[第3版] 改
明治大の英語[第9版] 改
明治大の国語[第2版] 改
明治大の日本史[第2版] 改
中央大の英語[第9版] 改
法政大の英語[第9版] 改
同志社大の英語[第10版]
立命館大の英語[第10版]
関西大の英語[第10版]
関西学院大の英語[第10版]

DL リスニング音声配信
新 2024年 新刊
改 2024年 改訂

2025年版　大学赤本シリーズ

私立大学②

2025年版　大学赤本シリーズ

国公立大学 その他

171 〔国公立大〕医学部医学科 総合型選抜・学校推薦型選抜※ 医 総推
172 看護・医療系大学〈国公立 東日本〉※
173 看護・医療系大学〈国公立 中日本〉※
174 看護・医療系大学〈国公立 西日本〉※
175 海上保安大学校／気象大学校
176 航空保安大学校
177 国立看護大学校
178 防衛大学校 総推
179 防衛医科大学校(医学科) 医
180 防衛医科大学校(看護学科)

※No.171～174の収載大学は赤本ウェブサイト(http://akahon.net/)でご確認ください。

私立大学①

北海道の大学(50音順)

201 札幌大学
202 札幌学院大学
203 北星学園大学
204 北海学園大学
205 北海道医療大学
206 北海道科学大学
207 北海道武蔵女子大学・短期大学
208 酪農学園大学(獣医学群〈獣医学類〉)

東北の大学(50音順)

209 岩手医科大学(医・歯・薬学部) 医
210 仙台大学 総推
211 東北医科薬科大学(医・薬学部) 医
212 東北学院大学
213 東北工業大学
214 東北福祉大学
215 宮城学院女子大学 総推

関東の大学(50音順)

あ行(関東の大学)

216 青山学院大学(法・国際政治経済学部－個別学部日程)
217 青山学院大学(経済学部－個別学部日程)
218 青山学院大学(経営学部－個別学部日程)
219 青山学院大学(文・教育人間科学部－個別学部日程)
220 青山学院大学(総合文化政策・社会情報・地球社会共生・コミュニティ人間科学部－個別学部日程)
221 青山学院大学(理工学部－個別学部日程)
222 青山学院大学(全学部日程)
223 麻布大学(獣医、生命・環境科学部)
224 亜細亜大学
226 桜美林大学
227 大妻女子大学・短期大学部

か行(関東の大学)

228 学習院大学(法学部－コア試験)
229 学習院大学(経済学部－コア試験)
230 学習院大学(文学部－コア試験)
231 学習院大学(国際社会科学部－コア試験)
232 学習院大学(理学部－コア試験)
233 学習院女子大学
234 神奈川大学(給費生試験)
235 神奈川大学(一般入試)
236 神奈川工科大学
237 鎌倉女子大学・短期大学部
238 川村学園女子大学
239 神田外語大学
240 関東学院大学
241 北里大学(理学部)
242 北里大学(医学部) 医
243 北里大学(薬学部)
244 北里大学(看護・医療衛生学部)
245 北里大学(未来工・獣医・海洋生命科学部)
246 共立女子大学・短期大学
247 杏林大学(医学部) 医
248 杏林大学(保健学部)
249 群馬医療福祉大学・短期大学部
250 群馬パース大学 総推
251 慶應義塾大学(法学部)
252 慶應義塾大学(経済学部)
253 慶應義塾大学(商学部)
254 慶應義塾大学(文学部) 総推
255 慶應義塾大学(総合政策学部)
256 慶應義塾大学(環境情報学部)
257 慶應義塾大学(理工学部)
258 慶應義塾大学(医学部) 医
259 慶應義塾大学(薬学部)
260 慶應義塾大学(看護医療学部)
261 工学院大学
262 國學院大學
263 国際医療福祉大学 医
264 国際基督教大学
265 国士舘大学
266 駒澤大学(一般選抜T方式・S方式)
267 駒澤大学(全学部統一日程選抜)

さ行(関東の大学)

268 埼玉医科大学(医学部) 医
269 相模女子大学・短期大学部
270 産業能率大学
271 自治医科大学(医学部) 医
272 自治医科大学(看護学部)／東京慈恵会医科大学(医学部〈看護学科〉)
273 実践女子大学 総推
274 芝浦工業大学(前期日程)
275 芝浦工業大学(全学統一日程・後期日程)
276 十文字学園女子大学
277 淑徳大学
278 順天堂大学(医学部) 医
279 順天堂大学(スポーツ健康科・医療看護・保健看護・国際教養・保健医療・医療科・健康データサイエンス・薬学部) 総推
280 上智大学(神・文・総合人間科学部)
281 上智大学(法・経済学部)
282 上智大学(外国語・総合グローバル学部)
283 上智大学(理工学部)
284 上智大学(TEAPスコア利用方式)
285 湘南工科大学
286 昭和大学(医学部) 医
287 昭和大学(歯・薬・保健医療学部)
288 昭和女子大学
289 昭和薬科大学
290 女子栄養大学・短期大学部 総推
291 白百合女子大学
292 成蹊大学(法学部－A方式)
293 成蹊大学(経済・経営学部－A方式)
294 成蹊大学(文学部－A方式)
295 成蹊大学(理工学部－A方式)
296 成蹊大学(E方式・G方式・P方式)
297 成城大学(経済・社会イノベーション学部－A方式)
298 成城大学(文芸・法学部－A方式)
299 成城大学(S方式〈全学部統一選抜〉)
300 聖心女子大学
301 清泉女子大学
303 聖マリアンナ医科大学 医
304 聖路加国際大学(看護学部)
305 専修大学(スカラシップ・全国入試)
306 専修大学(前期入試〈学部個別入試〉)
307 専修大学(前期入試〈全学部入試・スカラシップ入試〉)

た行(関東の大学)

308 大正大学
309 大東文化大学
310 高崎健康福祉大学
311 拓殖大学
312 玉川大学
313 多摩美術大学
314 千葉工業大学
315 中央大学(法学部－学部別選抜)
316 中央大学(経済学部－学部別選抜)
317 中央大学(商学部－学部別選抜)
318 中央大学(文学部－学部別選抜)
319 中央大学(総合政策学部－学部別選抜)
320 中央大学(国際経営・国際情報学部－学部別選抜)
321 中央大学(理工学部－学部別選抜)
322 中央大学(5学部共通選抜)
323 中央学院大学
324 津田塾大学
325 帝京大学(薬・経済・法・文・外国語・教育・理工・医療技術・福岡医療技術学部)
326 帝京大学(医学部) 医
327 帝京科学大学 総推
328 帝京平成大学 総推
329 東海大学(医〈医〉学部を除く－一般選抜)
330 東海大学(文系・理系学部統一選抜)
331 東海大学(医学部〈医学科〉) 医
332 東京医科大学(医学部〈医学科〉) 医
333 東京家政大学・短期大学部 総推
334 東京経済大学
335 東京工科大学
336 東京工芸大学
337 東京国際大学
338 東京歯科大学
339 東京慈恵会医科大学(医学部〈医学科〉) 医
340 東京情報大学
341 東京女子大学
342 東京女子医科大学(医学部) 医
343 東京電機大学
344 東京都市大学
345 東京農業大学
346 東京薬科大学(薬学部) 総推
347 東京薬科大学(生命科学部) 総推
348 東京理科大学(理学部〈第一部〉－B方式)
349 東京理科大学(創域理工学部－B方式・S方式)
350 東京理科大学(工学部－B方式)
351 東京理科大学(先進工学部－B方式)
352 東京理科大学(薬学部－B方式)
353 東京理科大学(経営学部－B方式)
354 東京理科大学(C方式、グローバル方式、理学部〈第二部〉－B方式)
355 東邦大学(医学部) 医
356 東邦大学(薬学部)

教学社 刊行一覧

2025年版 大学赤本シリーズ

374大学556点 全都道府県を網羅

国公立大学(都道府県順)

全国の書店で取り扱っています。店頭にない場合は，お取り寄せができます。

1 北海道大学(文系−前期日程)
2 北海道大学(理系−前期日程) 医
3 北海道大学(後期日程)
4 旭川医科大学(医学部〈医学科〉) 医
5 小樽商科大学
6 帯広畜産大学
7 北海道教育大学
8 室蘭工業大学／北見工業大学
9 釧路公立大学
10 公立千歳科学技術大学
11 公立はこだて未来大学 総推
12 札幌医科大学(医学部) 医
13 弘前大学 医
14 岩手大学
15 岩手県立大学・盛岡短期大学部・宮古短期大学部
16 東北大学(文系−前期日程)
17 東北大学(理系−前期日程) 医
18 東北大学(後期日程)
19 宮城教育大学
20 宮城大学
21 秋田大学 医
22 秋田県立大学
23 国際教養大学 総推
24 山形大学 医
25 福島大学
26 会津大学
27 福島県立医科大学(医・保健科学部) 医
28 茨城大学(文系)
29 茨城大学(理系)
30 筑波大学(推薦入試) 医 総推
31 筑波大学(文系−前期日程)
32 筑波大学(理系−前期日程) 医
33 筑波大学(後期日程)
34 宇都宮大学
35 群馬大学 医
36 群馬県立女子大学
37 高崎経済大学
38 前橋工科大学
39 埼玉大学(文系)
40 埼玉大学(理系)
41 千葉大学(文系−前期日程)
42 千葉大学(理系−前期日程) 医
43 千葉大学(後期日程) 医
44 東京大学(文科) DL
45 東京大学(理科) DL 医
46 お茶の水女子大学
47 電気通信大学
48 東京外国語大学 DL
49 東京海洋大学
50 東京科学大学(旧 東京工業大学)
51 東京科学大学(旧 東京医科歯科大学) 医
52 東京学芸大学
53 東京藝術大学
54 東京農工大学
55 一橋大学(前期日程)
56 一橋大学(後期日程)
57 東京都立大学(文系)
58 東京都立大学(理系)
59 横浜国立大学(文系)
60 横浜国立大学(理系)
61 横浜市立大学(国際教養・国際商・理・データサイエンス・医〈看護〉学部)
62 横浜市立大学(医学部〈医学科〉) 医
63 新潟大学(人文・教育〈文系〉・法・経済科・医〈看護〉・創生学部)
64 新潟大学(教育〈理系〉・理・医〈看護を除く〉・歯・工・農学部) 医
65 新潟県立大学
66 富山大学(文系)
67 富山大学(理系) 医
68 富山県立大学
69 金沢大学(文系)
70 金沢大学(理系) 医
71 福井大学(教育・医〈看護〉・工・国際地域学部)
72 福井大学(医学部〈医学科〉) 医
73 福井県立大学
74 山梨大学(教育・医〈看護〉・工・生命環境学部)
75 山梨大学(医学部〈医学科〉) 医
76 都留文科大学
77 信州大学(文系−前期日程)
78 信州大学(理系−前期日程) 医
79 信州大学(後期日程)
80 公立諏訪東京理科大学 総推
81 岐阜大学(前期日程) 医
82 岐阜大学(後期日程)
83 岐阜薬科大学
84 静岡大学(前期日程)
85 静岡大学(後期日程)
86 浜松医科大学(医学部〈医学科〉) 医
87 静岡県立大学
88 静岡文化芸術大学
89 名古屋大学(文系)
90 名古屋大学(理系) 医
91 愛知教育大学
92 名古屋工業大学
93 愛知県立大学
94 名古屋市立大学(経済・人文社会・芸術工・看護・総合生命理・データサイエンス学部)
95 名古屋市立大学(医学部〈医学科〉) 医
96 名古屋市立大学(薬学部)
97 三重大学(人文・教育・医〈看護〉学部)
98 三重大学(医〈医〉・工・生物資源学部) 医
99 滋賀大学
100 滋賀医科大学(医学部〈医学科〉) 医
101 滋賀県立大学
102 京都大学(文系)
103 京都大学(理系) 医
104 京都教育大学
105 京都工芸繊維大学
106 京都府立大学
107 京都府立医科大学(医学部〈医学科〉) 医
108 大阪大学(文系) DL
109 大阪大学(理系) 医
110 大阪教育大学
111 大阪公立大学(現代システム科学域〈文系〉・文・法・経済・商・看護・生活科〈居住環境・人間福祉〉学部−前期日程)
112 大阪公立大学(現代システム科学域〈理系〉・理・工・農・獣医・医・生活科〈食栄養〉学部−前期日程) 医
113 大阪公立大学(中期日程)
114 大阪公立大学(後期日程)
115 神戸大学(文系−前期日程)
116 神戸大学(理系−前期日程) 医
117 神戸大学(後期日程)
118 神戸市外国語大学 DL
119 兵庫県立大学(国際商経・社会情報科・看護学部)
120 兵庫県立大学(工・理・環境人間学部)
121 奈良教育大学／奈良県立大学
122 奈良女子大学
123 奈良県立医科大学(医学部〈医学科〉) 医
124 和歌山大学
125 和歌山県立医科大学(医・薬学部) 医
126 鳥取大学 医
127 公立鳥取環境大学
128 島根大学 医
129 岡山大学(文系)
130 岡山大学(理系) 医
131 岡山県立大学
132 広島大学(文系−前期日程)
133 広島大学(理系−前期日程) 医
134 広島大学(後期日程)
135 尾道市立大学 総推
136 県立広島大学
137 広島市立大学
138 福山市立大学 総推
139 山口大学(人文・教育〈文系〉・経済・医〈看護〉・国際総合科学部)
140 山口大学(教育〈理系〉・理・医〈看護を除く〉・工・農・共同獣医学部) 医
141 山陽小野田市立山口東京理科大学 総推
142 下関市立大学／山口県立大学
143 周南公立大学 新 総推
144 徳島大学 医
145 香川大学 医
146 愛媛大学 医
147 高知大学 医
148 高知工科大学
149 九州大学(文系−前期日程)
150 九州大学(理系−前期日程) 医
151 九州大学(後期日程)
152 九州工業大学
153 福岡教育大学
154 北九州市立大学
155 九州歯科大学
156 福岡県立大学／福岡女子大学
157 佐賀大学 医
158 長崎大学(多文化社会・教育〈文系〉・経済・医〈保健〉・環境科〈文系〉学部)
159 長崎大学(教育〈理系〉・医〈医〉・歯・薬・情報データ科・工・環境科〈理系〉・水産学部) 医
160 長崎県立大学 総推
161 熊本大学(文・教育・法・医〈看護〉学部・情報融合学環〈文系型〉)
162 熊本大学(理・医〈看護を除く〉・薬・工学部・情報融合学環〈理系型〉) 医
163 熊本県立大学
164 大分大学(教育・経済・医〈看護〉・理工・福祉健康科学部)
165 大分大学(医学部〈医・先進医療科学科〉) 医
166 宮崎大学(教育・医〈看護〉・工・農・地域資源創成学部)
167 宮崎大学(医学部〈医学科〉) 医
168 鹿児島大学(文系)
169 鹿児島大学(理系) 医
170 琉球大学 医

2025年版　大学赤本シリーズ　No. 486
関西大学
（国語〈3日程×3カ年〉）

編　集　教学社編集部
発行者　上原 寿明
発行所　教学社
〒606-0031
京都市左京区岩倉南桑原町56
電話　075-721-6500
振替　01020-1-15695
印　刷　共同印刷工業

2024年6月10日　第1刷発行
ISBN978-4-325-26545-0
定価は裏表紙に表示しています